한나 아렌트, 교육의 위기를 말하다

학습중심의 시대, 가르침의 의미는 무엇인가?

*약어 표기
HC (The Human Condition):『인간의 조건』
CE (The Crisis in Education):「교육의 위기」
CC (The Crisis in Culture):「문화의 위기」
WA (What is Authority?):「권위란 무엇인가?」
LM (The Life of the Mind):『정신의 삶』
LK (Lectures on Kant's Political Philosophy):『칸트 정치철학 강의』

한나 아렌트, 교육의 위기를 말하다

학습중심의 시대, 가르침의 의미는 무엇인가?

추천사

　우리 사회에서 가르침이 아니라 학습, 그리고 교사가 아니라 학생이 교육의 중심이 되어야 한다는 진보주의의 교육 노선에 담긴 생각들이 공식적인 교육과정의 부분으로 자리 잡은 지 벌써 20여 년이 지났다. 최근 코로나 유행병의 등장으로 비대면 교육이 일상화되면서 '학생중심 교육'과 '학습중심 교육'은 이제 거부할 수 없는 시대적 흐름이 되고 있다. 이 와중에 세상에 나올 준비를 하는 책, 『한나 아렌트, 교육의 위기를 말하다: 학습중심의 시대, 가르침의 의미는 무엇인가?』라는 제목만으로도 긍정적이든 부정적이든, 우리의 호기심을 건드린다.

　학습자 중심 시대에 '교사의 가르침'이라는 말은 교육 담론에서 점차 힘이 빠지다 못해 이제는 폐기될 위험에 처한 것으로 보인다. 그런데도 그것의 의미와 가치를 '새롭게 그리고 진지하게' 고찰하겠다는 의지를 담은 것처럼 들리는 이 책의 제목은, 처음 이 책을 접하는 독자의 입장에 따라 반가운 소식으로 받아들여질 수도 있고, 희망 없는 최후의 방어적 제스처로 받아들여질 수도 있다. 교육에 늘 진지해 왔지만 알게 모르게 젊은 세대에게 꼰대로 무시당한다고 느끼는 40-50대의 교사들과 모든 것이 빠르게 변화하는 세상 속에서 그래도 여전히 우리가 지켜야 할 중요한 것이 있지 않을까 주저하며 끊임없이 새로운 것에 적응하라는 세태를 회의적인 눈으로 바라보던 교육학자들에겐 반가운 소식일 것이다. 그러나 학교가 늘 바깥세상과는 다른 템포 속에 있으며 답답하고 재미없다고 느끼는 젊은 학생들, 자신이 살아온 방식대로는 결코 살아갈 것 같지 않은 자식들과 매일 부딪히며 이들을 대신 감당해 줄 새로운 교육 대리인을 찾는 학부모들에겐 다소 뜬금없는 주제로 들릴 수도 있을 것이다. 오늘날 한국 사회에서 어느 편에 속하는 사람이 더 많은지 우리는 알지 못한다. 왜냐하면 지금 우리는 변화하는 환경에 얼마나 빨리 적응하느냐, 그 속도에서의 개인차로 고통을 받는 사회에 살고 있기 때문이다. 그만큼 지금은 교육에 관해서 국민 간 합의도 어렵고, 미래 교육의 방향에 대한 전문가들의 견해도 분분한 시대이다.

상황이 이렇다면 이 책은 정치적으로 진보든 보수든, 교육이라는 실천적 영위에 진지한 관심이 있는 독자들, 아마도 교사, 교육학도, 교육학자들에게 최소한 두 가지 이유로 읽을 가치가 있는 글이 될 것이다. 첫째, 이 책은 '교사'나 '가르침'에 대해 방어적이거나 복고적 회귀의 관점을 취하지 않는다. 정치철학자로 널리 알려진 한나 아렌트가 철학적 인간학의 관점에서 저술한 『인간의 조건』이라는 저서를 기반으로, 교육이라는 활동의 '정체'를 인간적 삶의 조건이라는 시대를 관통하는 거시적 관점에서 이해하고 진단하려고 한다. 그리하여 '왜 지금 가르침인가'라는 질문 또한 그 흔한 규범적 당위성을 전제하지 않은 채 조심스럽게 추구된다. 보다 넓은 시야와 긴 호흡으로 사유의 과정을 거쳐 수렴되는 이 책의 결론은, '학습중심 교육'이나 '학생중심 교육'에 대한 직접적인 반론으로 독자를 이끌기보다는 '후기 근대적 맥락'에서 교육이라는 실천적 영위가 의미할 수 있는 것이 무엇인지에 대한 보다 세밀한 이해로 이끈다.

둘째, 이 책은 정치철학자가 아닌 교육철학자로서의 한나 아렌트를 만날 수 있는 길을 안내한다. 교육학적 텍스트로 쓰이지 않은 글을 교육학적 텍스트로 읽으려 시도한 글이라는 뜻이다. 어떤 텍스트를 '교육학적으로' 읽는다는 것이 의미하는 바는 쉽게 답하기 어려운 문제이다. 그러나 분명한 것은 오늘날과 같은 다원주의적 사회에서 '교육학적'이라는 용어는 이제는 교육이 지향해야 할 모종의 가치를 전제하는 개념이라고 보기 어렵다. 오히려 현재 이루어지고 있는 인간 활동을 이해하는 하나의 특별한 지평이나 관점 정도로 이해해야 할지도 모른다. 이 책은 그러한 의미에서 아렌트를 교육학적으로 읽는다는 것이 어떤 것인지 보여준다. '자아', '세계', '탄생성', '인공물', '행위', '사유', '판단' 등 아렌트의 주옥같은 개념들이 교육학적 개념들로 전환되는 장면을 목격하는 기쁨은 적지 않다. 이러한 개념들로 우리의 교육 활동을 바라보고 해석할 수 있게 된다는 것은, 이전에는 없었거나 보이지 않았던 의미와 가치를 교육 활동에 부여할 수 있게 된다는 것을 의미한다. 교사나 학생들에게 좋은 소식이 아닐 수 없다.

물론 이 책이 예시하는 '한나 아렌트 교육학적으로 읽기'는 훨씬 더 발전될 여지가 있다. 그리고 '가르침'에 대한 저자의 철학적 탐색도 앞서 말한 당위적, 규범적 관점에서 완전히 자유로운 것은 아니다. 그러나 이 책은 최소한 앞서 말한 두 가지 시도를 하고 있고, 이 시도는 우리 교육학계에서는 아주 드물게 일어나는 것이다.

이 책은 저자의 박사학위 논문을 다듬은 것이다. 이 책에 담긴 생각의 씨앗이 처음 심어져서 자라나 완성될 때까지의 긴 여정을 지켜봐 온 지도교수로서, 이 책이 출판되어 많은 사람이 공유할 수 있게 된 것을 기쁘게 생각한다. 그간 저자의 노고에 박수를 보내며, 학자로서 한 여정을 마치고 그다음 여정을 나서는 데, 이 책의 출간이 좋은 자극이 되기를 기원한다.

2021년 1월
곽덕주
서울대학교 교육학과 교수

• 목차 •

서문

우리는 정권이 바뀔 때마다 연례 행사를 치르듯 교육정책이 바뀌는 것을 목격한다. 글로벌 경쟁을 강조하며 영어 의무교육, 자사고와 특목고를 지정하며 학생들의 수월성 교육을 추진하다가 정권이 바뀌면 그때까지 시행해왔던 정책을 비판하며 자사고와 특목고를 폐지하고 학생들의 인권과 평등을 외치며 일반고를 확장하는 정책을 추진한다. 문제는 이렇게 정권에 따라 교육정책이 시계추처럼 왔다 갔다 하는 와중에 정작 피해는 고스란히 학생들의 몫이 된다는 것이다. 학생들은 자기 의사와는 상관없이 학교를 다니는 동안 어느 정권이 주도권을 잡고 있느냐에 따라 자신들의 장래가 결정되는 웃지 못할 상황에 처해 있다.

한나 아렌트가 「교육의 위기」를 쓴 1958년 당시의 미국도 오늘날 우리와 상황이 크게 다르지 않았다. 전통적인 방식의 일방적이고 지루한 수업을 하던 보수적 교육관에 반기를 들고 일어난 진보주의 교육은 그동안 교사중심의 일방적 가르침 하에서 억압되었던 아이들의 숨통을 틔워주기 위해 노력했다. 그때의 혁신적인 운동의 방향은 '아동중심사상', 'learning by doing' 등 오늘날까지도 익숙한 구호 속에 그대로 남아 있다. 그러나 아동의 흥미와 관심을 교육과정의 원리로까지 적극적으로 원용하며 확산되었던 아동중심사상은 학력 저하라는 현실적 비판과 맞물리게 되면서 미국 교육은 이전보다 더 엄격하고 딱딱한 학문중심 교육사조로 원상 복귀하게 된다. 교육은 다시 교사중심의, 어렵고 지루한 내용전달식의 보수적인 정책들이 되었다.

한나 아렌트의 「교육의 위기」는 보수에서 진보로, 진보에서 보수로 정권에 따라 교육정책이 바뀌며 교육의 위기가 가중되어 갈 즈음에 쓰인 논문이다. 아렌트는 보수, 진보와 같은 이론적 프레임이 중요한 것이 아니라 우리가 물어야 할 질문은 '교육이 무엇을 위해 존재하는가'라고 진단한다. 그리고 이에 대한 아렌트의 대답은 탄생성이다. 바로 이 세계에 새로 온 자들(newcomers)의 탄생을 위해 교육이 있다는 것이다. 즉, 아이들이 세계 속에 진정한 한 인간존재로 탄생할 수 있도록 돕는 것이 교육의 본질이라는 것이다.

시간이 많이 흘렀지만, 아렌트가 살았던 당시 교육이 당면했던 위기와 오늘날 우리가 직면하고 있는 위기의 상황이 별로 달라지지 않았다는 것이 놀랍다. 오늘날 우리는 학습중심의 시대에 살고 있다. 교육이 이루어진 이래로 교육의 목적이 학습이 아니었던 적은 없으나, 오늘날 유행하는 학습중심은 가르침의 역할이 점차 축소 혹은 제거되는 방향으로 나아가고 있다는 점에서 우려스러운 면이 있다. 혹자는 첨단기술 문명의 시대 속에서 장소와 시간과 내용에 제한받지 않고, 소비자가 원하는 물건을 고르듯이 내가 원하는 시간과 장소에서 배우고 싶은 내용을 선택해서 들을 수 있는 학습중심으로 나아가는 것은 교육의 진화된 생태 환경이고, 거스를 수 없는 시대적 변화상이라고 주장할지도 모르겠다. 아이러니하게도 우리는 시간과 장소에 구애받지 않고 학생의 자유와 선택에 의해 모든 것이 결정된다는 학습중심의 실현을 코로나19로 인해 생생하게 목격하고 있다. 학습중심을 교사의 가르침 축소 혹은 제거로 이해할 때 어떤 일이 벌어지는지, 우리는 학교에 가지 못하고 교사와 부모의 최소한의 돌봄조차 제거된 상태의 아이들이 얼마나 무방비한 학습 상태로 전락할 수 있는지를, 아이들 혼자 학습하는 비대면상황에서 오히려 역설적으로 직면하고 있다.

학습중심은 가르침중심의 반대말이 아니다. 또한 교사의 안내없이 학생 혼자 내버려둔다는 의미도 아니다. 학습중심과 관련해 우리가 기억해야 할 것은, "가르침이 약화한다는 것은 더는 전수할 만한 가치 있는 것이 없는 시대의 징후"라는 몰렌하우어의 경고이다. 몰렌하우어의 이 말을 기억한다면, 오늘날 유행처럼 번져가는 학습중심이라는 모토를 마냥 환영할 수만은 없는 측면이 있다. 여기에 우리가 꼭 묻고 넘어가야 할 중요한 질문이 있다. "학습중심의 시대에 가르침의 의미는 무엇인가?"

이 글은 필자의 박사 논문 「한나 아렌트의 '행위'개념을 통한 가르침의 의미 재탐색」을 수정 보완해서 쓴 글이다. 필자가 석사 학위를 받고 공백기를 거친 뒤 다시 학교로 돌아왔을 때 주위에 온통 회자되던 '학습중심'이라는 말에, 그렇다면 가르침의 의미는 무엇인가 하는 의문이 들었을 무렵 선물처럼 한나 아렌트를 만났다. 오늘날 우리가 처한 형편과 너무나 유사한 상황에서 아렌트의 "교육의 본질은 탄생성에 있다"라는 선언과 "교육은 반드시 가르침과 동시에 이루어진다"라는 주장은 필자의 가슴을 뛰게 했고, 벅찬 감동을 안고 한나 아렌트의 텍스트들을 공부했던 기억이 아직 생생하다.

이 책은 가르침의 의미에 관한 필자의 학문적 고민과 그것에 대한 나름의 대안을 아렌트의 사유를 통해 씨름하며 좇아온 흔적을 정리한 글이다. 내 안에 담아 놓았던 글을 찬란한 공적 시선 속에 펼쳐놓으려니 참으로 부족하고 미흡한 부분이 많이 보인다. 그렇지만 이 시대의 교육에 대한 필자의 질문과 고민을 함께 나누고 소통할 수 있는 하나의 계기가 된다면 그것만으로도 가치가 있겠다는 생각에 부끄럽지만 용기를 내어 이 책을 쓰게 되었다. 이 작은 고민에 더 탁월하고 다양한 관점의 후속 논의와 연구들이 더해져서 우리 교육의 장을 한층 더 풍요롭게 해주기를, 그리하여 저마다 고유한 탄생적 존재들이 자신만의 시작을 오롯이 이루며 함께 자랄 수 있는 교육환경이 형성되기를 바란다.

박은주

I. 들어가는 글

가르침은 과연 필요한가? 언제부터인가 우리는 '교육'이라 하면 가르침, 교사, 권위 같은 단어보다는 학습, 학습자, 학습권 같은 단어가 더욱 친숙하게 떠오르는 시대에 살고 있다. 전통적으로 가르침은 교육과 동의어로 간주될 만큼 교육의 핵심 활동으로 당연시됐으나, 오늘날 '가르침'이라 하면 보수적, 일방적, 강압적, 권위적 이미지와 함께 왠지 모를 거부감까지 든다. 가르침이 강해질수록 학습자는 수동적인 성향이 되고, 위축되고, 억압받는 피해자가 되는 것 같다. 이제는 공공연하게 진정한 교육을 위해서라면 "가르치지 말아야 한다"라는 주장까지 제기될 정도이다.[1] 오늘날 교육에서 가르침은 필수적인 것이 아니라 학습을 도와주거나 촉진하는 부속물 정도로 인식되며, 심지어 창의적 인재 양성에 방해된다는 비판까지 받고 있다. 가르침의 위상을 놓고 보면 오늘날 교육에서 목격되는 이와 같은 변화들은 가히 놀랍다고 할 수 있다. 그동안 교육에서 구체적으로 어떤 변화들이 있었는가?

가장 먼저 포착되는 변화는 교육 주체의 변화라고 할 수 있다. 과거에는 교육의 주체가 교사라는 전달자였다면, 지금은 교육의 주체가 '나', 즉 학생이다.[2] 정보와 기술이 발달하지 않았던 과거에는 지식의 원천이 교과와 그것을 전달하는 교사에게 있었기에 무언가를 배우기 위해서는 학교에 가야 했지만 지금은 상황이 다르다. 인터넷이나 각종 미디어를 비롯해 정보 수집 방식이 다원화되었으며, 교육 또한 교과 내용을 전달하던 교사중심의 가르침에서 이제는 학생중심의 배움으로 변화되었다. 또한, 교육 외연의 확장이라는 변화를 목격할 수 있다. 기술 문명의 발전에 힘입어 교육의 장은 전통적인 수업 환경이었던 교실과 학교를 넘어 어디에서나 가능한 것으로 확장되어 가고 있다. 그뿐만 아니라 교육의 기간도 확장되고 있다. 이제는 평생학습이라는 용어가 더 이상 낯설지 않을 정도로 초, 중, 고, 대학교로 특징되던 학교 교육 기간은 이제 평생 이루어지는 것으로 추세가 변화되고 있다. 그런가 하면 교육의 모습과 양태도 확장되고 있다. 교사가 교실에서 칠판과 교과서로 학생을 가르치던 교육의 그림이, 이전에는 상상하지 못했던 다양하고 새로운 형태로 바뀌고 있다. 인터넷 기반의 이러닝(e-learning)이나 동영상, 실시간 화상 강의를 모바일 기기를 사용해 지하철에서도 들을 수 있고, 교사중심의 일방적 수업 진행방식을 뒤집어 진행되는 플립러닝(flipped learning), 직접 외국까지 가지 않고도 세계적인 명강사들의 강의를 상호작용하며 들을 수 있는 MOOC 등 학습의 형태는 날로 다양화되고 있다. 시간과 장소, 형식에 구애받지 않고 내가 원하는 시간에 편안한 장소에서 클릭만 하면 쏟아지는 각종 온라인 콘텐츠와 교육용 CD, DVD 패키지, 화상 강의, 동영상 수업 등 첨단기술이 가능하게 만든 편리한 도구들로 인해 교과서, 칠판, 교사, 교실에 제한되어 있던 전통적인 교육의 기본 그림들이 바뀌고 있다. 이제는 인공지능의 실현이 가까워지면서 '인공지능 교사는 가능한가', '인공지능이 상용화되어도 학교는 필요한가' 등의 질문이 제기되고 있다.

이미 우리 삶 속에서 가속화되어 온 이와 같은 현상들은 '학습중심'이라는 흐름으로 요약될 수 있다. 수십 년 전부터 우리 교육의 기본 조건들을 점차로 바꾸어온 학습중심 경향은, 교육의 양태뿐만 아니라 우리의 언어까지도 바꾸어 놓았다. 어느새 우리는 교육(education)보다는 학습(learning), 학생(student)보다는 학습자(learner), 선생이나 교사보다는 촉진자(facilitator), 교수자(instructor), 코치(coach), 멘토(mentor) 등의 용어에 더 익숙해졌다. 학습의 세기(learning century), 학습사회(learning society), 평생학습(lifelong learning)이라는 용어도 자주 사용하고 있다.

비에스타(G.Biesta)는 그의 저서 『학습을 넘어(Beyond Learning)』에서 지난 20여 년간 교육에서 가장 두드러지게 나타난 변화는 '교육'이 '학습'이라는 새로운 언어로 대체된 것이라고 지적한다. 이 변화 속에서 교육은 학습의 기회, 혹은 학습의 경험을 제공하는 것으로 기술되고, 가르침은 학습을 지원하거나 촉진하는 것으로 소극적으로 기술되었으며, 학생은 학습자, 성인교육은 성인학습으로 대체됐다.[3] 바야흐로 우리는 학습중심 사회에 살게 된 것이다.

무엇이 이와 같은 변화를 초래했는가? 표면적으로는 기술 발전의 영향을 들 수 있을 것이다. 디지털혁명으로 가속화된 다양한 매체와 인터넷 기반 기술 발전이 교실, 칠판, 교과서에 한정되어 있던 전통적인 교육의 그림을 바꾸어왔다. 보다 직접적으로는 구성주의와 같은 학습이론의 영향도 중요한 원인으로 들 수 있다. 교육계에서 90년대 이후 주목을 받기 시작한 구성주의는 심리학 이론에 기반하고 있는데, 이 이론들은 학습이 정보의 수동적 수용이라는 생각에 도전하여 지식과 이해는 학습자 안의 인지작용으로, 혹은 다른 학습자들과의 협동으로 능동적으로 구성되는 것이라고 주장한다. 구성주의는 우리의 앎이 마음과 분리되어 바깥에 별도로 존재하는 지식을 받아들임으로써 형성되는 것이 아니라 개인의 사회적 경험에 의해 계속 구성되는 것으로 본다. 따라서 교사가 객관적 내용을 전달하는 것보다는 학습자들이 스스로 자신만의 앎을 구성해가도록 하는 활동이 학습의 핵심 축으로 등장하게 된다. 이와 같은 구성주의 인식론은 교수학습의 과정을 학습중심으로 전환하는 데 중요한 기폭제 역할을 했다.

그러나 기술의 발전이나 구성주의 학습이론과 같은 표면적 이유 이면에 무엇이 그러한 변화를 적극적으로 추동하고 수용 가능하게 만들었는지를 들여다볼 필요가 있다. 우리나라에서 학습중심이라는 용어와 흐름을 형성하는 데 일조하였던 일련의 학문적 움직임은 아마도 학습주의 담론에서 가장 집약적으로 살펴볼 수 있을 것이다. 학습주의 담론은 이상에서 개관한 학습중심 경향을 학문적이고 이론적인 작업으로 구축하고자 한 일련의 노력의 결실이라 할 수 있다. 학습주의 담론은 우리나라에서 일각의 교육학자들이 기존의 근대성에 기반한 실패한 교육을 '교육주의'로, 그에 대한 새로운 대안적 패러다임의 교육을 '학습주의'로 규정하며 교육의 패러다임 전환을 주장하면서 본격화되었다.[4] 학습주의 담론은 교사중심, 가르침 중심, 학교라는 제도 중심으로 이루어진 기존 교육이 부당하게 학습자의 권리를 축소, 억압해 왔으며, 그만큼 우리 교육의 현실을 심각하게 병들게 했다는 비판적 문제의식에서 출발한다. 이에 따라 전통적인 '학교 본위 교육학', '가르치는 자 중심의 교육', '근대주의 교육학'을 근대교육에 뿌리박고 있는 '교육주의'라 칭하고, 그러한 교육을 우리가 극복해야 할 부정적인 대상으로 묘사한다. 이에 대한 대안으로 제시된 '학습주의'는 "기존의 근대주의 교육학을 해체하고 재구성하는 본격적인 탈근대주의적 학문구축의 과정"으로서, 기존의 실패한 교육주의를 극복할 새로운 교육의 패러다임으로 제시되었다.

학습주의 담론에는 두 가지 주목할 만한 문제의식이 발견된다. 하나는, 가르침 중심의 기존 교육에 대한 강한 비판을 들 수 있다. 지금 우리 사회에 불고 있는 학습중심 경향이 초래된 데는, 무엇보다 기존 교육에 대한 불신이 강하게 작용하고 있다. 공부는 가장 많이 하지만 행복지수는 가장 낮은 학생들, 공부하면 할수록 공부에 흥미를 잃어가는 학생들, 교사는 일방적으로 전달하고 학생은 그것을 앵무새처럼 단순 암기하는 교육은 이제는 학생을 위해서도, 교육의 미래를 위해서도 지속되기 어렵다는 주장이 설득력을 얻고 있다. 이와 같은 기존 교육에 대한 불신은 최근 혁신학교를 중심으로 이루어지고 있는 배움중심 교육에서도 확인할 수 있다. 배움중심 교육은 기존 교육의 실패를 '교사중심의 가르침'으로 지목하고, 그것을 '학생중심의 배움'으로 전환함으로써 교육을 새롭게 하고자 하는 의도로 파악된다.[5] 이 인식의 중심에는 기존 교육 실패의 원인이 교사중심의 일방적 지식전달 수업에 있다는 진단이 작용하고 있다. 우리 교육의 가장 큰 문제점이 교사중심의 일방적 지식전달 수업에 있다는 인식과 진단은 이미 사회 일반에서 광범위하게 동의되고 수용되고 있다. 다시 말해 지금의 학습 담론이 우리 사회에서 환영받는 이면에는 가르침 중심의 기존 교육에 대한 문제의식이 강하게 작용하고 있는 것이다.

다른 하나는, 학습중심 담론을 촉발하게 된 더 큰 배경으로, 포스트모더니즘이라는 시대적 변화에 걸맞은 교육의 새로운 패러다임이 필요하다는 문제의식이다. 근대성에서 후기근대성으로, 산업사회로부터 정보사회 시대로 진입함에 따라, 변화하는 시대의 추세에 맞추어 교육도 변화되어야 한다는 자성의 목소리가 높다. 따라서 근대적 패러다임 속에서 운영됐던 교육에도 근본적인 변화가 요청된다는 것이다. 카노이(M. Carnoy)와 카스텔(M. Castells)은 정보화시대의 핵심을 지식과 학습중심시대라고 규정한다.[6] 인터넷, 스마트폰, 컴퓨터 등의 기술기반 위에 이루어지는 정보화시대에서의 지식이란 특정 직업이나 회사에만 속하지 않는 '운반 가능한' 지식이다. 이와 같은 환경에서 중요하게 요청되는 것은 날마다 새롭게 쏟아지는 정보들과 함께 변화하면서 새로운 정보를 학습하는 능력, 필요하면 직업을 자주 바꾸면서 완전히 새로운 일을 배우는 능력이다. 그에 따라 오늘날 교육은 그 어느 때보다 후기 근대의 반정초적, 체득적, 비규정적 지식의 자유분방함과 유연함을 견뎌낼 만큼 탄력성을 가진 새로운 사회적 지식 관리 시스템(social system of knowledge management)을 필요로 한다.[7] 이를 위해서는 기존의 교육시스템과는 근본적으로 다른 새로운 양식의 교육 패러다임이 요청되는데, 그것이 바로 학습중심이라는 것이다.

기존의 가르침 중심의 교육이 실패했다고 진단할 때, 학습주의를 주장하는 사람들의 진정한 문제의식은 교사의 가르침이 학생의 배움으로 연결되지 않는다는 사실에 있었는지도 모른다. 이 문제의식에는 누구나 공감할 것이다. 그러나 조금만 깊이 들여다보면, 학습주의나 학습중심에서 주장하는 학습과 전통적인 교육에서 말하는 학습 간에는 작지만 간과할 수 없는 중요한 뉘앙스의 차이가 있다. 사실 학습은, 학습주의 담론이나 학습중심에서만 회자되는 용어가 아니다. 학습은 교육이 생긴 이래, 언제나 교육의 중요한 목적이었다. 심지어 보수적 관점의 학자들 사이에서도 교육의 목적이 '학습'으로 완성된다는 것에는 이견이 없을 것이다. 일찍이 학습의 중요성과 의미를 누구보다도 아름다운 필체로 그려내었던 오크쇼트(M. Oakeshott)는 인간을, 오직 학습의 과정을 통해서만 상속받을 수 있는 유산의 상속인으로 태어난 존재로 규정하였다.[8] 또한 지식교육을 옹호하며, 그것의 교육철학 기반을 제공한 것으로 알려진 피터즈(R.S. Peters)도 "교사의 과업은 학습의 과정이 일어나도록 여러 가지 방법을 동원하는 데 있으며, 교사의 가르치는 일이 성공했는지는 오로지 학생의 배움이 성공했는가, 아닌가에 달려있다"라며 가르침의 목적으로 '학습'의 중요성을 강조하였다.[9]

그러나 여기에서 짚고 넘어가야 할 사실은, 기존 교육에서 학습은 언제나, 오크쇼트의 표현을 빌리면 "교수(teaching)와 관련된, 교수의 상대어로서의 학습"[10]이었던 반면, 지금의 학습중심 담론에서 거론되는 학습은 '가르침이 축소된 학습의 전면화'로 특징될 수 있다는 것이다. 전자에서는 학습을 이루기 위해 가르침이 필수적이었다면, 후자에서는 가르침이 오히려 학습의 장애물로 등극한다. 이것은 교육이라는 큰 그림을 놓고 볼 때 우리에게 고민할 지점을 제시한다. 지금의 학습중심은 아무런 문제가 없는가? 만약 문제가 있다면 그것은 무엇인가?

사실, 학습주의를 주장하는 사람들의 문제의식은 지금의 우리 교육이 실패하고 있다는 데서 출발한다고 볼 수 있다. 문제는 우리 교육이 실패하고 있다고 진단할 때, 그 원인으로 지목한 교사 위주의 가르침이라는 낡은 시대의 패러다임과 그 처방으로 제시된 학습중심의 패러다임이라는 대응이 적절했는가 하는 점이다. 조상식[11]은 학습중심 담론이 형성되어 온 과정을 면밀하게 분석하면서 이 담론이 근거하고 있는 이분법적 구도에 주목하고, 이 이분법이 과장된 것은 아닌지 의문을 제기한다. 다시 말해, 교육주의에 대한 새로운 패러다임으로 학습주의를 주장하는 사람들은 가르치는 자 대 배우는 자, 학교교육 대 학교 밖 교육, 능력주의(meritocracy) 대 민주주의(democracy)의 이분법적 구도를 설정하고, 이 대립과 저항의 구도 위에 학습주의라는 담론을 형성해왔다는 것이다. 이 의문은 학습 담론이 부당하게 다른 측면을 축소, 혹은 제거하는 방식으로 형성되어 온 것은 아닌가 하는 의심을 내포한다고 볼 수 있다.

비에스타 또한 교육이 학습으로 대체되어 가고 있는 현상에 심각한 우려를 표명한다. 그는 '학습'이라는 새 언어가 대두되면서 기존의 '교육'이라는 언어가 표현하지 못한 많은 새로운 생각을 표현할 수 있게 되었지만, 정작 교육이 무엇인지, 교육이 어떻게 되어야 하는지는 도리어 설명하기 어렵게 되었다고 지적한다.[12] 조상식이 지적한 학습주의의 이분법적 구도나 비에스타의 학습언어로의 전환 모두 지금의 학습중심 경향에서 교육의 중요한 측면이 빠져 있다는 것을 시사한다. 그렇다면 교육이 학습으로 대체되면서 야기될 수 있는 난점은 무엇일까?

학습중심에 내재한 난점이 무엇인지 알기 위해서는 독일의 교육학자 몰렌하우어(K. Mollenhauer)의 논의를 참조할 필요가 있다. 몰렌하우어에 의하면 교육은 자아에게 세계를 안내해 자아의 온전한 성장을 도모하는 일이라 할 수 있다. 즉 교육은 자아와 세계를 관련짓는 일이라는 것이다. 그러나 여기에는 교육의 본질적 어려움, 즉 아포리아(aporia)가 존재한다.[13] 여기서 교육의 아포리아란 자아와 세계의 경계선상에서 발생하는 불가피한 긴장과 관련된다. 이것이 난점인 이유는 교육할 때, 즉 자아에 세계를 안내할 때 그것이 일종의 '외적 강제'의 성격을 지니고 있기 때문이다. 교육이 주도적으로 진행될수록 자아는 세계 속에서 요구하는 나로 정례화되어 가지만, 그와 다른 방향에서 내 본연의 자아, 본래적 가능성과 자유의 상실이 불가피하다. 이는 가르침이 강화될수록 학생의 자아가 수동적으로 형성되기 쉽고, 반대로 학생에게 많은 자유를 줄수록 세계와는 상관없이 개인의 방임으로 치닫기 쉬운 것과 관련이 있다. 지금까지 교육의 역사는 세계를 강조할 것인가, 자아를 강조할 것인가라는 양축을 왔다 갔다 한 역사라고 해도 과언이 아니다. 그러나 몰렌하우어에 따르면 교육의 과업은 자아와 세계 간의 미묘한 균형점을 찾는 일이라 할 수 있으며 이 과정에서 자아와 세계 간의 갈등이라는 아포리아를 직면할 수밖에 없다. 아포리아를 외면하고 손쉬운 해결책을 찾고자 할 때 교육은 세계만을 강조하는 '제작'으로서의 교육이나, 혹은 자아만을 강조하는 '반교육학'이라는 양극단으로 치우칠 수밖에 없다는 것이다.

흥미로운 것은, 가르치는 일이 힘들어지는 근본 원인이 "더는 자신 있게 후세에게 전할 만한 [가치 있는] 것이 없는 시대의 징후"와 관련된다는 사실이다.[14] 이것은 합리주의적 근대 전통이 보장한 교육내용의 절대성이 도전받는, 구성주의적 지식관이 지배하는 포스트모더니즘 시대의 징후이기도 하다. 그러나 몰렌하우어에 따르면, "전수할 것이 없는 자에게 교육의 과제는 단지 아이들과의 인간적이고 우호적인 관계로 위축될 수밖에 없으며", 이러한 교육관에서는 "미래에의 의지가 소멸하고 내용적인 의미의 기획이 빈곤해지며, 잘못된 보수주의에 대한 반동으로 교육에 대한 욕구를 상실하고 아이들과 단지 친구처럼 지내는 것"으로 만족하게 된다고 경고한다.[15] 이렇게 놓고 보면 기존의 가르침 중심에 대한 대안으로 제시된 학습중심 담론이 무세계성으로 치우칠 수 있다는 난점은 궁극적으로 포스트모더니즘이라는 시대적 상황과 결부되어 있으며, 이 점에서 학습중심은 포스트모더니즘의 시대적 징후로 해석될 수 있다.

　교육의 과업은 자아와 세계의 긴장을 대면하는 것에 있으며, 이것은 어떤 경우에도 교육에서 세계를 전수하는 가르침의 역할이 포기될 수 없다는 몰렌하우어의 주장에 비추어 볼 때, 지금의 학습중심 경향에 내재한 위험이 무엇인지를 짐작할 수 있다. 몰렌하우어에 따르면 지금의 학습중심은, 세계만 강조하고 학습자를 도외시한 기존의 보수적 관점의 교육에 대한 문제의식에서 제기된 것이라 할 수 있다. 또한 그것에 대한 대안으로 제기된 학습중심이 가르침을 제거 혹은 축소하는 방향으로 나아간 것은, 교육의 아포리아를 외면하고 "손쉬운 해결책"을 구하고자 한 것이라 할 수 있다. 그러나 지금의 학습중심이 세계가 해체되어 가는 포스트모더니즘 시대의 일반적 현상이라면, 과연 이 시대에도 여전히 자아와 세계의 대면이라는 교육의 아포리아를 외면하지 않는 가르침이 가능한가?

따지고 보면, 지금의 학습중심에 내재한 위험은 한나 아렌트(H. Arendt)가 「교육의 위기」를 쓸 당시 교육의 위기라고 진단한 대목과 일맥상통한다고 할 수 있다. 오늘날과 매우 유사하게, 한나 아렌트가 살았던 때도 기존의 전통적이고 보수적인 교육에 대한 반발로 아동중심사상을 외치는 진보주의 교육이 광범위하게 휩쓸고 간 직후였다. 진보주의 교육이 이루어지던 당시, 모든 교육과정은 아이들의 관심과 흥미를 기준으로 개편되었고, 교사는 다만 아이들의 옆에서 학습을 도와주는 촉진자가 되었다. 그러나 진보주의 교육 하에서 학생들은 기본적인 읽기 쓰기도 제대로 되지 않는 심각한 학력 저하에 직면한 경우가 많았고 이것이 사회적으로도 문제가 되었다. 때마침 소련의 스푸트니크호 발사 사건을 계기로 미국의 교육은 또다시 더욱 엄격하고 보수적인 학문 중심의 교육과정으로 회귀하였는데, 아렌트의 「교육의 위기」는 이 무렵에 쓰였다. 이 글에서 아렌트는 세계로 안내하는 일을 간과한 채 아동의 관심만 좇던 당시의 진보주의 교육철학을 '파멸적 조치'로, 그에 대한 반작용으로 이루어진 보수주의로의 회귀를 단지 "원상복귀"에 불과한 것이라고 비판하고 있다. 아렌트는 이 시점에서 우리가 고민해야 할 것은 진보주의냐 보수주의냐의 이분법이 아니라 교육의 본질은 무엇인지, 그리고 이를 위한 어른세대의 책임은 무엇인지라고 도전하고 있다.

필자가 보기에 아렌트가 경고했던 교육의 위기는 오늘날 우리가 직면하고 있는 교육의 위기와 일맥상통한 면이 많다. 아마도 오늘날 우리가 직면하고 있는 교육의 위기는 다른 말로 '가르침의 위기'라고 할 수 있다. 학습이 전면화되면서 그 무엇보다 교사의 가르침이 설 자리를 잃고 있기 때문이다. 그러나 가르침이 약화하고 있다고 하여 섣불리 이전의 전통적인 가르침으로 회귀해야 한다고 주장하면, 이는 아렌트가 경고한 대로 교육의 위기를 더욱 가속화 하는 섣부른 조치가 되기 쉽다. 그래서 교육이 학습으로 대체되면서 점차 가르침이 사라지고 있는 이 시대에, 우리가 다시 물어야 하는 질문은 "포스트모던 시대에 가르침의 의미는 무엇인가?"이다. 교육의 과업이 학생을 세계로 안내해서 자아의 성장을 도모하는 일이라면, 더는 전수할 만한 가치 있는 것이 사라지는 포스트모던 시대에 가르침의 의미는 무엇이며, 그것은 자아와 세계를 어떤 방식으로 관련짓는 것인지를 질문해야 한다. 이를 위해서는 먼저, 우리가 사는 포스트모던 시대에 자아와 세계를 관련짓는 일이 왜 이렇게 힘들어졌는지부터 살펴보아야 한다.

Ⅱ. 포스트모던 시대, 가르치는 일의 어려움

1. '새로운 아이들'의 등장 : 자아관의 변천

요즈음 학교에서나 가정에서나 어른들이 한결같이 하는 말이 있다. '아이들을 가르치기 힘들다'는 것이다. 가르치는 일이 힘든 것이 비단 어제오늘의 일은 아니지만, 요즘처럼 가르치는 일이 힘든 적이 있었을까 싶을 정도로 많은 교사와 보호자가 아이들을 가르치는 어려움을 토로한다. 다음의 인용에는 이러한 어려움이 여실하게 드러나 있다.

> 새로운 아이들, 즉 학교 교육을 받을만한 정신적 준비를 전혀 하지 않은 아이들이 학교에 다니고 있다. 이 아이들은 다른 사람(교사)의 지시를 따를 태세에 있지 않다. 또한 같은 지시를 여러 번 반복해서 들어야 그제야 다른 사람이 자기에게 요구하는 것이 무엇인지 안다. …… 새로운 아이들은 즉흥적인 아이디어가 풍부했지만, 풍부한 아이디어가 학교 교육의 전부는 아니다. 이 아이들은 자신이 흥미를 갖고 있는 일을 잘 하지만, 흥미 없는 일에는 아예 관심이 없다. 힘든 일은 최대한 피하려고만 했다. 교사가 요구하는 일이 쉽게 되지 않으면 그들은 곧바로 포기했다. …… 이 새로운 아이들의 행동방식에서는 어떤 일을 성취하기 위해 장시간 한 가지 일에 몰두해 노력하는 모습을 전혀 찾아볼 수 없다.[16]

위에 인용된 '새로운 아이들'의 출현은 비단 외국에만 해당하는 현상은 아닌 것 같다. 우리나라 교직에 종사하는 사람들도 통제되지 않는 학생들로 인해 곤욕을 치르고 있다.

선생님이 들어가서 학습 자료를 나눠주는데, 애가 엎어져 자고 있었대요. 그래서 선생님이 그 아이 쪽으로 가서, 어깨를 툭툭 치면서 "일어나라 종쳤다, 선생님 왔다" 하고 이야기한 거죠. 그런데 이 녀석이 무의식적으로 선생님 손을 탁 치더래요. 그래도 그때까지는 선생님이 '이 녀석이 내가 선생인 줄 몰라서 이러나 보다'라고 생각했대요. 그래서 "샘이다, 일어나라"하고 다시 말을 한 거죠. 이랬는데, 애가 대뜸 선생님을 째려보면서 "씨발" 하고 내뱉더라는 거예요. 선생님이 너무 어이가 없어서 뒤로 나가 서 있으라고 했대요. 그런데 얘가 나가기는커녕 선생님한테 "니가 나가라, 씨발" 이런 거죠. 그렇다고 선생님이 나갈 수도 없잖아요. 그래서 선생님이 얘 뒷덜미를 잡고 일으켜 세웠는데, 그러다 폭력적인 상황이 벌어진 거예요.[17]

위의 인용들은 요즘 들어 특히 가르치기 힘들어진 원인의 하나로 그 어느 때와도 다른 '새로운 아이들'이 학습 주체로 등장했다는 것을 기술하고 있다. 실지로 그 무엇으로도 규정할 수 없는 '새로운 아이들'이 학습 주체로 등장했다면, 지금까지 고수해왔던 전통적인 교육방식으로는 앞으로의 교육에서 더는 지탱하기 힘들 수 있다.[18]

그렇다면 이러한 '새로운 아이들'의 등장을 낳은 원인은 무엇인가? 이에 대하여 조상식[19]은 '자유주의의 승리'를 원인으로 진단한다. 그는 자유주의를 근대 이후의 특징적 에토스로 파악한다. 정치 이데올로기나 현대문화 조류로서의 자유주의는 진보주의 확장과 맞물려 우리 삶의 양식과 태도 전반에 영향을 미쳐왔다. 즉, 성(性)과 도덕의 느슨한 고리, 관습적 사고의 거부, 극단적 개인주의에 대한 찬양 등의 사회 문화적 자유주의와 함께 자녀를 양육할 때도 자유분방하게 자기 결정권을 최대한 보장하는 독특한 정서를 낳았다는 것이다. 그렇다면 무엇이 이와 같은 자유주의를 낳게 했는가?

테일러(C. Taylor)는 『불안한 현대사회(The Malaise of modernity)』에서 오늘날 우리가 누리는 근대적 자유가 어떻게 획득된 것인지를 간략하게 설명하고 있다. 이 과정을 살펴보는 것은 고대로부터 포스트모더니즘에 이르기까지 자아의 개념이 어떻게 변화됐는지를 이해하는 데에 도움이 된다. 테일러에 의하면 플라톤에게 이성은 이 세계와 사물과 인간의 영혼에 공통으로 작용하는 궁극의 질서로서 선의 이데아를 직관하는 능력을 뜻한다. 플라톤에게 이성에 의한 지배는 그 질서에 의해 올바른 위치를 찾게 된다는 것을 뜻하며, 세계와 내 영혼에 공통으로 작용하고 있는 질서 속에 위치함으로써 전체가 조화를 이루는 것을 의미했다. 테일러는 이 우주의 큰 질서를 '존재의 거대한 고리'(Great chain of Being)라고 명명한다.[20] 테일러의 이 설명이 의미하는 바는 무엇인가? 인간은 전체의 조화로운 질서 속에 놓인 존재로서, 항상 자신을 보다 큰 질서의 한 부분으로 인식하였다는 것이다. 테일러의 설명에 의하면, '인간들은 그러한 우주적 질서 속에서 천사나 천체들, 그리고 자신과 함께 생활하는 지상의 다른 피조물들과 더불어 자신이 있어야 할 자리에 있는 것으로' 자신을 여겼다는 것이다. 이것은 고대적 자아관이 궁극의 실재에 합치됨으로써 자신을 실현할 수 있는 것, 혹은 완성되는 것으로 보았다는 것을 의미한다.

오늘날 자유주의에서 말하는 근대적 자유란 사실 테일러가 '탈주술화'(disenchantment)라고 부르는, 구시대의 도덕적 지평들로부터의 단절을 통해 성취된 것이다. 즉 더는 자아를 전체 질서의 한 부분으로 여기지 않고, 오히려 그 전체로부터 이탈함으로써 자아의 자유를 획득하는 것으로 여기게 되었다는 것이다. 이 탈주술화의 과정은 우리 스스로가 자신의 주인이 되는 자유를 가져다주었지만, 그 과정에서 잃은 것도 많다. 전통적 질서는 우리의 자유를 제한하기는 했지만, 전체의 질서 속에 세계와 사회적 행위에 의미를 부여해주는 기능을 하였다. 사람들은 전체의 질서 속에 위치하는 자신의 역할과 지위를 인식하고 있었고, 그 전체의 연관 속에서 자신이 하는 행위의 의미를 찾을 수 있었다. 말하자면 인간 존재는 항상 세계와 연결되어 있었다. 테일러[21]에 의하면, 오늘날 우리가 누리는 근대적 자유는 이런 질서에 대한 부정을 통해, 혹은 그 질서로부터 우리 스스로 끊어져 나옴으로써 획득된 것이다.

이 탈주술화의 과정은 근대적 자아의 형성 과정과 밀접하게 맞물려 있다. 테일러는 그의 또 다른 저서 『자아의 원천들(The Sources of the Self)』에서 탈주술화의 과정을 통해 근대적 자아가 어떻게 형성되는지를 보다 구체적으로 분석하고 있다. 테일러[22]에 의하면, 플라톤(Platon)에서 데카르트(R. Descartes)로 이어지는 근대적 자아관의 형성을 매개한 사람은 아우구스티누스(A. Augustinus)이다. 아우구스티누스는 세계와 만물 안에 보편적으로 섭리하는 질서(하나님)를 말한 점에서는 플라톤과 공통되나, 그 질서는 세계뿐만 아니라 '내 안에도' 똑같이 역사한다는 것으로 강조점이 옮겨간다. 왜냐하면 사람은 각기 하나님 앞에서 자신의 내면의 죄를 회개함으로써 진정으로 하나님께 나아갈 수 있기 때문이다. 따라서 아우구스티누스에게 "신에게 이르는 주된 경로는 대상의 영역 속에 있는 것이 아니라 우리 자신 '안'에 있다." 즉, 아우구스티누스의 주된 관심사는 하나님이 세계 속에서 발견될 수 있을 뿐만 아니라 더 중요하게는 개인의 내면에서도 발견될 수 있음을 보여주는 것에 있었다. 이것을 달리 말하면 하나님은 우리에게 기준, 즉 올바른 판단의 원칙을 마련해 주지만 그것이 세계의 광경뿐만 아니라 내밀한 자기 현전 속에서도 발견될 수 있다는 것이다. 이 과정에서 자아는 '근본적 반성성'(反省性)의 태도를 보이게 된다.[23] 여기서 '근본적 반성성'의 태도를 보이는 것은 일인칭의 관점을 취하는 것으로, 주된 관심이 사물 자체, 혹은 그 속의 진리로 향하는 것이 아니라 그것을 경험하고 의식하는 '나 자신'에게로 향한다. 그리하여 일인칭 관점은 다른 무엇보다 내 앞에 나타남, 곧 자기 현전의 확실성을 특징으로 가지며,[24] 이것은 무엇보다 진리를 확인하는 장소로서 나의 내면이 중요하게 대두된다는 것을 의미한다.

아우구스티누스에게서 시작된 근본적 반성성의 태도는 일종의 내면화(inwardness)로 볼 수 있으며, 이 점에서 데카르트의 근대적 자아관이 출현할 수 있는 길을 열어준 것으로 평가된다. 그러나 데카르트가 이룬 내면화는 아우구스티누스가 이룬 내면화와는 근본적으로 다른 성격을 지닌다. 플라톤에게 실재는 본질적 세계, 즉, 위에 있는 것이고, 아우구스티누스가 하나님께(위) 가기 위한 여정으로 내면화의 개념을 제시하였다면, 데카르트의 내면화는 외부와의 단절 속에 확실성의 근거를 내 '안'에서 찾겠다는 것이다. 시대적으로 종교개혁 이후의 혼란, 천동설에서 지동설로의 변환, 신대륙 발견 등 매우 혼란스러운 격동기에 살았던 수학자 데카르트에게 도대체 확실한 것은 무엇인가 하는 것이 매우 절박한 질문이었을 것이다. 따라서 기존의 확실하고 자명하다고 믿어왔던 전통이나 지식, 세계의 붕괴를 경험한 데카르트가 '확실한 지식'의 정초를 찾고자 씨름한 것도 너무나 당연하다. 그리하여 데카르트는 확실하게 붙들 수 있는 진리를 찾기 위해 그 유명한 '방법적 회의'라는 독특한 방법을 취한다. 데카르트가 "추호도 의심할 여지가 있는 것은 모두 절대적인 오류로 간주하여 폐기해야 하며, 그 다음에 내 신념 속에 전혀 의심할 수 없는 것이 남아있는지 어떤지를 살펴보아야 한다고 생각했다"라고 고백하고 있듯이[25] 데카르트는 확실한 지식의 토대에 도달하기 위해 조금이라도 불확실하다는 의심이 가는 것은 모두 제거하는 방법을 취한다. 그렇게 해서 마지막까지 남는 것이 의심의 여지가 없는 확실한 것이 될 것이기 때문이다. 이 방법적 회의를 거쳐 마지막까지 남은 것, 즉 전혀 의심할 여지가 없는 토대는 무엇일까? 그것은 다름 아닌 "나는 생각한다"라는 사실이었다. 데카르트에 의하면, "모든 것을 거짓이라고 생각하는 동안에도 이렇게 생각하고 있는 나는 필연적으로 무엇이어야 한다."[26] 왜냐하면 어떤 것을 의심하기 위해서는 의심하고 있는 누군가를 전제해야만 가능하기 때문이다. 따라서 의심하고 있는 나, 즉 생각하는 나라는 것은 가장 최후의 보루가 된다. 나의 존재 자체도 내가 존재하는지 안 하는지를 생각하고 있는 나가 있기에 확실성을 얻게 된다. 따라서 "나는 생각한다. 고로 나는 존재한다.(cogito ergo sum)"라는 데카르트의 이 선언은 "내 안에 가지고 있는 생각에 의하지 않고는 내 밖에 있는 것에 대한 지식을 가질 수 없음을 확신한다"라는 선언이다.[27] 이제, 중요한 것은 세계 자체가 아니라 그것을 인식하는 나 자신이다. 그것을 인식하는 내가 없다면 세계도 존재할 수 없다. 데카르트는 "물체는 본래 감각이나 상상의 능력에 의해 파악되는 것이 아니라 오직 오성에 의해 파악되며, ……물체들은 만지거나 봄으로써가 아니라 오직 이해됨으로써 파악된다는 것이 분명하다"라고 진술한다.[28]

데카르트는 근대라는 시대의 새로운 자아관을 개척한 사람으로 평가받는다. 데카르트가 대변한 근대적 자아는 세계와 합일을 이룬 자아가 아니라 존재의 거대한 고리 속에서 떨어져 나와 나의 이성에 의해서만 확실성을 인정받는 자아이다. 이것이 데카르트의 근대적 자아관이, 세계로부터 거리를 둔 이성이 주도하는 고립된 근대적 자아관의 초석을 놓은 것으로 평가되는 이유이기도 하다. 말하자면 눈앞에 보이는 세계는 다 의심하여도 이성이 주도하는 나의 자아는 그 무엇보다 확실한 실체로 자리하게 되는, 데카르트적 유아론(唯我論)이 출현하게 된 것이다. 이로부터 근대의 자아관이라 할 수 있는 '주체'(subject) 개념이 출현하게 된다. 여기서 주체는 객관적, 절대적 이성의 소유자로서, 합리적 행위를 하는 존재로 간주한다. 이것은 인간의 본질이라 할 수 있는 이성에 절대적 지위를 부여함으로써 인간을 '이성적 주체'나 '보편적 존재'로 파악하는 관점이 형성되었다는 것을 의미한다. 이와 같은 이성적 주체는 자율적이고 합리적인 본질을 지닌 근대적 자아로 이해된다.[29]

포스트모더니즘은 근대를 특징짓던 확실한 지식이나 보편적 이성, 합리성과 같은 본질에 대한 회의와 비판이 본격적으로 대두된 시대의 정신이라 할 수 있다. 포스트모더니즘에서 '이성적 주체', 혹은 '보편적 존재'와 같이 근대 이후를 휩쓸었던 고정적이고 본질적인 근대적 자아관은 많은 비판을 받게 된다. 이성 중심의 본질적 자아관은 이 범주에 속하지 않는 사람들을 소외시키는 결과를 가지고 왔을 뿐만 아니라 자아의 맥락적이고 가변적인 측면들을 간과함으로써 인간자아에 대한 폭넓은 이해를 오히려 제한했다는 것이다. 포스트모더니즘의 맥락에서 자아는 이성에 의해 합리적인 사고를 할 수 있는 존재로 태어나는 것이 아니라 '우연적인 것'으로 이해된다. 이제 자아는 단지 신념과 욕구들의 집합이며, 그 집합은 역사적, 문화적 상황에서 우연히 형성되는 것이기에 고정적이고 본질적인 것은 아니다.[30] 예를 들어, 자연과 세계, 실재 등을 파악할 수 있다는 지식 또는 그러한 지식의 기초가 될 수 있는 정초 (foundation)를 부정함으로써 근대적 세계의 소멸을 주장했던 로티(R. Rorty)에 따르면 "인간의 자아가 본디 본성을 가지고 있다는 관념"은 무너뜨려야 할 정초에 해당한다.[31] 로티에게는 인간의 마음이 '자연'이나 '실재'를 재현한다는 것은 근대철학이 지어낸 허구인 것이다. 따라서 그러한 자연이나 실재를 재현하거나 파악할 수 있는 본질적 자아는 없다.[32]

이와 유사한 맥락에서, 실재나 지식의 진위를 문제 삼던 형이상학의 대서사가 사라진 포스트모던 시대에는 각각의 시스템에서 효율성의 최대화를 추구하는 수행성만 남게 된다고 주장하였던 리오타르(J.F. Lyotard)에게 자아는 "대단찮은 존재"로 파악된다. 리오타르는 "이러한 사회에서 각 개인은 자기에게 관심을 돌리지만, 우리 각자는 우리의 자아라는 게 대단찮은 것이라는 사실도 알고 있다"[33]고 말한다. 그러나 리오타르는 대서사의 붕괴로 자아가 대단찮은 것이 되었지만, 근대와 달리 "어떤 자아도 섬과 같지는 않다"[34]라고 말한다. 즉, 데카르트적인 자아는 고립된 원자론적인 자아, 홀로 사유하는 자아였지만 후기 근대사회에서의 개별 자아는 과거 어느 때 보다 더 복잡하고 유동적인 관계의 그물망 속에 위치 하고, 각 개인의 유동성은 수행성을 증대하기 위해 체제가 실행하는 자기 조절 메커니즘에 알맞은 역할 수행이 요구된다. 이 그물망 속에서 각 체제의 수행성을 최대로 올리는 자가 포스트모던적 지식인의 모습으로 부상하리라는 것이 리오타르의 전망이다.

이상 탈주술화의 과정을 통해 근대적 자아가 어떻게 형성되어 왔으며, 그것이 포스트모던적 조건에서 어떻게 가속화되어 변화했는지를 살펴보았다. 오늘날 현대인의 주된 에토스가 된 자유주의를 근간으로 하는 근대적 자유는, 말하자면 탈주술화의 과정을 통해 형성된 근대적 자아가 값비싼 대가를 치르고 획득한 전리품과 같은 것이라 할 수 있다. 아마도 자아관이 이러한 변천을 겪고 있다면, 포스트모던 시대를 살아가는 아이들에게 여전히 근대적 자아관에 근거하여 이성에 기반한 합리적이고 고정적인 자아로 만들려는 교육적 시도는 시대에 맞지 않는 것일 수 있다. 이 때문에 교육에서 세계의 전수를 고집하는 보수적 관점의 가르침이 설득력을 잃는 것일 수도 있다. 그렇다면 우리가 가르쳐야 할 세계는 여전히 가치 있는 것으로 남아있는가? 이를 위해서는 세계관의 변천 과정을 살펴볼 필요가 있다.

2. 세계관의 변천[35)]

2018년에 개봉된 영화〈버닝(Burning)〉은 불확실한 세계 속에서 삶의 무의미성과 싸우며 살아가는 세 청춘의 다양한 삶의 방식을 미스터리한 접근으로 그리고 있다. 이 영화가 연구자의 관심을 끈 대목은 지금의 젊은이들이 느끼는 세계에 대한 묘사이다. 이 영화를 만든 이창동 감독 인터뷰에 의하면, 이 영화는 "현실과 비현실, 있는 것과 없는 것, 보이는 것과 보이지 않는 것"에 대하여 말하고 있다.[36)] 이 영화가 포착하고 있는 세계의 이미지는 여자 주인공 해미가 팬터마임으로 귤을 까먹는 법에 단적으로 드러나 있다. 해미가 까먹는 귤은 진짜 귤이 아니라 해미의 머릿속에서 상상된 귤이다. 그러나 해미는 없는 귤을 있는 것처럼 상상해서 먹는 것이 아니라, 귤이 없다는 사실 자체를 잊어버림으로써 진짜처럼 귤을 먹을 수 있다고 말한다. 상상과 현실, 진짜와 가짜, 있는 것과 없는 것 사이를 넘나드는 오늘날 젊은이들의 세계 인식은 이 영화 전반에 걸쳐 묘사되고 있다. 예를 들어 해미의 좁은 단칸방을 하루에 딱 한 번 비추는 빛은, 사실은 진짜 빛이 아니라 남산타워 전망대의 유리에 반사된 빛이다. 해미가 키운다고 한 고양이 '보일'은 종수 눈에는 보이지 않고, 주인 아줌마도 한 번도 본 적이 없다. 해미가 어렸을 적 빠졌다는 우물은, 해미 가족에 따르면 원래부터 존재한 적이 없다. 단지 거짓말로 치부될 뻔한 해미의 이야기는 영화 말미에 모두 사실로 확인되지만 이미 해미는 사라진 후이다. 모두 허상처럼 보이는 이 세계 속에서 해미는 존재했었는지, 그녀의 말이 진짜였는지, 2주에 한 번씩 비닐하우스를 태울 때마다 진짜 살아있음을 느낀다는 벤의 말은 사실인지, 온통 혼란 가운데 진짜 사실을 알고 싶은 종수는 뭔지 모를 분노와 광기에 사로잡혀 질주한다. 영화 말미에는 종수가 소설을 쓰는 장면이 삽입되면서, 이 이야기 전체가 사실은 하나의 가상일 수 있다는 더욱 충격적인 암시를 던진다.

이 영화에서 포착되는 오늘날의 세계는 실제와 가상, 진짜와 가짜, 존재하는 것과 존재하지 않는 것 사이의 경계가 무너진 곳으로 그려진다. 진·위, 실재·비실재, 선·악의 구분이 더는 중요하지 않고, 실제의 사실을 잊어버림으로써 오히려 가상 세계를 진짜 세계인 것처럼, 혹은 현실을 비현실처럼 느끼며 살아가는 시대가 되었다는 것이다. 이와 같은 세계 묘사는 확실성과 동일성을 기반으로 한 근대적 이성이 지배하던 세계와는 분명 차이가 있고, 이 세계는 그림자일 뿐 이것과 구분되는 진짜의 세계가 별도로 존재한다고 믿었던 고대적 세계관과는 더욱 차이가 있다. 이와 같은 세계관의 변화는 교육에의 변화를 수반할 수밖에 없다. 포스트모던 시대에 가르침이 점점 어려워지는 데에는 그 어느 때보다 '새로운 아이들'이 출현하였다는 포스트모던적 자아관의 문제 외에도, 더는 가르칠만한 가치로운 것이 없는 시대가 되었다는 '세계'의 문제가 중요한 동인으로 작용하고 있다. 왜냐하면 전통적으로 세계는 가르침의 내용이 되었기 때문이며, 세계와 지식 개념의 변화는 필연적으로 그것을 전수하는 가르침의 양식을 변화시키기 때문이다. 그렇다면 오늘날 우리가 직면하고 있는 세계는 구체적으로 어떤 성격의 것이며, 어떠한 역사적 변천 과정을 거쳐 형성되었는가?

고대 그리스에서는 이 세계를 존재(Being)와 현상(Appearance)의 구분에 비추어 이해하였다. 즉, 고대 그리스 시대에는 우리가 경험하고 보는 모든 현상이 진짜 세계가 아니라, 그것과는 구분되는 존재의 세계가 있으며, 이것을 궁극의 실재, 혹은 진리로 파악하였다. 이 존재의 세계는 우리가 인식하는 대상에 진리를 제공하고, 인식하는 자에게 인식의 원천이 되며, 모든 인식과 진리의 궁극원인이 된다. 현상세계는 존재 세계의 모방으로서, 모든 진리의 궁극원인이 되는 존재의 세계에 비하여 항상 부차적인 것으로 이해되었다. 고대적 세계관에서 이 같은 세계의 위계는 플라톤의 '선분의 비유'에 잘 나타나 있듯이 '이데아의 세계, 수학적 세계, 실물들, 영상(모상)' 순으로 구성된다.[37] 이러한 세계관에서 교육은 현상세계의 특수자에 대한 지식으로부터 순수존재에 대한 지식을 단계적으로 습득함으로써 궁극의 실재에 도달하는 것을 목적으로 하게 되며, 또한 그것은 인간 마음이 실현해야 할 본질적 선으로 간주된다.[38]

고대 그리스의 존재와 현상이라는 두 세계의 구분은 중세를 거쳐 근대로 오면서 근원적인 변화를 겪게 된다. 이 과정에서 보편적 진리가 불확실한 현상세계에 반영되어 있다는 고대인의 신념이 의심되고, 대신 확실한 지식의 근거를 찾아낼 수 있는 인간의 마음을 규명하는 것으로 관심이 이동한다. 즉, 나의 바깥에 진리의 세계가 있다는 신념이 의심되고, 그 세계가 진짜 진리인지 아닌지를 확인할 수 있는 확실한 지식의 정초에 관한 관심이 대두된 것이다. 이러한 자아 외부에 있는 세계에 대한 근대인의 의심은 데카르트의 저작에서 가장 구체적이고 뚜렷하게 드러난다. 비록 나의 눈에 보이는 현상세계가 있더라도 그것이 존재 자체에 대한 보증이 될 수는 없다는 회의에 이른 후에, 데카르트는 확실한 지식의 토대를 찾는 작업에 착수한 것이다. 그리하여 데카르트는 철학적 탐구 대상을 인간 마음 바깥에 있는 외부 세계와 구분되는 것으로서 인간의 마음 안에 떠오른 내용으로 제한한다.[39] 다시 말해, 이제 근대인의 세계관은 현상에 반영된 실재가 아니라 나의 마음에 떠오른 실재의 재현(representation)으로 중심이 옮겨가며, 그 재현이 진리인지 아닌지를 판단할 주체는 인간의 합리적 이성이 된다. 데카르트 이후로 '외부 세계'에 있는 모든 것은 의심과 분석의 대상이 되지만, 인간 내면의 마음에 '재현된 세계'는 의심할 수 없는 어떤 것으로 부상하게 된다.

외부 세계가 불확실한 것으로 의심되고 대신 인간의 내면에 재현된 세계에서 확실한 정초를 찾는 것으로 관심이 이동하면서, 이제 세계는 형이상학적 관심으로부터 더욱 떨어져 나와 보다 인간중심적 방향으로 전환된다. 이 과정에서 칸트(I. Kant)는 인간의 지식을 가능하게 하는 조건, 즉 인간 마음의 순수하고 아프리오리한 원리의 필연적 조건을 탐색하는 것을 철학적 과업으로 삼게 된다. 칸트는 "우리의 경험적 인식조차도 인상을 통해 우리가 받아들이는 것과 우리 자신의 인지적 힘이 그 자체로부터 제공하는 것으로 구성되는 복합체일지도 모른다"[40]라고 함으로써, 우리가 바깥 세계를 인식하는 것은 인간이 그것을 인식할 수 있는 이성의 범주, 즉 아프리오리의 범위 내에서만 가능하다는 것을 밝혀낸다.[41] 칸트의 주장은 이성의 검토를 통해 인간의 의식에 재현된 세계만이 확실한 지식의 토대가 될 수 있다고 믿었던 데카르트의 주장에서 한 걸음 더 나아가, 그 의식의 재현조차도 인간이 본래 가지고 있던 인식의 범주 내에 파악될 수 있는 것만이 확실한 대상으로 인식될 수 있다는 것을 드러내 준다. 이와 같은 칸트의 주장은 있는 그대로의 세계에 대한 관심보다는 그것을 구성해낼 수 있는 인식의 조건에 대한 관심을 드러내며, 이후의 인간의식에 의해 '구성된 세계'가 출현할 수 있는 토대를 제공한 것으로 평가할 수 있다.

　이상의 사상적 변천을 거치면서 물리적이고 사회적인 실재에 대한 완전하고 과학적인 설명을 하나의 이상으로 추구하는 지배적인 문화전통이 형성되는데, 이러한 흐름은 '근대성(modernity)'이라고 지칭될 수 있다.[42] 이 같은 근대적인 이상은 논쟁의 여지가 없는 전제로부터 축적되고 체계화되어 이론적 학문 분야 전반에 걸쳐 지식의 비약적인 진보와 발전을 가져왔고, 근대의 확실한 지식은 우리가 직면한 다양한 문제를 해결해 줄 것이라는 하나의 계몽적 견해, 즉 '거대서사'(grand narrative)를 제공하게 된다. 교육은 다음 세대를 이런 다양한 지식의 체계와 합리성의 형식에 입문시키는 일을 담당하며, 이러한 입문은 전문 교육과 훈련을 통해 다양한 지식의 분야에서 권위를 획득한 교사들에 의해 이루어진다.[43]

　포스트모더니즘은 이상과 같은 근대적 세계관과 지식관에 대한 비판과 도전의 맥락에서 이해될 수 있다. 즉, 포스트모더니즘은 존재와 현상의 구분이라는 고대 그리스적 위계로부터 시작하여, 합리적 이성의 토대위에 형성된 확실한 지식이라는 근대성의 전제에 의문을 제기하고, 본격적으로 그것을 비판하고 해체함으로써 시작되었다. 이와 같은 포스트모더니즘의 뿌리는 니체에 대한 재조명에서 비롯된 것으로 평가된다.[44] 니체는 익히 알려진 대로, "신은 죽었다"는 문장을 통해, 서구의 전통 형이상학의 세계, 즉 존재 세계의 폐기를 선언한다. 플라톤주의를 뒤집음으로써 전통 형이상학을 완성하는 행위는 허무주의라는 원치 않았던 결과를 불러일으켰지만, 니체는 초월세계의 규범에 따라 설정되는 가치와는 다른, 이 현상세계 속에서의 풍요로운 삶이라는 새로운 규준에 의해 설정된 가치를 찾고자 한다. 니체는 "존재하는 것은 사실이 아니라 사실에 대한 해석"이며, 해석은 그 자체로 힘에의 의지의 한 형태"라고 말했는데, 이것이 포스트모던 시대의 세계관을 여는 일종의 포문이 된다. 이제 포스트모더니즘에서 세계 및 지식은 더는 '실재에의 일치'의 문제가 아니라, '사회적 구성'(social construction)의 문제로 전환된다. 사회적 구성으로서의 세계에서 중요한 것은 이제 진리냐 거짓이냐의 문제가 아니라 그 설명방식이 얼마나 '정합성'(coherence)을 가지느냐의 문제이다. 따라서 포스트모던 시대에서 지식은 사물 자체의 본성이나 인간 마음 안의 재현보다는 오히려 우리가 속한 사회 속에서, 우리가 사용하는 언어에 의한 인간들의 상호작용으로 강조점을 옮기게 된다. 다시 말해, 포스트모던 시대에 지식은 더는 절대적이고 확실한 진리가 아니라 세상을 이해하고 바라보는 다양한 관점의 협상 속에서 합의된 하나의 해석으로 간주될 뿐이다.[45]

이와 같은 포스트모던 조건에서는 교육의 역할도 바뀌게 된다. 지식이 이데아의 실현이나 인간의 해방 같은 그 자체의 목적을 상실한 이후로 그동안 학교의 배타적 특권으로 여겨졌던 지식에 대한 접근의 방어막이 바야흐로 무너졌다고 할 수 있다. 이제 학교의 역할은 지식을 가르쳐 자유주의 엘리트 집단을 양성하는 것이 아니라 체제의 '수행성'(performity)을 증대시키기 위해 기술을 잘 다룰 수 있는 전문가와 기술가를 양성해내는 것으로 바뀐다.[46] 이와 같은 포스트모던 조건에서 학생이나 교육기관이 공공연하게 제기하는 질문은 이제 "그것은 진실인가?"가 아니라, "그것은 대체 무슨 소용이 있는가?"로 된다.[47] 이 질문은 지식경제의 맥락에서는 "그것은 잘 팔리는 것인가?"로 제기되고, 권력 확장의 맥락에서는 "그것은 힘이 있는가?"로 제기된다. 이상의 질문들은 모두 표현양식만 다를 뿐, 이제 진·위나 정의·불의의 기준으로 규정될 수 없고, 수행성이나 효율성의 기준으로만 등급이 매겨지는 질문이라는 점에서 같은 질문인 것이다.

보드리야르(J. Baudrillard)는 포스트모던 세계의 특징을 분석한 『시뮬라시옹(Simulacres et Simulation)』이라는 책에서 "실제는 이제 존재하지 않는다"라고 선언한다. 보드리야르에 의하면 포스트모던 사회는 실제로는 존재하지 않는 대상을 존재하는 것처럼 만드는 행위인 '시뮬라시옹'(simulation), 그리고 그것에 의해 만들어진 가상의 인공물들인 '시뮬라크르'(simulacres)들이 실재의 자리를 차지하는 사회이다. 즉, 원본 없는 이미지가 그 자체로서 현실을 대체하고 현실은 이미지에 의해서 지배받기에, 오히려 그 이미지가 현실보다 더 현실적인 것으로 느껴지는 사회라는 것이다.[48] 특히 보드리야르는 시뮬라시옹이 주도하는 포스트모던 사회가 어떻게 의미를 해체하는지 그 과정에 주목한다. 시뮬라시옹에 의해 생산된 기호가 사물을 대체하고 모사물이 실재를 대신해서 재현과 실제, 모사와 실물 사이의 관계가 단절되고 역전되기 때문에, 결국 재현은 불가능해지고 의미는 해체될 수밖에 없다는 것이다.[49] 그 단적인 예는 미디어에서 발견되는데, 미디어에서 지속해서 생산되는 기호의 증대는 모든 의미를 중화하고, 결국 의미의 소멸과 함께 가상·실재 구분의 해체를 초래한다. 이 과정을 통해 실재가 하이퍼리얼리티(hyperreality)로 전도되는 현상이 발생한다. 즉 실재와 비실재, 진실과 허위, 표면과 깊이 등 모든 구분이 서로 함몰되어 소멸하고, 시뮬라시옹과 함께 존재하는 실재보다 더 실재적인, 일종의 과잉실재로서 하이퍼리얼리티가 출현한다는 것이다. 우리 사회에서도 이미 보드리야르가 진단했던 하이퍼리얼리티가 실재의 자리를 대체하는 현상이 빈번하게 목격된다. 성형수술로 바꾼 얼굴이 그 사람의 또 하나의 진짜 정체성을 형성한다든지, 컴퓨터 속 가상의 공간을 실제보다 더 진짜처럼 여긴다든지, 언론이나 매체를 통해 조작된 이미지를 그 사람의 본모습으로 여기게 되는 현상 등이 그 예이다.

4차 산업혁명이 주도하는 앞으로의 세계는 이와 같은 경향이 더욱 빨라질 것으로 보인다. 4차 산업혁명에 주로 사용되는 기반 기술들[50]을 바탕으로 앞으로는 물리적 사물이 디지털 공간에 쌍둥이처럼 존재하는 디지털 트윈(digital twin) 기술이 구현되고, 디지털 공간에서 행한 제어행위가 실제 운영으로 연결되는 기술(cyber-physical system)로까지 확장될 것이라고 한다.[51] 그렇다면 내가 진짜 집이라고 여기는 장소가 디지털 공간에도 똑같이 존재하게 된다. 내가 사는 진짜 집을 통제하고 조정하는 핵심은 디지털 공간상의 제어행위 기술이다. 이 말은, 내가 진짜 집이라고 여기는 우리 집이 사실은 껍데기이고, 인공지능에 의해 통제되는 가상의 공간이 진짜일 수도 있다는 것이다. 비단 가정뿐만 아니라 병원, 회사, 친구 관계까지 인공지능이 담당하는 영역이 되면, 내가 사는 이 세상이 실제의 공간인지 가상의 공간인지 구분은 더욱 모호해질 것이다. 바야흐로 지금 우리가 직면하고 있는 세계는 진짜 세계와 가상의 세계, 인간과 인간 아닌 것의 경계가 더욱 모호해지는 방향으로 가고 있다.

신승환은 포스트모던한 세계 속에서 인간과 존재는 근대와 달리, 어떤 '흔들리는' 터전에 자리하게 되었다고 진단한다.[52] 그에 따르면 이 터전은 세계와 인간이 오랜 존재의 근거를 버림으로써 참으로 '가벼워진'

실재성에 자신을 드러나게 하는 곳으로, 진실한 것과 상상의 것 사이의 분열, 정보와 실재의 분열, 그러한 모습이 결코 첨예하게 나타나지 않는 영역이다. 또한 이 흔들리는 터전은 전통적인 진리나 실재가 사라진, 그들의 무게를 상실한 약한 세계이기 때문에 의미가 소멸한 허무주의와 무의미성의 근원이 되기도 한다. 니체가 플라톤적 형이상학을 뒤집음으로써 초래된 허무주의는 '최고의 가치가 자신을 스스로 가치절하'하고 '왜'와 '어디로'라는 근거와 목표에 대한 질문을 상실하게 만든다.[53] 이것이 포스트모더니즘의 세계가 무의미와 허무주의를 배태하는 이유가 된다.

지금까지 살펴본 세계관의 변천 과정을 통해서 알 수 있는 것은 고대로부터 포스트모던 시대라 불리는 현재에 이르기까지 세계의 개념은 확실한 진리의 소재지에서부터 확실성이 의심되다가 진짜와 가짜, 실재와 허상의 경계가 허물어지는 해체적 개념으로 변천해왔다는 것이다. 실제와 가상의 경계가 무너지는 현상은 의미의 해체와 밀접하게 관련되어 있다. 시뮬라시옹이 주도하는 사회는 의미해체의 과정과 긴밀히 연결되어 있다는 보드리야르의 진술을 참조할 때, 4차 산업혁명이 주도하는 미래 사회에는 실제 세계와 가상세계 간의 구분이 더욱 모호해질 것이고 이에 따라 우리 삶의 의미도 더욱 빠르게 해체될 가능성이 크다. 몰렌하우어는 후기 근대로 갈수록 가르침이 약화하는 현상이 증대하는 것은 "더는 자신 있게 후세에게 전할 만한 [가치 있는] 것이 없는 시대의 징후"라고 지적한다.[54] 이것이 교육과 관련하여 중요한 문제로 등장하는 이유는 가르침은 가치 있는 것의 전수, 즉 세계의 안내와 관련되기 때문이다. 그러나 더는 가르칠만한 가치 있는 것이 없어진다면 우리는 무엇을 가르쳐야 할까? 이렇게 볼 때, 포스트모던 시대로 접어들수록 세계의 전수로서의 가르침은 약화될 수밖에 없다. 학습중심이 포스트모던의 시대적 맥락에서 강력하게 대두되는 것은 이러한 연유로 이해될 수 있다. 그렇다면 이같이 변화된 세계 속에서 살아갈 다음 세대를 교육할 때, 우리는 이 세계를 어떠한 태도로 안내하고, 그 속에서 어떻게 삶의 의미를 찾도록 도와주어야 하는지가 중요한 문제로 대두된다.

3. 자아와 세계, 무너뜨려야 할 정초인가?

포스트모던 시대에 들어 가르침의 의미가 희석되고, 가르침의 활동이 위협을 받는 이유는 무엇인가? 그 이유는 가르침의 근본 조건으로 여겨졌던 자아와 세계가, 포스트모던 시대 철학자들에게는 해체되어야 할 두 가지 토대로 배격되기 때문이다. 전통적으로 교육에서 자아와 세계는 '인간이 된다'라는 것의 핵심적 의미를 이루는 것이었다고 볼 수 있다. 근대교육의 초석을 놓은 것으로 평가되는 칸트가 『교육론(On Education)』에서 교육을 '인간이 되는 과정'으로 정의한 이래로,[55] 교육의 목적은 학생을 한 인간으로서 성장하도록 돕는 것으로 이해되어 왔다. 칸트 이후의 교육사상사는 이와 같은 인간이 되는 과정을 어떻게 이해할 것인가에 관한 대립되는 관점의 역사라고 해도 과언이 아니다. 예를 들어 공적 세계를 중시하는 보수적 교육관에서는 한 인간이 된다는 것의 의미를 문화유산에로의 입문 속에서 찾고자 하였다면, 개인의 자율성과 자유를 중시하는 진보적 교육관에서는 한 인간이 된다는 것의 의미를 개인의 자유와 흥미, 자발성을 실현하는 속에서 찾고자 하였다. 다시 말해 세계를 전수하는 것 혹은 자아의 개성과 자유의 실현이라는 강조점은 다를지라도, 교육이라고 할 때는 언제나 한 사람의 자아와 세계의 관계를 어떻게 이해할 것인가의 문제가 그 핵심을 차지하고 있다.

그러나 가르침의 바탕을 이루고 있던 자아와 세계라는 이 두 가지 토대는 포스트모던 시대로 오면서 의심과 비판의 대상으로 전락한다. 이 두 가지 토대를 배격했던 대표적인 사상가로 로티를 들 수 있는데, 로티는 다소 급진적인 방식으로 자아와 세계의 해체 작업에 나선다.

> …… 우리는 그러한 문제에 관해 결심의 규준이 될 것을 세계에서 찾지 말아야 하는 것과 마찬가지로 우리 내부에서 찾지도 말아야 한다. 규준을 찾으려는 유혹은 세계나 인간의 자아가 본래의 본성, 즉 본질을 가진 것으로 생각하려는 더 일반적인 유혹의 한 종이다. 바꿔 말해서 그것은 우리가 세계나 우리 자신을 습관적으로 서술하는 많은 언어 가운데 어느 한 언어에 특권을 부여하려는 유혹이다. 어휘–들– 전체라는 것이 소유하거나 소유하지 못하는 "세계에 부합됨"이나, 혹은 "자아의 참된 본성의 표현" 등으로 불리는 모종의 관계가 있다고 생각하는 한, 우리는 어느 어휘들이 그와 같은 바람직스러운 특징을 지녔는가를 말해 줄 어떤 규준을 찾아내려는 전통적인 철학적 탐구를 지속하게 될 것이다. 그러나 만일 대부분의 실재가 그것에 대한 우리의 서술과 무관하다는 관념과 인간의 자아가 한 어휘 속에 적합하거나 부적합하게 표현되기보다는 오히려 한 어휘를 사용함으로써 창안된다는 관념에 만족할 수 있다면, 우리는 진리가 발견되기보다는 만들어진다는 낭만주의의 관념 속에 담겨 있던 진리에 마침내 동화될 것이다.[56]

위의 인용에는 반정초주의(anti-foundationalism) 철학자로 알려진 로티가 무너뜨리고자 하였던 두 가지 토대가 무엇인지 나와 있다. '세계에 어떤 본질적인 진리가 있다는 관념'과 '인간의 자아가 본래의 본성을 가지고 있다는 관념'이 바로 그것이다. 이러한 정초주의의 관점을 받아들일 때 '세계에 부합하는 것'이나 '자아의 참된 본성의 표현' 등의 진술이 힘을 발휘하게 되며 '진리란 무엇인가?' 또는 '인간다움이란 무엇인가'와 같은 질문이 중요하게 대두된다. 그러나 로티가 보기에 이제 '발견되어야 할 진리로서의 세계'나 '참다운 인간의 본성' 같은 것은 없다. 인간의 바깥에 객관적으로 존재하는 세계가 있다는 것, 그 속에 우리가 발견해야 할 진리가 있다는 것은 플라톤의 메타포를 문자 그대로의 사실로 받아들인 오류에 불과하다.

로티에게 있어 세계의 역사는 세계 속에 감추어져 있던 진리를 발견해온 역사가 아니라, 세계를 진술해온 메타포들의 역사라고 볼 수 있다. 즉, 세계는 철학자들이 진리를 발견한 결과가 축적되어 온 역사가 아니라 여러 작가가 다양한 방식으로 세계에 대한 메타포를 서술해 온 우연성의 역사라는 것이다. 이 점에서 진리는 발견되는 것이 아니라 만들어지는 것이며, 역사적인 우연성의 결과물이다. 세계에 관한 플라톤의 본질주의적 관점, 즉 우리가 진리라고 믿는 그러한 실재가 존재하지 않는다는 점을 받아들이게 되면, 전통적으로 본질적 세계를 파악할 수 있는 것으로 이해되었던 '인간의 본성'이라는 개념도 의미를 잃게 된다. 로티가 보기에 자아의 핵심으로 여겨졌던 인간의 본성이란 "인간이 되기 위한 필연적이고, 본질적이며, 궁극적인 구성요소에 해당하고, 우리에게 하나의 목표, 유일하게 가능한 목표, 필연성에 대한 충분한 인식, 우리의 본질에 대한 자기의식을 제공해주는 것"이었다.[57] 그러나 자아에 대한 본질주의적 관점을 부정하게 되면, 인간의 자아라는 개념 또한 본래 있는 것이 아니라 우연히 형성된 것에 불과하다. 따라서 형이상학적 철학자들이 제기했던 '인간이란 무엇인가?'라는 물음은 시대와 역사의 영향에서 벗어난 보편적인 인간의 본질을 묻는 물음으로써 포스트모던 사회를 살아가는 사람들에게 더는 유효한 개념이 아니다. 로티가 보기에 인간에 관한 이 질문은 '나를 어떻게 만들 것인가'라는 물음으로 대체되어야 한다.[58] 다시 말해, 자아란 고정되거나 완성되어 있어서 우리가 발견해야 할 어떤 것, 혹은 고정된 목표를 향하여서 되어야 할 어떤 것이 아니라, 우리가 서술함으로써 새롭게 창안되어야 할 것에 불과하다.

로티의 진술은 다소 급진적이기는 하지만 지금까지 우리가 당연한 것으로 상정해왔던 자아관과 세계관에 대한 문제의식을 담고 있다. 예를 들어 그동안 인간의 본질로 여겨졌던 '이성'의 경우, 그것이 인간의 본질로 여겨졌기 때문에 교육에서도 '합리적 이성의 인간'을 목적으로 하여 그러한 인간을 양성하는 교육이 주도되었다. 그러나 그와 같은 인간에 대한 규정은 감정이나 감각, 신체 등 인간의 다양한 측면을 배제하는 결과를 초래하였고, 합리적 이성이라는 한 가지 잣대로 인간을 서열화하는 우를 범하였다. 그 과정에서 각 사람의 고유함과 다양성이 무시되고, 교육은 외부에서 정해진 목적에 따라 획일화된 인간을 양산해내는 형태를 면치 못했다. 이것은 인간의 본질을 '이성'으로 규정할 때뿐만 아니라 감성, 인성, 도덕 등 여타 다른 이름으로 대체하여 인간의 본질을 배타적으로 규정할 때는 우리가 언제나 빠질 수 있는 오류이기도 하다. '인간의 본질은 무엇인가'라는 질문은 '나를 어떻게 만들 것인가'라는 질문으로 바뀌어야 한다는 로티의 문제의식은 무엇일까? 로티는 어떤 배타적 방식으로 인간의 본질을 규정할 때 그 배타성에 내재한 억압과 폭력의 기제를 거부하고자 한 것인지도 모르겠다. 이것은 사회가 일방적으로 정한 관습과 잣대에 나를 고정함으로써 내 안의 다양한 가능성을 억누를 것이 아니라, 자아에 대한 주체적 재서술을 통해 내 안의 무한한 가능성을 마음껏 펼치는 방식으로 자아를 새롭게 변혁할 것을 요청하는 것이라 볼 수 있다.

이와 같은 로티의 자아관은 세계에 대한 정초적 관념을 배격하는 것으로부터 파생된 것이다. 로티가 보기에 저 바깥에 발견되어야 할 진리가 있다는 생각은 플라톤의 비유에서 비롯된 아이디어이며, 그것은 세계에 대한 다양한 서술방식 중의 하나에 불과한 것이었다. 그러나 그것을 세계에 대한 고정된 사실로 문자 그대로 받아들이면서 세계에 관한 다양한 이해와 서술을 억제하는 역할을 해 온 것도 사실이다. 그래서 로티는 그동안 우리를 얽매고 속박해왔던 고정된 세계관으로부터 자유롭게 되기를 제안하고 있는 것으로 보인다. 세계 속에 모든 사람이 따라야 할 규준이나 질서, 혹은 진리가 있다는 생각으로부터 그것을 발견해내고 인식할 수 있는 특정 자아관의 본질에 특권을 부여하게 되고, 그것은 결과적으로 그 외의 다양한 사고와 서술의 창안을 억제하여 관습적인 사고만이 통용되는 사회로 만들 가능성이 크다. 로티는 그와 같은 특권적이고 관습적인 사고방식이 아니라 저마다의 다양한 서술방식이 끊임없이 재창조될 때 그것이 우리의 문화를 더욱 융성하게 만들 수 있다고 보는 것이다.

그러나 포스트모더니즘의 해체적 자아관과 세계관은 자아와 세계를 관련지음으로써 한 인간의 성장을 돕는 교육적 관계를 약화할 위험이 있다. 교육적 관계는 교사의 가르침을 통하여 학생의 자아와 세계의 의미 있는 관련을 모색하는 작업이라고 할 수 있다. 그러나 이 관계에 대하여 로티는 자아도, 세계도 모두 우연적인 것으로 설명함으로써 양자 사이의 필연적 관련을 제거한다. 아마도 로티는 일체의 규준이나 본질로부터 자유로운 창조적 자아들로 넘쳐나는 세계를 꿈꾸었겠지만, 교육적 관점에서 볼 때 로티의 이러한 시도는 해석에 따라 로티가 본래 의도한 창조적 세계의 등장 자체를 원초적으로 막을 수 있는 몇 가지 위험성을 지닌다. 첫째, 교육적 관점에서 볼 때, 어른세대의 역할은 가치 있는 것의 전수를 통해 다음 세대의 온전한 성장을 이루도록 안내하는 것이다. 이 것은 학생을 세계와 상관없이 내버려 두지 않고 학생의 자아가 세계 속 에서 삶의 방향성을 찾도록 안내하는 것과도 연결된다. 학생의 자아에는 모든 가능성이 다 열려있지만, 어른세대에 주어진 책임은 그 학생의 자 아가 아무 방향으로나 나아가도록 내버려 두지 않는 것에 있다. 우리가 '교육적 성장'이라고 부르는 것은 바로 이 같은 경우이다. 어른세대는 학 생을 더욱 가치 있는 방향으로 나아갈 수 있도록 이끌어줄 책임이 있으 며, 그때 교육적인 관점에서 성장했다고 볼 수 있다. 다시 말해 교육에서 우리가 가치의 문제를 이야기할 때, 그것은 세계 속의 모든 것을 동등한 진술로 보는 것이 아니라, 학생들에게 전수할 세계를 선택하는 과정에서 이것이 아닌 저것이 더 적합하고 가치 있는 것이라고 '특권'을 부여하는 과정이라 볼 수 있다. 세계에 관한 어떠한 특권적 서술도 허용하지 않는 것은 세계에 관한 어떠한 판단이나 선택의 기준조차 어렵게 만들 수 있 다. 이 경우, 어떤 내용이든 상관없이 원하는 결과만 잘 이루어내면 되는 '수행성'만 남게 될 가능성이 있다.

둘째, 로티의 자아관을 극단적으로 이해할 경우, 테일러가 지적한 근 대인의 '탈주술화'의 대가를 치르는 것과 같은 위험이 있다. 탈주술화를 통해 존재의 거대한 고리에서 떨어져 나옴으로써 근대적 자아는 어느 것 에도 얽매이지 않는 자유를 획득하게 되었지만, 이와 동시에 자신의 존 재에 의미를 부여해주던 지평도 함께 상실하게 되었다. 이제 근대인들은 자신이 어느 위치에 있는지, 자신의 삶의 방향성은 무엇인지, 자신이 누 구인지 자기 스스로 찾아가야 하는 조건 속에서 근원적인 고립과 존재 론적 불안 속에 내던져진 것이다. 로티가 자아와 세계의 문제를 전적인 우연성의 결과로 치부함으로써 자아를 얽어매던 관습이나 고정적 사고 방식으로부터 자유롭게 되었지만, 그로 인해 자아가 누구인지 아는 것은 더욱 어렵게 되었다고 할 수 있다. 왜냐하면 내가 누구인지 의미를 부여해주던 세계의 지평이 사라졌을 뿐만 아니라 자아와 세계의 관련 자체도 우연적인 것, 아무런 관련이 없는 것이 되었기 때문이다. 문제는 세계와의 관련이 없는 자아는 아렌트가 염려한 '무세계성'에 갇힐 수 있다는 점이다. 즉 세계 속에서 내가 누구인지, 타인과의 관계 속에서 나의 정체성을 찾는 일 자체가 불가능해질 수 있으며, 오히려 자신의 주관 속에, 혹은 자아 속에 매몰될 수 있다. 이것은 세계로부터 떨어져 나와 자아의 내면에 갇히게 된 포스트모던 시대의 자아관을 전형적으로 드러내어준다.

몰렌하우어는 교육의 과업이 자아와 세계의 관련을 통해 세계 속에서 나의 정체성을 찾아가는 일이라고 설명한다. 이 과정에서 자아와 세계 간의 항구적인 긴장은 예고되어 있는 것이지만, 그렇다고 하여 그 긴장을 외면하거나, 혹은 그것을 손쉽게 해결하려고 하는 모든 시도는 교육적 기획을 무효로 만드는 시도로 간주한다. 왜냐하면 세계를 대면하지 않은 자아는 무세계성의 자아로 남을 뿐 그에게서 한 인간으로서의 성장을 기대할 수 있는 원천이 제거되고, 또한 자아의 능동적 결단이 없는 세계의 전수는 일방적 제작형식의 교육이 되기 때문이다. 이 점에서 내가 누구인가를 찾아가는 교육적 작업은 자아와 세계 간의 긴장에도 불구하고 그 관계 속에서 적절한 지점을 찾아가는 일로 이해되어야 하며, 그 외의 모든 해결책은 교육의 근간을 무너뜨리는 시도로 귀착될 수밖에 없다. 포스트모던 시대에도 자아와 세계의 의미 있는 관련을 모색하는 일은 여전히 중요하다고 할 수 있다. 그렇다면 근대적 의미의 자아와 세계개념의 난점이 드러난 포스트모던 시대에, 자아와 세계의 개념, 그리고 양자 간의 관련은 어떻게 새롭게 이해되어야 하는가?

Ⅲ. 한나 아렌트의 자아와 세계개념

2장에서는 가르침이 점차로 약화되는 것을 포스트모던 시대의 징후로 진단하고, 가르침의 조건을 구성하는 자아와 세계의 개념이 어떻게 변천됐는지를 개관했다. 포스트모던 시대의 자아관과 세계관은 그 무엇에도 얽매이지 않는 자유를 가져다주었으나 자아와 세계 자체를 우연적인 것으로 파악함으로써 자아와 세계의 의미 있는 관련을 모색하는 가르침의 과업 자체가 힘들어질 수 있다는 난점이 있다. 그 대안으로, 3장에서는 한나 아렌트의 자아와 세계의 개념이라 할 수 있는 탄생성과 공적영역을 살펴보고자 한다. 특히 탄생성과 공적영역은 다음 장에서 살펴볼 행위의 구성요소가 된다는 점에서 행위개념의 이해를 위한 예비적 고찰의 성격을 지닌다. 이 작업은 크게 두 가지 방향으로 이루어진다. 우선 근대적 자아와 세계의 개념에 대한 아렌트의 반성의 지점을 추적할 것이다. 그리고 포스트모더니즘의 해체주의적 시각과도 차이를 보이는 아렌트의 사상적 지점을 추적할 것이다. 이를 통해 근대적 자아와 세계개념에 대한 반성 위에, 자아와 세계의 특이한 관련 방식을 모색하고자 하는 아렌트의 의도를 엿볼 수 있을 것이다.

1. 탄생성: 자아에 관한 이야기

몰렌하우어의 『가르치기 힘든 시대의 교육』에는 17세가 될 때까지 사회와 완전히 격리되어 살아왔던 '카스파'라는 소년의 이야기가 나온다.[59] 카스파는 1828년에 독일 뉘른베르크 시의 성문 앞에서 발견되었는데, 말도 못하고 읽고 쓸 수도 없어 동물과 다름없는 상태였다고 한다. 카스파가 교육을 받고난 후 진술한 바에 따르면 그는 태어난 이래 성문 앞에서 발견되기 전까지 창문도 없는 1~2평 정도의 마구간에서 살았다. 그곳에는 목마와 짚더미밖에 없었으며, 매일 누군가 아무 말 없이 물과 빵만 공급했다. 많은 우여곡절 끝에 카스파는 사람들에게 발견되었고, 양아버지에게 교육을 받아 말을 배우고 읽고 쓸 수 있게 되었다. 카스파는 17세의 나이에 처음으로 교육을 받기 시작했는데, 그 이전까지는 온전히 갓난아기처럼 순수한 '주체', '주관성'만으로 된 존재였다. 카스파는 17세 이후 인간 사회 속에 내던져지면서 그 사회의 언어와 규범과 관례를 습득하고 점차 '세계의 질서' 속으로, 그 사회에서 용인될 수 있는 형태의 '간주관성'으로 나아간다.[60] 몰렌하우어는 카스파가 한 사람의 사회인이 되어가는 과정을 '자아와 세계의 경계선' 상에서 발생할 수밖에 없는 긴장의 과정으로 설명한다. 카스파가 이 경계선을 넘어 세계 안으로 들어갈수록 그 사회가 용인하고 인정하는 방식으로 정례화하면서 한 사람의 사회인이 되어가지만, 그와 동시에 그는 본래 가지고 태어난 그 자신만의 개성과 고유한 특징들, 즉 그 자신의 '주체됨'의 측면을 점차 상실한다. 교육을 받을수록 카스파가 본래 가지고 있던 탁월한 신체 기관의 감수성은 약해졌고, 과거 그가 가지고 있던 카스파라는 주체로서 본질을 이루고 있던 것들은 점점 퇴색되었다. 반면 카스파가 그 과정을 거부하고 온전히 그 '자신'만으로 있고자 했다면 그는 '세계'에 속하지 않는다.[61] 즉, 사람들과 소통할 수 없으며 사람들 속에서 살지 못하고 오직 그 자신 안에만 머물러 있어야 한다. 여기에서 바로 자아와 세계 간의 긴장이 발생하는 것이다.

1) 인간본성에서 인간조건으로 전환

2015 개정 교육과정에는 교육이 길러야 할 인재상을 '창의융합형 인재'로 규정하고, 이와 같은 인간을 기르기 위한 구체적인 방안으로 자기관리역량, 지식정보역량, 창의적 사고역량, 심미적감성역량, 의사소통역량, 공동체역량 등 6가지 핵심역량을 기술하고 있다.[62] 비단 2015 개정 교육과정 문서뿐만 아니라, 교육에 관한 진술이 있는 거의 모든 문서에는 그 교육을 통해 길러야 할 인간상이 목표로 기술되어 있고, 각 교과 각론을 통해 더 구체적으로 진술된다. 이것은 교육이라는 활동이 구체적인 인간상을 목표로 설정해놓고 이루어진다는 것을 보여준다. 한 걸음 더 나아가 이와 같은 교육적 기획과 의도는, 어떤 특정한 '인간존재'를 이상형으로 가정하고 출발한다는 것을 보여준다. 2015 개정 교육과정에서 제시하는 '창의융합형 인재' 뿐만 아니라 오랫동안 우리 교육의 전통적 인간상이었던 '홍익인간', 근대적 인간상이었던 '합리적·이성적 인간' 등은 시대별로 교육을 통해 도달하고자 했던 특정 인간상을 보여준다. 교육이 인간을 기르는 활동인 한 이와 같은 교육적 이상을 전적으로 부정할 수는 없지만, 여기에는 분명 위험과 한계가 따른다. 이미 포스트모더니즘 철학자들에 의해 빈번하게 지적되었듯이, 고정된 하나의 인간상을 설정해놓고 그것에 맞추어 인간을 기르고자 하는 교육은 다양한 인간의 고유한 측면을 사장시킬 위험이 있다. 그리하여 로티와 같은 포스트모더니즘 철학자들은, "인간존재가 된다는 것은 무엇을 말하는가?"[63]라는 질문을 폐기해야 할 낡은 것으로 규정한다. 인간이 도달해야 할 고정된 본질이 있다는 생각 자체가 인간의 다양함과 고유함을 억압하는 일이 될 수 있기 때문이다. 예를 들어 교육을 통해 도달하고자 하는 기준으로 '합리적·이성적 인간상'을 설정하면, 합리적 이성이라는 기준에 부

합하는 사람은 보다 인간다운 인간으로 인정받게 되지만, 그렇지 못한 사람은 그보다 조금 부족한 인간으로 은연중에 판단되고 각종 선발에서 불리하게 된다. 그뿐만 아니라 그림을 좋아하고 사랑하는 학생에게 학교가 "너는 합리적이고 이성적인 인간이 되어야 한다"라는 기준을 제시한다면 그 학생은 "내가 왜 합리적이고 이성적인 인간이 되어야 하는가?"라고 반문할 것이다. 어른들이 정해놓은 기준에 왜 자신이 맞추어야 되는지 반문이 가능한 것이다.

그러나 다른 한편으로, 교육에서 제시하는 이상적 인간상에는 우리가 지향해야 할 '가치'의 개념도 들어있다. 교육이 한 인간의 성장에 관여하는 활동인 한, 학생을 더 '나은' 방향으로 성장할 수 있도록 이끌 책임이 있는 것이다. 여기에서 '교육적 성장'을 생각하면 어떤 바람직한 방향으로의 제안이 불가피하며, 그것이 규범적이고 이상적인 특정 인간상의 형태로 제시되기도 한다. 즉, "인간존재가 된다는 것은 무엇을 말하는가?"[64]라는 질문 속에는 '인간다움이란 무엇인가'에 대한 '교육적' 고려가 들어있다. 이 점이 한편으로 어떠한 것에도 얽매이지 않는 자유롭고 창의적인 재서술로서의 포스트모던적 자아개념에 동의하면서도, 교육에서 설정된 인간상에 포함된 '인간다움'이라는 규범적 측면을 완전히 부정할 수 없는 교육적 딜레마이기도 하다. 그리하여 '내가 왜 이성적이고 합리적인 인간, 창의융합형 인간이 되어야 하는가'라는 학생의 반문에 대해, 그것이 어른들이 생각하기에 더 바람직한 방향으로의 성장을 안내할 것이기 때문이라고 대답할 수도 있다. 그러나 어른들의 대답에 수긍하지 못하는 학생들에게는 여전히 그 고정된 인간상이 자신의 진짜 자아와는 이질적인 것으로 남아있을 수 있다. 이 말은 자신의 진짜 자아와는 상관없는 교육적 이상형의 제시가 당사자에게는 모종의 억압과 강제로 여겨질 수 있다는 것이다. 그렇다면 이와 같은 딜레마 속에서, 교육에서 학생의 자아는 어떠한 존재로 이해되어야 할까?

이 질문에 대해 아렌트는 근대의 본성적 접근과도, 포스트모더니즘의 해체적 접근과도 다소 다른 방식을 취한다. 먼저, 한나 아렌트는 인간 존재에 관해 인간본성의 차원에서 접근하는 것을 비판한다. 이것은 로티를 비롯한 포스트모던 철학자들의 입장과 공통되는 부분이다. 그러나 그 강조점은 다소 다르다고 할 수 있다. 아렌트는 인간이 어떤 존재인가라는 인간본성에 관한 논의가 불필요하거나 틀렸다기보다는, 그것이 인간의 범위를 벗어난다고 지적한다.(HC: 60)[65] 아렌트가 보기에 인간의 본성이 무엇인지 정확하게 알 수 있고, 그것을 규정할 수 있는 존재는 오직 신밖에 없다. 그 말은, 인간의 본성에 관한 질문은 인간의 범위 내에서 답해질 수 있는 성격의 질문이 아니라는 것이다. 본성이란 어떤 사물을 그것이게끔 하는 사물의 존재 양식이며 그 사물에 나타나는 여러 성질이 바탕을 두는 궁극의 내적 원인이기 때문이다.[66] 예를 들어 '의자의 본질은 앉는 것이다', '가방의 본질은 물건을 담는 것이다'라는 진술처럼 인간은 사물의 본질에 대해서는 알 수 있고, 규정할 수도 있다. 왜냐하면 사물의 본질이 무엇인지 알고, 그것을 규정하는 존재는 그 사물을 사용하고, 그 사물의 용도와 의미를 부여할 수 있는 인간뿐이기 때문이다. 또한 사물의 본질을 규정한다는 것은 사물 본연의 속성을 정의한다는 것이다. 그것은 사물이기 때문에 하나의 본질로 규정 가능하다고 볼 수 있다. 그러나 인간은 어떠한가? 인간을 대상화해 하나의 본질적 속성으로 정의 내리는 일은 이미 인간의 범위를 넘어선다. 인간이 어떠한 존재인지, 인간의 본질에 관해서 말할 수 있는 것은 인간보다 고차원적인 존재인 신만이 답할 수 있는 질문으로서, 인간 스스로 인간을 '무엇'(what)이라는 본질로 규정할 수 없다는 것이다.

여기에는 기존의 인간본성 논의에 대한 아렌트의 문제의식이 작용하고 있다. 아렌트는 지금까지 인간본성에 관한 다양한 논의가 있었지만, 그 논의들이 실지로 몸을 가지고 살아가는 보통의 인간인 '나'에 관해 알려주는 바가 거의 없고, 대부분 철학자의 신, 혹은 초인간적인 어떤 것으로 끝날 수밖에 없었다는 것을 비판한다.(HC: 60) 지금까지 인간의 본질로 거론되어왔던 "영혼과 육체, 자유 의지, 이성, 정신, 의식, 주체, 자아" 등은 철학적 인간학의 핵심 주제이면서 동시에 형이상학의 주제이기도 하지만, 인간에 대한 형이상학적 본질에 관한 탐구는 자칫 인간을 지나치게 정형화시키는 위험을 안고 있다.[67] 지금까지 철학사에서 인간의 본질로 규정되어 왔던 '이성적 존재', '감성적 존재', '일정한 법칙성을 갖춘 이성작용의 주체', '지향적 행동의 수행자' 등은 철학자의 사유 속에서 만들어진 인간에 관한 추상적 규정으로서, 현상세계 속에서 살아가는 구체적인 나 자신이 누구인지에 대해서는 알려주는 바가 없다. 인간본성에 관한 논의는 각 개인의 수많은 개별성과 다양함이 사장된 추상적인 인간이해에 기반하고 있으며, 이 점에서 내가 누구인가에 대해 설명하는 것에는 한계가 있는 것이다. 또한 인간본성에 주목할 경우, 그것은 종종 인간이 도달해야 할 종착 지점으로 이해되기도 한다. 모두가 도달해야 할 목표로서 본성이 이해되면 그것을 벗어나 있는 다른 측면은 배제되기 쉬우며, 그것에 도달하지 못한 사람들에 관한 판단으로 작용하기도 한다. 종착점은 모든 것의 끝이고 마지막이며, 새로운 시작이 될 수 없는 것이다.

하지만 어떤 면에서, 인간본성에 관한 논의는 인간에 관한 규범적 측면에서의 역할도 한다. "인간이란 무엇인가"라는 질문은 다른 동물과는 구분되는 인간만의 고유한 본질적 특징이 무엇인가라는 문제의식을 담고 있다. 이것은 지금까지 인간본성에 관한 논의가 다른 동물과는 구분되는 인간만의 고유한 특징으로서의 '인간다움'이나 '인간존재'의 의미를 해명하려는 맥락에서 이루어졌다는 사실에서도 잘 드러난다. 그리하여 인간본성에 관한 논의를 거부했던 많은 논의가 '인간다움'에 대한 논의도 함께 거부함으로써 소위 말하는 '인간의 종말', '주체의 죽음'을 말하는 급진적 해체주의로 이어졌던 것에서도 인간의 본성에 관한 논의를 전적으로 부정하는 것의 위험성을 짐작할 수 있다.[68] 예를 들어 인간본성이란 것은 존재하지 않고 자아는 역사적 우연성에 의해 구성되는 것이라는 로티의 주장은 자아에 대한 창조적인 재서술을 요청함으로써 인간의 다양함을 강조하는 것으로 이해될 수 있다. 그러나 로티의 이 주장은 이제 더는 인간다움이 무엇인지에 관한 질문이 필요하지 않다는 주장으로 귀결될 위험이 있다. 홍원표[69]에 의하면, 이와 같은 회의주의적인 포스트모더니즘은 인간주의적 본질주의에 반대하여 인간의 다원성을 정당화하고 있으나, 이 역시 다원성의 존재만을 인정하는 새로운 유형의 본질주의, 즉 '반본질주의적' 본질주의에 해당한다. 다시 말해 인간본성론에 기반을 둔 근대성의 존재론적 가정이 인간존재의 다양성과 차이를 간과했다면, 인간존재의 다양성을 강조하는 포스트모더니즘의 인간관은 그와 같은 다양성을 가져오는 인간본연의 존재론적 특징을 의도적으로 무시하고 있다는 것이다. 이것은 자칫 포스트모더니즘의 해체주의적 인간관이 인간다움에 대한 논의까지 함께 내버릴 수 있는 위험성을 지적하고 있다고 볼 수 있다.[70]

그렇다면 아렌트에게 있어 인간존재는 어떻게 그려지는가? 한편으로 아렌트는 '인간다움'에 대한 논의를 포기하지 않는다. 이것은 인간존재의 이중적 차원에 대한 구분에서도 확인할 수 있다. 아렌트는 인간에게는 두 가지 차원이 있다고 본다. 하나는 다른 동물과 공유하는 '인간종 (human species)으로서의 차원'과, 다른 하나는 인간만이 고유하게 가지고 있는 '인간으로서의 차원'이다. 이 구분은 아렌트의 저작 전반에 걸쳐 인간다운 삶을 탐색하는 중요한 근거로 작용한다. 아렌트는 인간이 태어남으로써 부여받은 하나의 '생명'을 가진 존재가 되는 것과 인간 세계에 출현함으로써 진정한 인간 '존재'가 되는 것을 구분해 탄생성을 설명하고 있다. 아렌트는 전자를 제1의 탄생으로서 다른 동물 종과 공유하는 인간종으로서의 차원, 그리고 후자를 제2의 탄생으로서 인간만의 고유한 차원이라고 한다.(HC: 237) 그런가 하면 『인간의 조건』에서 인간의 활동적 삶을 노동, 제작, 행위로 구분하고, 노동을 필연성에 얽매인 '노동하는 동물(animal laborans)로서의 삶의 양식'으로, 그리고 행위를 '인간만의 고유한 삶의 양식'으로 설명하고 있다.

하지만 아렌트는 '인간다움'이라는 것이 마치 본성처럼 모든 인간존재에 공통적인 속성으로 들어있다고는 보지 않는다. 굳이 말하자면, 아렌트의 인간다움이란 인간다운 삶의 양식 속에서 구현되는 것이라 할 수 있다. 이와 같은 아렌트의 관심은 인간다움의 의미를 인간의 본성 속이 아니라 인간의 조건 속에서 탐색하는 것으로 연결된다. 인간의 본성이 아닌 인간의 조건으로의 전환은 몇 가지 특징적인 의의가 있다. 첫째로, 인간에 대해 일반적이고 추상적인 규정이나 선언으로 시작하는 것이 아니라, 현상세계에서 몸을 가지고 살아가는 내가 구체적으로 관계를 맺고, 나라는 존재에 영향을 끼치는 조건들이 무엇인지를 알아보는 것으로부터 출발하자는 것이다. 왜냐하면 인간이 살아가는 데 있어 인간의 삶과 지속적인 관계를 가지는 것은 인간의 실존을 조건 짓는 성격을 가지게 되며(HC: 58), 나라는 존재는 실지로 그러한 관계의 영향을 받기 때문이다.

둘째로, 아렌트는 "인간은 조건 지어진 존재"(HC: 59)라는 양면적 측면에 주목한다. 인간이 조건 지어진 존재라는 아렌트의 명제는 "인간은 조건을 만들지만", "만들어낸 그 조건에 의해 다시 영향을 받는 존재"라는 조건의 양면성에 대한 통찰에 의한 것이다. 한편으로 인간은 주어진 조건 속에서 영향을 받기 때문에 인간의 조건은 제약성을 의미한다. 다른 한편으로 그 조건은 인간의 손에 의해 만들어지기 때문에 인간의 능동적 가능성을 의미하기도 한다. 또한 이것은 한편으로는 근대의 인간에 대한 본성적 접근에 대한 대응이기도 하면서, 다른 한편으로는 포스트모던 시대의 해체적 접근에 대한 아렌트식 대응으로도 보인다. 즉, 인간은 주어진 세계의 조건 속에 놓인 수동적 존재이기만 한 것이 아니라 자신에게 주어진 사회적 조건을 만들고 구성해갈 수 있는 존재이다. 그러나 다른 한편으로 인간은 전적으로 사회적 조건을 구성하고 만들 수 있는 능동적 존재가 아니라, 이미 주어져 있는 세계 속에 태어나서 그것의 영향을 받을 수밖에 없는 조건 지어지는 존재라는 것이다.

궁극적으로 인간본성으로부터 인간조건으로의 전환은 인간존재에 관해 "인간의 본질은 무엇인가?"라는 질문으로부터 "나는 누구인가?"라는 질문으로 전환할 것을 요구한다. 인간본성에 관한 질문은 모든 인간에게 공통된 하나의 본질을 추상해내고, 그것에 맞추어갈 것을 요구하기 때문에 보편적인 하나의 인간상을 탐색하는 데 관심이 있다. 반면나 자신에 관한 질문은 현상세계에서 몸을 가지고 살아가는 존재로서타인과 구분되는 나는 누구인가라는 개별자의 관점을 지향한다. 이와같은 문제의식에서 아렌트의 관심은 공통되고 보편적 존재로서의 인간이 아닌, 다른 누구와도 다른 나라는 존재가 누구인지를 탐색하는 것으로 집중된다. 이를 위한 하나의 방법으로, 나라는 존재에 영향을 미치는 조건이 무엇인지를 탐색하는 것부터 시작할 수 있다. 그렇다면 아렌트가 말하는 인간의 조건은 어떤 것인가? 혹은 다른 동물과 구분되는 인간의 고유한 차원을 지닌 인간존재의 조건은 무엇인가? 아렌트가 인간존재의 근원적 조건으로 제시하는 탄생성을 중심으로 아렌트의 자아관을 살펴보자.

2) 인간조건으로서 탄생성

아이의 탄생을 본 적이 있는가? 아이의 탄생은 그 자체로 기쁨이고 축복이다. 탄생은 전에 없던 새로운 존재가 우리의 세계 속에 출현하는 사건이기 때문이다. 탄생은 그 자체로 기적이며 신비이다. 아이가 어떠한 존재가 될지는 아무도 알 수 없다. 어떤 인생을 살아갈지도 아무도 알 수 없고, 누구도 그 아이의 인생을 대신 살아줄 수 없다. 이 아이가 하얀 도화지 위에 어떤 그림을 그려갈지 알지 못하고, 대신 그려줄 수도 없는 상황에서 아이가 매 순간순간 자신의 선택으로 자신만의 그림을 그려가야 하는 것과 마찬가지이다. 여기서 탄생성은 새로움이요, 기적이며, 새로운 존재의 시작을 알려주기 때문에 우리에게 희망이 되고 기쁨이 된다. 이처럼 아렌트는 한 인간존재의 가장 근원적인 조건을 탄생성에서 찾고 있다.

인간의 실존에 영향을 미치는 조건에는 어떠한 것들이 있을까? 만약 내가 한국 땅에 태어난다면 나는 한국인으로 자랄 수밖에 없다. 나는 한국어와 한글을 사용하며, 한국 문화 속에서 살 수밖에 없다. 여기서 한국은 나라는 인간을 형성하는 조건이 된다. 이같이 한 인간이 살아가는데는 누구나 영향을 받을 수밖에 없는 주어진 조건들이 있다. 예를 들어, 가장 기초적인 인간조건으로 지구를 들 수 있다. 왜냐하면 모든 인간은 다른 행성이 아닌 지구에서 태어나 지구 위에서 살아가기 때문이다. 이 때문에 "지구는 가장 기본적인 인간조건이다."(HC: 50) 또한 모든 인간은 지구에서 태어나 모종의 활동을 하면서 살아갈 수밖에 없다. 때로는 먹고살기 위한 생계 활동을 하기도 하고, 어떤 가시적인 결과물을 만들어 성취감을 누리기도 하며, 다른 사람과 대화하며 삶의 의미를 탐색하기도 한다. 아렌트는 인간이 종사하는 대표적인 활동 양식을 노동, 제작, 행위로 구분하고, 이와 같은 활동을 하면서 살 수밖에 없는 조건으로 생명(life), 세계성(worldliness), 복수성(plurality)을 들고 있다. 즉, 인간은 태어난 이상 그 생명을 유지하기 위해 먹고사는 생계 활동(노동)을 하고, 지속해서 거주할 안정적인 터전(인공세계)을 만들기 위해 무엇인가 만드는 활동(제작)을 하며, 다른 사람과 함께 관계 맺으며 살기 위해 대화를 하고 자신을 드러내는 활동(행위)을 한다는 것이다. 그런데 이 모든 활동적 삶의 조건들보다 가장 우선되는 근원적인 인간의 조건은 무엇일까? 그것은 바로 우리가 '태어났다'는 사실이다. 우리는 한 인간으로 태어났고 또 언젠가는 죽게 된다. 이 탄생과 죽음은 한 인간을 존재하게 하는 가장 근원적인 조건이 된다. 우리가 존재하는 것은 태어났기 때문이고, 아직 죽지 않았기 때문이다. 이 점에서 탄생성(natality)과 사멸성(mortality)은 어떤 인간도 피해갈 수 없는 인간의 가장 기본적인 조건이라 할 수 있다.

흥미로운 것은 아렌트가 여러 조건 중에서도 특히 탄생성을 인간실존의 가장 중요하고도 근원적인 조건으로 제시하고 있다는 점이다.(HC: 57) 생각해보면, 모든 인간이 존재할 수 있는 것은 태어났기 때문이다.

인간은 태어남으로써 생명을 얻게 되고, 태어남으로써 활동을 할 수 있다. 즉, 개인의 생존을 위한 노동을 하고, 새롭게 계속 태어나는 존재들을 위한 거처를 만드는 제작을 하며, 때로는 타인들과 공동세계에 관해 논의하는 행위에 참여하기도 한다. 인간이 생각하고 말하고 행하는 모든 삶이 그 근원을 따지고 보면 태어났기 때문에 가능한 일들이다. 또한 탄생성은 교육의 본질이기도 하다.(CE: 237) 우리가 교육이라는 활동을 하는 것도 따지고 보면 새로운 인간이 태어났기 때문이다. 즉, 이 세상에 한 존재가 태어났기 때문에 우리는 그 존재가 이 세계 속에서 한 인간으로서의 삶을 살아갈 수 있도록 교육을 하는 것이다. 이와 같은 의미의 탄생성은 인간이 태어났다는 출생의 사실에 근거한 것으로서 인간존재의 가장 근원적인 조건이 된다.

그러나 아렌트는 탄생성을 제1의 탄생성과 제2의 탄생성으로 구분하고, 전자를 인간의 출생과 관련된 사실적 차원의 기술이라면, 후자를 인간의 존재론적 차원으로 의미를 확장하고 있다.(HC: 237) 즉 출생을 통해 사실적 차원의 한 생명으로서의 인간이 되는 조건을 넘어, 존재론적 차원에서 참여를 통해 하나의 진정한 인간존재가 되는 조건으로서 탄생성을 제시하는 것이다. 이러한 차원의 탄생성은 생물학적 출생으로 태어난 인간이라는 의미를 넘어, 진정한 한 사람의 인간존재가 된다는 존재론적 차원의 탄생성이라 할 수 있다. 이렇게 볼 때 우리는 되묻게 된다. 한 사람의 존재가 된다는 것, 즉 인간이 인간일 수 있는 조건으로서의 탄생성은 무엇을 의미하는가?

보웬 무어(P. Bowen-Moore)는 탄생성을 아렌트 철학 전반을 관통하는 핵심개념으로 파악하고, 아렌트의 철학을 '탄생성의 철학'(the philosophy of natality)이라고 명명한다.[71] 보웬 무어는 특히 탄생성 개념을 사멸성과의 대비 속에서 특징적으로 묘사한다. 보웬 무어에 의하면 아렌트는 전통철학에서 핵심적 위치를 차지했던 사멸성과 대비되는 탄생성 개념을 철학적 명제로 끌어올린 사람으로 평가된다. 그렇다면 사멸성과의 대비 속에 드러나는 탄생성의 특징은 무엇인가? 죽음은 마지막 종착점을 지향하지만, 탄생은 출발점과 관련된다. 죽음이 피안의 세계로서 존재, 혹은 본질과 관련된다면 탄생은 이 현상세계의 개별자와 관련된다. 죽음이 변화가 없는 영원을 의미한다면 탄생은 생명의 출생으로 인한 새로움과 변화를 의미한다. 여기에서 사멸성과의 대비에서 알 수 있듯이, 사멸성이 종착점으로서 끝을 의미한다면 탄생성은 출발점으로서 '시작'과 관련된다.

> '자연적인' 황폐화로부터 인간사의 영역인 세계를 구원하는 기적은 다름 아닌 탄생성이다. 인간의 행위 능력은 존재론적으로 탄생성에 근거한다. 다시 말하면, 새로운 인간의 탄생과 새로운 시작인 행위는 인간이 태어났다는 것에 근거하는 능력이다. 이 능력의 온전한 경험만이 인간사에 희망과 믿음을 부여할 수 있다. 시작은 …… 인간이 가진 최상의 능력이다. 정치적으로 시작은 인간의 자유와 동일한 것이다. '시작이 있기 위해 인간이 창조되었다'고 아우구스티누스는 말했다. 새로운 탄생이 이 시작을 보장한다. 실제로 모든 인간이 시작이다.(HC: 284)

인용문에서도 볼 수 있듯이 탄생성은 무엇보다 '시작'과 관련된다. 아렌트는 인간을 '시작할 수 있는 존재'로 본다. '시작'은 인간이 태어났다는 탄생적 사실에 내재하는 모든 가능성이자 힘이다. 아렌트는 새로운 인간의 탄생이야말로 이 세계를 구원하는 기적이 된다고 한다. 또한 시작은 인간이 가진 최상의 능력이며, 인간세계를 구원하는 기적이 된다고도 한다. "실제로 모든 인간은 시작이다"라는 아렌트의 선언에서도 알 수 있듯이 '시작'이라는 개념은 아렌트의 인간관의 핵심을 차지하고 있다. 그렇다면 인간을 시작의 존재로 이해한다는 것은 무엇을 의미하는가?

인간존재를 '새로운 시작'이라는 탄생성의 존재로 이해한다는 것은, 그 존재를 최종적으로 되어야 할 고정된 '종착점'이 아니라 앞으로 이 인간존재가 이루어갈 시작으로서의 '출발점'에 주목하는 것이다. 출발점으로 주어진다는 말은 이후의 과정과 결과에 대해 열려있다는 의미다. 모든 인간존재는 이 땅에 태어나고 죽는다. 그것은 인간에게 주어진 보편적 조건이다. 그러나 탄생과 죽음 사이에 놓인 공간은 각 개인에게 주어진 고유한 것이다. 그 사이 공간을 살아가는 인간을 '죽음을 향해 가는 존재'로 보느냐, 아니면 '순간순간 새로운 시작을 할 수 있는 존재'로 보느냐에는 큰 차이가 있다. 이 땅에 태어났다는 사실로부터 주어지는 개별적 의미는 사람마다 다르다. 즉, 각 개인이 자신의 삶의 여정에서 순간순간 어떠한 새로운 시작을 이루게 될지, 또한 그 시작을 통해 그 사람의 삶 속에 어떠한 그림을 그려 갈지는 아무도 알 수 없다. 이렇게 볼 때, 인간을 종착점이 아닌 출발점으로서의 시작의 존재로 이해한다는 것은 인간존재를 '어떠해야 한다'든지, '무엇이 될 것이다'라든지, '그의 본질적 속성은 무엇이다'라는 기존의 본성적 접근방식으로 이해하던 것과는 대척점에 있다는 것을 드러내어 준다. 이와 같은 출발점으로서 시작의 의미는 인간의 예측이나 통제를 넘어서 있다.

이전에 발생한 무엇으로부터도 예상할 수 없는 새로운 어떤 것이 시작된다는 것은 시작의 본질에 속하는 성격이다. '사건의 예측불가능성'은 모든 시작

과 기원에 내재한다. 새로운 것은 언제나 기적으로 위장하여 나타난다. 인간
이 행위할 수 있다는 사실은 예상할 수 없는 것을 그에게 기대할 수 있다는
것과 또 매우 불가능한 것을 그가 수행할 수도 있다는 것을 의미한다. 이것이
가능한 것은 오직 각각의 인간이 유일하고 그래서 각자의 탄생과 더불어 유
일하게 새로운 무엇이 세상에 존재하게 되기 때문이다.(HC: 238)

아렌트는 모든 새로운 시작에 내재하는 특징으로 '예측 불가능성'을
언급한다. 그 사람이 탄생한 순간부터 그의 삶이 시작되었지만, 그 시작
이 출발점으로만 제시되었다는 것은 앞으로 그 삶 가운데 어떠한 시작
을 이루어낼지 우리가 예측하거나 통제할 수 없다는 것을 의미한다. 다
시 말해 인간이 새로운 시작의 존재라는 것은, 인간에 대한 어떠한 예측
가능성이나 확실성, 규정성을 벗어나 있다는 것이다. 이 점에서 탄생성
은 늘 위험하고, 예측 불가능하고, 모험을 수반할 수밖에 없다. 이것이 교
육에 함의하는 바는 무엇인가?

우정길은 탄생성에 내재한 예측 불가능성과 통제 불가능성의 특징을
'우연성'의 계기로 파악한다. 즉 기존의 교육학이 주체 중심의 확실성, 계
획 가능성, 통제 가능성에 기반한 의도적이고 기계적 인간 이해를 염두
에 두었다면 아렌트의 탄생성이 내포한 우연성이라는 계기는 인간이 근
본적으로 예측 불가능하고 통제 불가능한 존재라는 사실을 반증한다는
것이다.[72] 이것은 인간을 기존의 질서체계, 관습과 전통의 규범 체계 안
에 태어나 순응해야 할 존재로만 보지 않는다는 것을 의미한다. 또한 미
리 계획된 무엇인가를 이루어가거나 채워가는 존재로 보지 않는다는 것
을 의미한다. 이것은 또한 안정성, 동일성의 범주로 구획하거나 계측할
수 있는 존재라기보다는 오히려 불안정성, 차이성의 범주에 더 가까운

존재로 이해한다는 것을 의미한다. 이것은 교육에 관한 다소 도전적이고 불편한 언술이기도 하다. 그렇다면 우리는 왜 이와 같은 불안정한 위험과 모험을 떠안아야 하는가?

앞선 인용에도 드러나 있듯이, 시작에 내재한 우연성의 계기는 시작이 수반하는 새로움의 속성과 밀접한 관련을 맺고 있다. 무엇인가 시작된다는 것은 "이전에 발생한 무엇으로부터도 예상할 수 없는 새로운 어떤 것"이 나타난다는 것이다. 이것은 기존에는 없던 것, 혹은 생각할 수 없던 것이며, 우리의 예측과 계산을 넘어선 어떤 것이 나타나는 것이기 때문에 마치 '기적'에 비유할 수 있다. 이 새로움의 출현을 가장 극적으로 보여주는 사건은 아기의 탄생이다. 아렌트가 아이를 '새로 온 자'(newcomer)라고 부르는 것은 탄생의 상징으로서 아이라는 존재가 지니는 새로움을 미리 보여주는 것이라 할 수 있다. 아이는 자유롭게 태어났으며, 예기치 않고 우연히 세계에 등장한 이방인과 같다.[73] 아이의 탄생은 기존의 인간관계망에 근원적으로 새로운 변화를 가져올 뿐만 아니라, 아이가 자라가면서 이루어갈 새로운 시작은 소멸할 세계를 구원할 희망이 된다. 이와 마찬가지로 한 개인의 새로운 시작, 그로 인한 사건의 시작은 기존의 인간사에 근원적인 새로움을 가져온다. 저마다의 인간존재가 가지고 오는 새로운 시작이 이 인간세계를 근원적으로 새롭게 할 수 있는 것이다.

탄생성에 내재한 '시작'에 주목한다면 인간은 고정된 종착점을 향해 가는 존재라기보다는 자신의 새로움을 생성해가는 존재로 이해될 수 있다. 즉, 인간은 관습과 전통과 규범체계 안에 태어나는 존재이기도 하지만, 새로운 질서체계와 행위규범을 생성해가는 존재이기도 하다는 것이다. 다시 말해 탄생성의 관점에서 보면, 인간은 새로움을 창조하기 '위해'

탄생하는 것이 아니라 탄생 자체가 새로움의 시작을 의미하는 것이며, 인간의 있음 그 자체가 극단적 새로움의 지속적 생성을 의미한다.[74] 이 때문에 아렌트는 인간존재의 탄생성을 이야기하면서 탄생성의 예측 불가능성, 위험성도 새로운 시작에 함께 수반되는, 우리가 기꺼이 감수해야만 하는 대가로 본다. 왜냐하면 한 인간존재의 새로운 출현은 언제나 이 예측 불가능하고 위험할 수도 있는 모험과 같은 시작을 통해서만 드러나기 때문이다. 또한 인간존재의 새로움은 늘 우리의 예측을 넘어서고 우리의 계산을 넘어서는 것으로 나타나기 때문이다.

그렇다면 인간이 그 누구도 예측할 수 없는 새로운 시작을 할 수 있는 이유는 무엇인가? 위의 인용에도 제시되어 있듯이, 인간의 새로운 시작이 가능한 이유는 "오직 각각의 인간이 유일하고, 그래서 각자의 탄생과 더불어 유일하게 새로운 무엇이 세상에 존재하게 되기 때문"이라고 한다.(HC: 238) 인간은 탄생을 통해 그 누구와도 다른 자신만의 시작을 알릴 뿐만 아니라, 삶의 전 과정을 통해 이루어가는 자신만의 새로운 시작을 통해 그 누구와도 다른 자신의 유일성(uniqueness)과 고유함(singularity)을 드러낸다. 아렌트는 예측할 수 없는 자신만의 새로운 시작에 내재한 고유함, 즉 그 누구와도 같지 않은 그 사람의 존재가 지니는 유일성에 주목하고 이를 "유일하고 개별적인 행위자의 정체성으로서 그의 인격"(HC: 241)으로 설명한다. 이 유일성은 전에는 없던 존재가 탄생을 통해 이제는 존재하게 되었다는 출생의 사실에서 비롯되는 것이지만, 이것은 단지 인간이 다른 종과 다르다는 차원을 넘어서는 근원적 유일성이다.

이 탄생성에 내재한 새로운 시작이 드러내는 고유함과 유일성에 주목한다면 탄생성의 존재는 그 누구와도 같지 않다는 다름의 사실을 주목하게 된다. 우리는 집단으로 존재하는 것이 아니라 항상 개별적인 한 사람으로 존재한다. 내가 나의 삶을 통해 이룰 시작은 그 누구의 시작이 아니라 바로 나 자신의 시작이기 때문이다. 이 때문에 탄생성의 존재는 어떤 속성이나 자질과 같은 '무엇'의 차원을 넘어서 있다. 아렌트는 각 개인이 가진 근원적인 유일성과 고유함을 설명하면서 'who I am'(누구임;인격)과 'what I am'(무엇임;속성)을 중요하게 구분한다.(HC: 240) 'What I am'은 아무개가 어떤 사람인가를 설명하는 구성요소와 비슷하다. 즉 언설화할 수 있는 그 사람의 속성이라 할 수 있다. 누군가를 키, 성별, 토플 점수, 노래를 잘한다, 단점은 남의 흉을 잘 보는 것이다 등으로 표현할 때 이 하나하나는 그 사람을 설명하는 특성이 될 수 있다. 그것은 명확히 규정할 수 있고, 설명할 수 있으며, 타인과 비교도 가능하다. 그러나 그 설명의 총합이 곧 그 사람 전부는 아니다. 그 사람은 늘 그러한 요소들의 총합 이상인 것이다. 그 무엇으로 규정될 수 없고 언설을 넘어서 있는 그 사람의 고유함과 유일성, 누구와도 비교할 수 없는 그 사람 자신을 아렌트는 'who I am'과 관련지어 설명한다. 이것은 한 인간존재가 늘 우리의 규정과 설명, 평가, 잣대를 넘어서 있는 존재라는 것을 의미한다. 따라서 'who I am'은 '무엇'의 문제가 아니라 내가 누구인가의 문제이며, 우리의 계측과 판단으로 규정되는 존재가 아니라 그 사람이 드러내는 시작, 말과 행위를 통해 드러내는 것을 통해서만 알려질 뿐이다.

인간을 그 누구와도 다른 유일하고 새로운 존재로서 드러내는 탄생성이라는 조건은 그 무엇에도 얽매이지 않고 자신만의 새로운 시작하는 힘을 강조함으로써 자아의 근원적 자유를 강조하는 것처럼 보인다. 아닌 게 아니라, 아렌트는 시작을 '자유'와 동의어로 사용한다.(HC: 284) 그렇다면 이와 같은 자아관은 자유주의에서 말하는 탈주술화된 근대적 자

유를 구가하는 개인, 혹은 끊임없는 재서술을 통해 새롭게 만들어가야
할 우연적 자아관과 유사한 것인가? 그렇다고 보기는 힘들 것 같다. 아
렌트는 탄생성의 조건을 말할 때 '복수성'(plurality)을 또 하나의 중요한
조건으로 함께 설명하기 때문이다. 인간은 그 누구와도 다른 유일하고
고유한 시작의 존재로 태어나지만, 이 탄생적 존재는 고립된 혼자가 아니
다. 왜냐하면 인간이 태어난다는 것은 자기 혼자 힘으로 되는 것이 아니
라 동시에 누군가에 의해 탄생하게 되었다는 것을 의미하며, 또한 진공
상태에 태어나는 것이 아니라 이미 있는 사람들 가운데 태어나기 때문이
다. 여기에서 아렌트의 탄생성 개념이 이미 다수의 타인을 전제하고 있
는 개념이라는 것을 알 수 있다. 흥미로운 것은, 아렌트가 유일하고 고유
한 인간존재를 설명하면서 항상 대문자 단수형이 아닌 소문자 복수형을
쓴다는 점이다. 이와 같은 아렌트의 복수성 개념은 "보편적 인간(Man)
이 아닌 다수의 인간(men)이 지구상에 살며 거주한다"(HC: 57)는 진술
에 단적으로 나타나 있다.

그렇다면 그 누구와도 다른 유일한 존재로서의 탄생적 개인들이 단수
가 아니라 타인들과 함께 복수로 존재한다는 것은 어떻게 이해할 수 있
을까? 아렌트는 이를 근원적 다양성과 관련지어 설명한다. 아렌트에 의
하면 "어떤 누구도 지금까지 살았고, 현재 살고 있으며, 앞으로 살게 될
다른 누구와 동일하지 않다는 점에서만 모든 인간은 동일하다."(HC:
57) 여기서 인간이 동일하다는 것은 다른 사람과 똑같다는 의미의 동일
성이나 혹은 한 가지 유형의 동일성이 아니라, 모두가 유일한 존재라는
의미에서의 동등성을 의미하며, 이 점에서 복수성은 역설적 복수성이다.
여기서 탄생적 인간이 복수로 존재한다는 것은, 인간은 한가지로 동일한
존재가 아니라 차이와 다양성의 존재라는 것, 즉 인간은 모두 다르다는

근원적 다양성으로만 동일하다는 것을 드러낸다.[75]

또한 탄생성이 복수성을 수반한다는 것은, 인간은 자신의 탄생성을 실현하기 위해서 타인의 현존을 필연적으로 요청한다는 것을 의미한다. 인간은 자신이 누구인지(who I am)를 타인과의 관계 속에서 드러냄으로써 자신의 존재를 실현한다. 아렌트는 자신이 누구인지를 타인과의 관계를 통해서만 알 수 있다는 역설을 '다이몬'의 비유를 통해 설명한다. 소크라테스의 등 뒤에 붙어 다닌다는 다이몬은 소크라테스 자신은 볼 수 없고 소크라테스와 대화하는 타인만이 볼 수 있다. 이 비유를 통해 아렌트는 자신이 누구인지는 자신이 혼자 있을 때 알 수 있는 것이 아니라 오히려 타인에게 자신을 전달함으로써 현상세계에서 드러낼 때 비로소 확인된다는 것이다. 이것은 탄생성의 개념이 마치 '본성'처럼 다른 사람과 구별되는 자신의 고유함을 내 속에 '먼저' 가지고 있어서 그것을 '나중에' 타인에게 표현한다는 사실을 의미하는 것이 아니다. 그보다는 탄생성이라는 개념이 성립하기 위해서는 타인의 현존이 필연적으로 요청된다고 보는 것이 타당하다. 이 점에서 그 누구와도 다른 유일성과 고유함은 혼자 있는 존재에게는 성립할 수 없다. 무인도에서 혼자 사는 사람에게는 그 누구와도 다른 유일한 존재라는 수식이 불필요하고, 그 사람이 다르다는 것을 알아볼 수 있는 타인이 없기 때문이다. 인간은 타인이 존재함으로써만 구별되는 자신의 고유함과 다름을 확인할 수 있을 뿐이다.

3) 대비되는 두 가지 자아 개념

인간존재를 탄생성과 복수성이라는 조건에 의해 이해할 것을 제안하는 논의로부터, 아렌트가 경계했던 두 가지 인간관이 무엇인지 짐작할 수 있다. 아렌트가 비판했던 첫 번째 인간관은 '인간종으로서의 인간'이라 할 수 있다. 아렌트는 인간을 항상 타인과 함께 하는 존재라고 보았지만, 다른 동물 종처럼 인간을 하나의 종(species)과 같이 집단으로 다루는 것은 경계한다. 인간을 하나의 인간종으로 취급한다는 것은 각 사람의 차이와 유일성이라는 탄생성을 무시한 채 전체를 하나로 획일화하려는 시도로 해석될 수 있다. 전체주의에 대한 아렌트의 일관된 비판은 인간의 탄생성이 말살된 채, 고유하고 유일한 개인들을 마치 하나의 덩어리처럼 처리했다는 데에서 기인한다. 인간을 탄생성의 존재로 보지 않고 인간종으로 보는 관점은 우리 사회 전 영역에 걸쳐 광범위하게 퍼져 있다. 근대이후로 사적영역과 공적영역의 구분이 없어지면서 등장한 사회(society)를 아렌트가 비판적으로 바라보는 이유도 이 때문이다. 사회는 각 구성원의 탄생성을 실현할 수 있는 기제가 되는 '행위'의 모든 가능성을 배제한다.(HC: 93) 왜냐하면 사회는 구성원에게 표준화된 행동 양식을 요구하기 때문이다. 근대사회가 출현하면서 주된 에토스가 된 평등의 확장으로 인해 개인의 특성과 차이는 개인의 사적 영역에 감추어지고, 타인과 함께 있는 공적영역은 표준화, 동질화의 영역이 되었다. 여기에 익명성을 특징으로 하는 관료사회가 등장하면서 다른 사람과 구분되는 나의 개성과 유별성을 드러내는 행위는 공적영역에서 사라지게 되었다. 표준화된 규범에 따라 '행동'할 뿐, 그것에서 벗어나는 모든 행위는 일탈로 인식되면서 인간은 이제 더는 탄생성을 드러내는 행위의 존재로 여겨지지 않는다. 인간을 동질화된 인간종으로 보는 관점은 학문의 영역에도 영향을 미치게 되는데, 근대이후로 경제학과 통계학이 최고의 사회과학으로 등장하게 된 데는 각 사람을 동등한 수치로 환원해서 전체의 경향성을 읽고 미래를 예측할 수 있다는 생각이 일반화되었기 때문이다. 말하자면 한 사람의 탄생성을 하나의 수치로 맞바꾼 셈이다.

인간을 인간종으로 생각하는 관점은 교육의 영역에도 영향을 미쳤다. 특히 교육을 제작모형으로 파악하는 관점에서 그러한 사고가 지배적으로 드러난다. 전통적 교육관에서 교육은 바깥에서 무엇을 주입해 일정한 형태를 만든다는 의미에서 '주형'(moulding)에 비유되곤 했다.[76] 영국의 경험주의자 존 로크에 의해 주창된 이 비유에서 교사는 쇳물을 틀에 부어 원하는 모양을 만들어내는 일종의 제작자가 되고, 학생은 재료가되어 바깥에서 주어진 규범에 따라 획일적이고 수동적으로 만들어진다. 여기서는 학생이 자신만의 새로운 시작을 개시함으로써 새로움을 생성하는 존재라기보다 고정된 하나의 목표에 맞추어 '만들어져야 하는' 존재로 이해된다. 따라서 교육도, 학생의 새로운 시작의 기회를 허용하기보다는 주어진 틀에 맞추어 똑같이 찍어내는 것이 중요하다. 그 결과로 주형틀에 찍혀져서 나온 결과물은 모두 고정된 사회적 잣대나 목표, 기준에 맞추어 서열화된다. 인간을 탄생적 존재가 아닌 하나의 인간종으로 취급하는 사고를 경계하는 데에는 인간을 표준화된 규범에 따라 획일적이고 집단적으로 다룸으로써 각 개인의 고유함과 유일성을 말살하게 될 것이라는 것, 궁극적으로 인간의 고유한 능력이라 할 수 있는 자신만의 새로운 시작을 하는 능력을 제거하게 될 것이라는 아렌트의 우려가 담겨있다고 볼 수 있다.

인간을 표준화된 규범에 따라 동일하게 행동하는 존재로 파악하는 사고의 위험성은 무엇인가? 이것은 철저히 동일성의 잣대로 인간을 재단하기 때문에 차이나 다양성이 들어설 여지를 남기지 않는다. 교육으로 특정한 이상형에 도달할 수 있다는 아이디어나 교실에서 표준화된 행동 코드로 행동하도록 요구하는 아이디어, 혹은 획일화된 하나의 잣대로 그 사람의 수행성을 평가하는 아이디어는 모두 동일성이라는 규범에 근거하고 있다. 여기에는 기준과 다른 것은 모두 일탈로 규정하며 배제한다는 논리가 작동하고 있다. 그리하여 타인과 함께 하는 공간에서 개인의 특이성이나 다양성, 새로운 시도들은 점차 사라지게 된다. 김홍중은 아렌트의 탄생성에 들어있는 문제의식은 근본적으로 사회의 규범에 충실하며 사회가 요구하는 기능을 수행하며 사는 인간과, 다양한 인간의 불안정한 상황 자체에서 타자와의 관계로 환원되지 않는 진정한(authentic) 자아로서의 인간 사이의 대립이라고 주장한다.[77] 즉 인간은 사회가 설정한 기능을 수행함으로써 타인에게 인정받기도 하지만 그러한 지위나 기능, 역할 등으로 환원될 수 없는 근원적인 실존으로서의 자아의 진정성에 대한 요구가 존재하며, 그것이 바로 탄생성이라는 것이다. 이 탄생성은 결국 각 개인이 무엇으로도 환원되지 않는 개체적 특이성을 지닌다는 것, 그것을 인정할 때 그 사람의 진정한 실존이 드러날 수 있는 조건이 된다는 것이다. 이렇게 볼 때, 인간종으로서의 인간관은 그 누구와도 다른 개별적인 특이성과 고유함을 지닌 존재로서의 탄생성이라는 조건을 간과했을 때 직면하게 되는 인간관이라 할 수 있다.

아렌트가 경계하는 두 번째 인간관은 '보편적 단수로서의 인간'이라 할 수 있다. 보편적 단수로서의 인간은 플라톤에서 데카르트로 이어지는 서구 철학사에서 상정해 온 고립된 이성적 자아관을 대표한다고 볼 수 있다. 아렌트는 『정신의 삶(The Life of the Mind)』에서 이와 같은 인간관을 형성한 대표적인 철학자로 데카르트를 꼽으며, 그를 강도 높게 비판한다. 데카르트는 플라톤이 인간의 본질로 제시한 '이성'을 더욱 근원적인 본성의 위치에 놓은 인물이라 할 수 있다. 다른 모든 것을 다 의심해도 내가 생각하고 있다는 사실은 의심할 수 없다는 것으로부터, 이 세계를 판단하는 최종적 토대이자 심판관으로서 이성적 자아관이 도출된다. 데카르트의 이성은 모든 육체적인 것, 물질적인 것을 대상화함으로써 그 속에서 비물질적 본성을 발견하고 긍정하기 때문에, 필연적으로 정신과 육체의 구분을 전제하며 어떤 의미에서 플라톤의 이원론보다 훨씬 더 엄격하다고 테일러는 평가한다.[78] 무엇보다 바깥의 진리에 일치하는 것을 인식의 목표로 두었던 고대에 비해 바깥에 무엇이 존재하더라도, 심지어 그것이 신일지라도 내 이성의 명석판명함에 의해 확실하다고 입증되지 않는다면 진리로 받아들일 수 없다는 데카르트의 태도는 아우구스티누스로부터 촉발된 일인칭의 관점을 더욱 근본적인 태도로 변화시키며 유아론(唯我論)적 철학의 정점을 향해 치닫게 된다.

그러나 아렌트에 의하면, 모든 유아론의 주장은 "온건하게 말하면 자아와 자아에 대한 자기의식만이 검증 가능한 지식의 일차적 대상이라고 주장하거나, 보다 급진적으로 말하자면 자아 외에 아무것도 존재하지 않는다고 주장하는 것"과 같다.(LM: 78) 아렌트는 데카르트의 '사유하는 나'(Cogito) 속에서 이루어진 사유의 경험은 우리의 실존이나 경험에 관한 기본적인 사실들과 조화를 이루지 못한다는 점에서 유아론은 철학에서 가장 일관되고 해로운 오류라고 비판한다.(LM: 79) 아렌트가 보기에 '사유하는 나'에 대한 경험을 말하는 철학자들에게 인간이란 단지 사유의 구현체로서, 항상 신비스러우며 완전하게 설명되지 않는 허구적 존재일 뿐이다. 이것은 인간, 즉 육체의 몸을 입고 이 현상세계 속에서 살아가는 보통의 인간에 대한 올바른 설명이 아니다. 그에 대한 이유를 아렌트는 다음과 같이 설명한다.

[데카르트적] 인간은 어떤 주제에 대해서든 사유하는 것만으로 만족할지라도, 마치 구체적인 사람들이 아닌 **추상적인 사람**만이 지구상에 존재하는

것 같이 **단수**로, 즉 완전한 고독 속에서 살고 있기 때문이다. 데카르트 자신
은 근대의 위대한 과학적 발견에 의해 형성된 확신을 결정적으로 망각함으로
써 자신의 근본적 주관주의를 설명하고 정당화했다.(LM: 79)

아렌트가 보기에 데카르트의 자아는 실제의 구체적인 사람들과
는 거리가 있다. 먼저, 데카르트의 자아는 철학자의 사유 속에서 '추상
된' 인간이다. 이와 같은 추상적 인간은 우리가 실제로 경험하는 인간
들, 즉 이 땅 위에서 몸을 가지고 활동을 하며 살아가는 개별적인 사람
들과는 다르다. 또한 이 같은 자아는 '보편적' 인간으로서, 항상 대문자
의 단수형 인간(Man)으로 존재한다. 데카르트의 자아관은 인간은 이
성을 본성으로 가진 존재라는 것을 전제한다. 이 말은 '이성'이라는 하
나의 잣대가 인간됨의 준거로 판단되기 때문에 인간이 된다고 할 때 우
리가 지향해야 할 한 가지 목표가 이성이 된다는 것, 그리하여 모든 인
간이 그 목표를 향해 수렴해가야 한다는 것을 함의한다. 이와 같은 인
간관은 인간의 다양함과 차이를 근원적으로 무시할 수밖에 없다. 무
엇보다 데카르트적 자아관에 대한 아렌트의 문제의식은 그것이 철학
자의 사유 속에 추상된 단수로서의 '고립된' 인간이라는 것이다. 이것
은 구체적인 인간들이 항상 복수로 존재하며 타인과 함께 살아간다는
인간의 조건과 배치된다. 지구상의 어느 인간도 고립된 단수로 존재하
지 않는다. 그러한 자아관은 철학자들의 사유 속에 추상된 보편적 인
간일 때에만 가능하다. 이 세계 속에서 존재하는 인간들은 단수가 아니
라, 언제나 타인과 함께 살아가는 복수적(plural) 인간들(men)이라는 것
이다.
　데카르트의 근대적 자아관에 대한 아렌트의 비판은 교육과 관련해

많은 것을 시사한다. 교육에서 목표로 제시하는 인간관이 이와 같은 고립된 이성적 자아관에 기반하는 경우가 많기 때문이다. 마스켈라인(J. Masschelein)에 의하면 근대교육은 이성을 기반으로 하는 주체성 중심의 기획으로 이해될 수 있으며, 이와 같은 기획 하에 교육은 타인과의 연관 없이 자율적이고 독립적, 고립적인 개인을 만드는 데 주력해왔다. 이에 대한 대안으로 마스켈라인은 "인간은 만들어지는 것이 아니라 태어나는 것이다"[79]라는 아렌트의 탄생성에 기반한 인간학을 제안한다. 탄생성에 기반해 인간을 이해할 때, 인간은 고립된 이성에 의거한 주체성 중심의 기획이 아니라 "탄생에 대한 응답으로서의 교육"[80]이라는 상호주관성의 기획으로 이해될 수 있다는 것이다.

아렌트의 탄생성 개념에 기초해 교육적 사유를 전개해 온 비에스타 역시 근대의 주체성 중심의 교육관을 비판하고 이에 대한 대안적 교육관을 모색하는 작업을 시도한다. 비에스타는 그의 저술 곳곳에서 다소 급진적인 방식으로 근대교육에서 가정해 온 인간본성의 토대를 해체했을 때 '인간이 된다는 것'의 의미와 교육의 의미는 무엇인지를 질문한다.[81] 특히 비에스타가 비판하는 근대교육의 준거는 근대적 이성에 기반한 '합리적 자율성'(rational autonomy)이다. 비에스타에 의하면 합리성 자체는 인간성을 규정하는 척도가 될 수 없고 되어서도 안 된다.[82] 여기에는 근대교육에서 가정되었던 고립된 이성적 인간관이 특정 준거를 중심으로 규정되었다는 점, 그리하여 그 준거를 완성해가는 수단으로 교육이 사용되었다는 점, 이 과정에서 그 준거를 충족시킨 사람은 선택되고 그렇지 못한 사람은 배제되었다는 점에 대한 비에스타의 비판이 작용하고 있다고 볼 수 있다. 이에 대한 대안으로 비에스타는 아렌트의 탄생성 개념을 적극적으로 수용해 탄생적 상호주관성[83]에 기반한 새로운 자아관을 제안하고 있다. 특징적인 것은, 비에스타가 탄생성에 기반한 새로운 자아관을 "현전-속으로-옴(coming-into-presence)", 혹은 "세계-속으로-옴(coming-into-the-world)"이라는 동명사를 사용해서 표현했다는 점이다.[84] 이것은 아렌트가 탄생성을 인간의 본성을 규정하는 용어로 사용하지 않고 인간이 태어난다는 사실로부터 인간의 조건으로 설명하는 것에서 착안한 것으로 보인다. 탄생성이라는 조건에 기반해 인간을 이해할 때, 교육은 고정된 추상적 목적이나 준거에 맞추어 인간을 만들어가는 과정이라기보다 있는 그대로의 인간존재를 긍정하며, 그 존재의 새로운 시작을 개시할 수 있도록 열어주는 과정으로 이해될 수 있다.

2. 세계성: 세계에 대한 이야기

나는 한국 사람이고 도시에서 태어나 자랐다. 이 조건이 아마도 지금의 나로 자라도록 하는 데 지대한 영향을 미쳤을 것이다. 가끔 이런 상상을 해 본다. 내가 시골에서 자랐다면 어땠을까? 한국이 아닌 유럽에서 자랐다면, 아프리카에서 자랐다면, 혹은 남태평양의 어느 섬에서 자랐다면 어땠을까? 아마 유전적으로는 한국인 부모 밑에 태어난 동양인이겠지만, 환경에 따라 나는 전혀 다른 사람으로 자랐을 것이다. 그렇다면 우리가 한 사람의 인간존재로 탄생한다는 것은 어떤 의미일까? 인간으로 태어났다는 조건은 분명히 동물의 무리 가운데 살아간다거나 무인도에서 살아가는 것과는 다를 것이다.

아렌트는 탄생성 개념을 "사람들이 **세계 속에** 태어난다"(CE: 237)는 문장으로 표현한다. 이것은 한 인간존재가 된다는 것은 그냥 태어남이 아니라 세계 속에 태어남이라는 의미로 해석될 수 있다. 생각해보면 인간은 우주의 다른 별에 태어난 것이 아니라 이 지구에, 그리고 동물의 무리 가운데 태어난 것이 아니라 인간 문명 속에, 무인도에 태어난 것이 아니라 바로 사람들 가운데 태어난 것이다. 인간이 세계 속에 태어난다는 이 문장은 그동안 인간의 자아를 세계와 분리해 추상적으로 사고했던 것에 대한 문제의식을 드러낸다. 보통 인간존재를 설명할 때 순수한 사유 속에서 인간이 자라가는 조건을 추상하여 설명하는 경향이 있다. 세계로부터 인간을 추상하여 인간 자체를 규명하고자 할 때 그것은 세계에서 분리된 인간의 고유한 본성에 대한 논의로 치우치기 쉽다. 그러나 그와 같은 인간에 대한 이해는 실존하는 구체적 인간에 대한 이해와는 근본적으로 차이가 있는, 고립되고 추상적인 보편적 인간관으로 귀착될 수밖에 없다는 것을 위에서 살펴보았다. 사람들이 세계 속에 태어난다는 탄생성 개념은 인간이라는 존재는 처음부터 세계 속에서 시작하는 존재라는 것을 역설적으로 선언하고 있다. 다시 말해 세계와 분리된 자아개념은 "(보편적, 추상적)인간존재란 무엇인가?"라는 본성에 관한 물음으로 귀착되지만, 이 땅 위에 살아가는 개별자로서의 "나는 누구인가?"라는 질문을 생각해보면, 나는 세계와 분리하여 생각할 수 없다. 아렌트의 탄생성 논의에서 흥미로운 것은 인간존재의 의미를 세계와 관계를 맺는 양식에 의해 다층적으로 전개해나가고 있다는 점이다. 이렇게 볼 때 "사람들이 **세계 속에** 태어난다"(CE: 237)는 아렌트의 탄생성 개념은 세계성(Worldliness) 개념이 무엇인지를 이해할 때만 온전히 드러날 수 있다. 이 세계의 의미가 무엇인가에 따라 인간존재가 다르게 이해되기 때문이다.

그러나 아렌트의 세계성은 매우 복잡해서 이해하기가 쉽지 않다. 왜냐하면 아렌트의 세계는 단순히 한 가지 의미로 사용되는 것이 아니라 다양한 의미로 맥락에 따라 다르게 사용되기도 하고, 또 어떤 때는 다차원적으로 여러 가지 층위를 포함하여 사용되기 때문이다.[85] 아렌트가 말하는 세계의 중층적 의미는 여러 가지 관점에서 파악될 수 있으나, 이 연구에서는 아렌트가 중요하게 구분하고 있는 활동적 삶의 세 가지 양식에 따라 세계의 의미를 추적하고자 한다.

아렌트에게 있어 인간의 활동적 삶이 이루어지는 세계는 일차적으로 현상세계를 의미한다. 인간의 다양한 활동은 그냥 이루어지는 것이 아니라 언제나 세계를 기반으로 이루어진다. 즉, 이미 주어져 있는 자연환경 속에서 순응하기도 하고, 자연환경 위에 인공적인 세계를 건설하기도 하고, 때로는 세계를 어떻게 새롭게 할 것인지 타인과 논의함으로써 세계에 참여하기도 한다. 아렌트는 현상세계 위에서 이루어지는 다양한 인간의 활동 양식을 노동, 제작[86], 행위로 구분하는데, 여기서 흥미로운 점은 활동의 양식에 따라 세계의 중층적인 의미가 점진적으로 전개되고 있다는 점이다. 각 활동이 이루어지는 배경으로서의 세계가 가지는 의미를 살펴봄으로써 아렌트의 핵심적 세계개념이라 할 수 있는 공적영역까지 추적해본다.

1) 자연환경

현상세계를 구성하는 첫 번째째 요소로서, 노동이 이루어지는 '자연환경'(natural environment)을 들 수 있다.(HC: 197) 아렌트에 의하면 노동은 자연의 과정에 상응하여 이루어지는 가장 자연적인 신체 활동이다. 이것은 노동이라는 활동의 장이 자연환경이라는 것을 의미한다. 자연환경은 사실적 출생으로 태어난 인간에게 가장 기초적으로 주어진 조건에 해당하며, 아렌트는 이를 지구(earth) 혹은 자연적 지구(natural earth)라 부르기도 한다. 이 자연환경 속에 거주하는 인간은 자신의 신체를 가지고 자연환경에 순응해서 살아가게 된다. 해가 뜨면 일어나 일하고, 해가 지면 일을 멈추고 쉰다. 자연을 경작해서 생산물을 얻고, 생산물을 저장해서 겨울을 난다. 이 자연에는 시작도 끝도 존재하지 않고, 변함없고 끝이 없는 반복 속에 모든 자연물이 그 자연의 리듬에 맞춰 살아간다.(HC: 151) 자연의 순환 운동 속에서 인간은 자신의 생명을 유지하는 활동을 하게 된다. 따라서 자연환경은 인간에게 가장 자연적이고, 기초적인 삶의 양식을 제공한다. 그러나 아렌트는 노동이 이루어지는 장을 '자연환경'이라고 부르지 '세계'라고 부르지는 않는다. 이것은 자연환경이 필요 없다거나 중요하지 않다는 의미가 아니라, 인간이 살아가는 삶이 자연환경의 차원에만 국한되지 않는다는 의미이다.

아렌트가 구분하고 있는 자연환경과 세계의 대비를 캐노반(M. Canovan)은 '지구에서 사는 것'(live on earth)과 '세계에 거주하는 것'(inhabit in the world)의 대비로 설명한다.

한편으로 우리는 동물 종의 하나로서 다른 동물처럼 생물학적 필연성에 종속되어 있다. 동물 종으로서의 인간은 자연의 일부로 성장과 쇠퇴라는 끝없는 순환을 따라 살아간다. 이 자연의 순환 속에서 동물이나 식물의 한 세대가 가고 나면 다음 세대로 대체될 뿐, 각각의 개체에는 관심이 없다. 그러나 자신에게 주어진 것으로 지구 위의 자연적 삶(natural life)을 사는 다른 동물들과 달리, 인간존재는 자연적 지구 위에 그들 자신만의 세계를 건설한다.[87]

위의 인용에 의하면 자연환경은 인간종으로서의 인간이 접하고 살아가는 조건이 된다. 즉 동물이 자연의 일부로써 자연의 순환을 따라 살아가듯이 인간종으로서의 인간 또한 주어진 자연에 귀속되어 살아간다는 것이다. 인간종으로서의 인간에게 자연은 '주어진 것'이고, 순응을 할 대상이다. 또한 주어진 것으로서의 자연환경은 한 세대의 순환에 관심이 있을 뿐, 각 개체에게는 관심이 없다. 즉, 주어진 것으로서의 자연환경에는 각각의 개체를 구별하고 특징짓는 기능이 없다. 따라서 인간은 자연환경 속에서 하나의 생물학적 존재, 인간종의 하나로서의 삶을 영위한다. 이와 같은 삶은 자연적 지구 위에 세계를 건설해서 자신의 거주지로 삼고 살아가는 삶과는 분명한 차이가 있다. 그렇다면 왜 자연환경은 세계가 될 수 없는가? 세계와 구분되는 자연환경의 특징은 무엇인가?

첫째, 자연적이라는 말은 세계적이지 않다는 말이다. 이 말은 자연환경은 세계와는 배치되는 성격을 지닌다는 것이다. 왜냐하면 자연환경은 주어진 것이지만, 세계는 주어진 것으로서의 자연환경에 변형을 가하여 인공적으로 만든 것이기 때문이다. 주어진 것으로서의 자연은 순응의 대상이며 그것에 귀속되어 살아가야 할 대상이다. 이 때문에 자연환경을 배경으로 이루어지는 노동 활동은 "가장 자연적이면서 가장 비세계적인 활동"이 된다.(HC: 157) 이것은 아렌트가 노동의 가장 큰 특징을 '무세계성'으로 규정한 데서도 잘 알 수 있다. 즉 자연환경을 배경으로 하는 노동은 세계 자체와는 상관없는 활동이라는 것이다.

둘째, 자연환경은 시작과 끝이 없는 반복적 순환을 특징으로 한다.(HC: 151) 모든 자연적 사물은 변함없고, 끝이 없는 반복 속에서 움직인다. 따라서 자연을 배경으로 하는 신체 활동인 노동도 자연의 리듬에 따라 움직인다. 해가 뜨면 일하고, 해가 지면 일을 마치며, 이와 같은 낮과 밤, 계절의 순환이 반복되는 한 그에 따라 진행되는 인간의 삶도 끝없이 반복된다. 아렌트는 만약 인간이 태어나는 장소로서의 세계, 죽을 때 떠나는 세계가 없다면 인간의 삶은 불변의 영원회귀 외에 어떤 것도 존재하지 않을 것이라고 한다.(HC: 152)

셋째, 자연환경의 소비재는 지속성과 영속성을 지니지 않기 때문에 세계를 구성하는 데 기여하지 못한다는 점을 들 수 있다.(HC: 149) 자연환경에서 인간은 신체 활동을 통하여 결과물을 생산한다. 그 생산물은 곡식, 우유, 고기와 같은 단순소비재로서 우리 몸을 위해 금방 소비되거나 시간이 지나면 부패해 사라진다. 이와 같은 소비재들은 이 세계에 잠시 머문 후 자신들을 생산한 자연으로 복귀한다.(HC: 151) 그것들은 이 세계에 흔적을 남기지 않기 때문에 세계를 구성할 수가 없다.

넷째, 자연환경에서 이루어지는 노동 활동 자체는 자신의 신체를 가지고 하는 고립된 활동이다. 자연환경은 서로 다른 개인의 개별성을 요청하지 않는다. 따라서 자연환경을 기반으로 이루어지는 노동의 본질 자체는 타자를 필연적으로 요청하는 것이 아니며, 협력할 때도 각자 자신의 노동 분량을 이루는 것으로 끝난다. 그래서 노동은 필요에 따라 다른 사람들과 함께 있을 때조차도 서로 다른 개인의 유별성이 구분되지 않는다.

자연환경이 세계와 다른 것은 타잔과 로빈슨 크루소의 대비에서 잘 알 수 있다. 타잔은 세계를 전수하지 못했기 때문에 그에게는 세계가 없고, 로빈슨 크루소에게는 그의 세계가 있다. 순전히 자연환경에서만 살았던 타잔은 자신의 세계를 갖지 못했지만, 로빈슨 크루소는 세계에 속해 살았기 때문에 무인도에 떨어져서도 자신만의 세계를 만들어나갈 수 있었다. 이것이 바로 자연환경에서 살아가는 동물종과 세계에서 살아가는

인간을 구별 짓는 기준이 된다.[88]

2) 인공세계

현상세계를 구성하는 두 번째 요소는, 제작(work)을 통해 이루어지는 '인공세계'(artificial world)를 들 수 있다. 인간은 자연환경에 순응해 살아가기만 하는 것이 아니라, 그 자연환경으로부터 재료를 얻어 인간들만의 유용한 무엇인가를 만들어낸다. 이같이 자연의 재료를 바탕으로 인간의 손으로 사물을 만드는 활동, 즉 인공세계를 만드는 활동을 아렌트는 '제작'이라고 부른다.

그렇다면 인간의 손으로 만든 사물이 인공세계를 구성할 수 있는 이유는 무엇인가? 노동의 산물이 금방 소비되어 사라지는 소비재인 것과 달리 제작의 산물은 의자, 탁자, 건축물, 작품 등과 같이 단지 사용됨으로써 낡아지는 사용재들이다. 이 사용재들은 시간이 지나도 비교적 오래가며, 사용되지 않는다면 비교적 영구적으로 남아있다. 특히 제작의 산물 중 일부는 우리 개별적 인간의 수명보다 길게 존속해서 우리가 거주하는 세계를 구성한다. 인공세계는 한 세대보다 오래 지속되면서 우리가 보고 듣고 말하는 대상이 되고, 늘 같은 자리에 있는 같은 대상으로서의 객관성을 지닌다. 이와 같은 지속성, 안정성, 객관성은 인공세계의 특징이 되며, 이 인공세계는 자연환경과 인간 사이에서 존재하게 된다. 즉 인간은 자연환경 속에서 노동하는 동물로서만 사는 것이 아니라 자연환경과 다른 인공세계를 만들어 '세계를 가진 인간'으로 살게 되었다는 것이다. 아렌트에 따르면, 인간은 자연이 아니라 세계 속에 거주함으로써 자연의 재해나 위험으로부터 자신을 보호할 뿐만 아니라 그 세계 덕분에 자연을 '객관적'인 어떤 것으로 생각할 수 있다.(HC: 195) 세계를 가짐으로써 인간은 인간종으로서의 삶이 아닌 고유한 인간으로서의 독자적인 삶을 살 수 있는 근거를 갖게 된다.

위의 사실로부터 유추할 수 있는 것은, 아렌트에게 있어 세계란 형이상학의 세계보다는 현상세계가, 그리고 자연이나 물리 세계보다는 인공세계가 우선이라는 것이다. 이것은 아렌트가 말하는 세계의 일차적인 의미가 눈에 보이는 현상세계인 것은 맞지만, 현상세계 중에서도 자연법칙이 지배하는 자연이나 물리 세계보다는 인간의 손으로 만든 인공세계에 관심을 둔다는 것을 의미한다. 아렌트는 노동하는 인간종으로서 접하는 환경인 '자연적 지구'(natural earth)와 인간으로서 거주하는 거처인 '세계'(world)의 구분을 중요하게 다룬다. 즉, 생물학적 존재로서 인간은 주어진 자연환경 속에서 살아가지만, 인간은 그 자연환경 위에 그들만의 세계를 건설하고 그 속에 거주한다. 이 점에서 인간이 만든 세계는 주어진 자연환경과 달리 인간의 손으로 만들어진 인공세계이다.

그러나 아렌트가 말하는 세계는 제작 활동으로 만들어진 인공세계를 의미하지만, 그렇다고 인공세계의 모든 사물이 세계를 구성하는 것은 아니다. 세계는 인공적인 사물 중에서도 사용되어 없어질 유용성의 사물이 아니라 유용성을 극복하고 살아남은 것들로 구성된다. 인간의 손으로 만들어진 사물들은 사용재이기 때문에 생활의 필요에 부응해 사용되고자 하는 목적, 즉 유용성을 가진다. 따라서 유용성이 높은 사물일수록 즉각적인 필요가 강하게 작용하기 때문에 금방 사용되어 없어지기 쉽다. 그러나 어떤 사용재들은 비교적 영구적으로 남아 있게 된다. 여기서 인공세계의 중요한 기준이 '지속성'이라는 것을 알 수 있다. 지속성을 가진 사물들은 세계의 구성물로서의 자격을 가지게 된다. 특히 사물 중에는 여러 세대를 거쳐도 여전히 이 세계에 남아 있을 정도로 지속성을 가지는 것들이 있는데, 아렌트는 그 예시를 예술작품을 비롯한 문화물에서 찾고 있다.

> 문화적 세계가 실체적인 것-서적, 그림, 조각, 건물과 음악-을 담고 있는 한 그것은 나라, 국민국가, 궁극적으로 인류의 기록된 과거 전체를 포함하며, 또 그에 대해 증언해준다. 그렇듯 구체적인 문화의 산물을 판단하는 유일하게 비사회적이며 진정성 있는 기준은 그것의 상대적 영구성과 심지어 궁극적 불멸성이다. 수 세기에 걸쳐 살아남는 것만이 궁극적으로 문화물(cultural object)이 될 권리를 요구할 수 있다.(CC: 272)

「문화의 위기」(The Crisis in Culture; CC)에 나오는 위의 인용에는 인공세계로서의 문화가 갖는 의미와 기준이 간결하게 설명되어 있다. 서적, 그림, 조각, 건물, 음악과 같은 예술작품들은 단순히 하나의 사용물 이상의 의미를 지닌다. 어떤 사물이 유용성의 목적으로 사용되거나 대체되어 없어지지 않고, 세계를 구성하는 자리에 들어가 문화물이 될 수 있는 궁극의 기준은 지속성, 즉 불멸성이다. 즉 시간의 흐름 속에 낡아 허물어짐을 견디고 살아남았다는 사실과 인간의 필요 속에 사용되어 없어질 수밖에 없는 유용성을 견디고 지금까지 살아남았다는 사실로부터, 그 사물들은 필멸의 인간에게 불멸성의 흔적을 보여주는 사례가 된다는 것이다. 무엇보다도, 필연성과 유용성을 극복하고 오랫동안 살아남은 영속물로 이루어진 인공세계는 우리의 관심을 사로잡고 우리를 감동하게 하는 본연의 기능을 가진다.(CC: 274) 아렌트에 의하면 문화, 혹은 세계는 생활 과정을 지탱하고 세계의 영구적 부속품이 되는 능력에 의해 탁월함이 평가되며, 이러한 표준에 따라 판단되고 살아남은 것들이다.(CC:

276) 이러한 문화물과 예술품들은 우리가 죽은 후에도 계속해서 세계에 남게 될 사물들이며, 유한한 인간의 삶에 감동과 의미를 제공해주고 그로 인해 우리 삶을 풍요롭게 하는 가치를 지닌다.

그렇다면 아렌트가 말하는 인공세계는 구체적으로 어떻게 인간실존에 영향을 주는가? 아렌트의 세계개념에 대해 캐노반은 다음과 같이 설명한다.

> 한나 아렌트가 의미하는 세계는 물리적 세계(physical world)가 아니다. 실제로 그녀의 관점에서 세계는 분명 자연으로부터 인간을 구별하고 보호한다. 인간에게 영원한 집을 제공하는 것은 바로 인간이 만든 사물과 제도들로 이루어진 인공품들(human artifice)이다. 세계를 구성하는 것은 야생의 풍경 대신 경작된 들판과 도로와 울타리이고, 또 야외보다는 건물들이며, 언어와 문화, 지역사회와 전통, 예술, 법률, 종교 등 기타 인간의 손으로 만든 모든 것들이다. 이와 같은 문명(civilization)이야말로 인간이 동물과는 다르다는 것을 보여주며, 그것을 만든 인간보다 더 오래 남아 인류의 유산이 된다.[89]

캐노반은 자연환경과 구분되는 인공세계가 인간의 손으로 만든 사물들이라는 사실로부터 건축과 법률, 제도, 문화를 포함하는 인간의 문명으로 이해될 수 있으며, 더 나아가 바로 인류의 문화유산을 의미한다고 설명한다. 이와 같은 인공세계는 인간의 손으로 만들어진 것인 만큼 낡아서 종국에는 파멸될 수밖에 없다는 한계를 지니지만, 인간의 수명보다 오래 살아남아서 지속적인 영향을 미치게 된다. 그렇다면 이처럼 인류가 오랜 세월을 통해 이루어 온 문화유산으로서의 인공세계가 인간에게 중요한 이유는 무엇인가? 인공세계는 인간에게 어떠한 역할을 하는가?

먼저, 인공세계는 인간이 거처할 수 있는 거주지가 된다.(HC: 194) 인공세계는 한 인간이 태어나기 전부터 있던 것으로서, 인간존재에 영향을 미치는 중요한 조건이 된다. 인간은 진공상태에 태어나는 것이 아니라 자신의 탄생 이전부터 존재해왔던 세계 속에 태어남으로써 이 세계와 관계 맺으며 자신의 삶을 시작한다. 그리하여 인공세계는 인간에게 일종의 '주어진 것'으로서, 날 때부터 관계를 맺으며 그 속에서 영향을 받으며 살아야 하는 조건이 된다. 인간존재에 영향을 미치는 조건으로서의 인공세계를 설명하기 위해 아렌트는 거주지, 거처, 집과 같은 비유를 자주 사용한다. 세계가 인간이 거주할 수 있는 집이 된다는 것은 세계가 바깥의 재난이나 위험으로부터 인간을 보호한다는 차원뿐만 아니라, 인간이 태어나는 곳이며 그 속에서 살아가는 거처가 된다는 것을 의미한다.

인간 거처로서의 인공세계는 인간에게 '안정성'을 준다. 여기서 안정성이란 마음의 평안과 같은 심리적 안정의 의미라기보다, 항상 동일한 사물들을 대함으로써 인간존재가 동일성을 경험하게 된다는 의미이다. 캐노반은 인공세계의 안정성이 개인의 정체성을 형성하는 데 중요한 기여를 한다고 설명한다.[90] 아렌트에 의하면 우리는 날마다 동일한 사물을 경험함으로써 사물의 객관성을 알게 되고, 그 동일한 실재에 대한 경험이 우리의 정체성에 중요한 작용을 한다. 내가 거처하는 집, 내가 항상 따르는 법률, 내가 매일 등교하는 학교와 내가 속한 공동체와 국가 등이 나의 정체성을 형성하는 데 중요한 역할을 하는 것이다.

또한, 인공세계는 인간이 함께 공유하는 공동(common)의 것이 된다. 인공세계가 유용성을 극복하고 여러 세대에 걸쳐 지속해서 살아남았다는 것, 다시 말해 한 세대 이상의 수명을 가지고 지속해 왔다는 것은 그것이 어느 개인의 소유가 아니라 인류의 공동유산이 된다는 것을 의미한다. 그 공동의 세계에서 사람들이 함께 살아간다는 것은 동일한 세계를 경험함으로써 서로 다른 사람들을 하나로 이어준다는 것을 의미한다.

3) 인간세계

아렌트는 『인간의 조건』에서 노동과 제작 외에 가장 인간적인 활동 양식으로 '행위'를 들고, 행위가 이루어지는 기반으로서 또 하나의 세계개념을 제시하고 있다. 그것이 바로 현상세계를 구성하는 세 번째 요소인 '인간세계'이다. 세계의 개념을 논할 때 다른 학자들과 가장 대비되는 대목이라 할 수 있는 인간세계는 인간의 복수성을 중요한 인간조건으로 생각하는 아렌트에게 있어 어쩌면 당연한 것인지도 모른다. 인간이 이 세계에 태어나 세계와 관계를 맺는 양상을 살펴보면, 인간은 주어진 자연환경에 순응해 살아가기도 하고, 자연에서 얻은 물질을 변형해 인공세계를 만들고 그것의 영향을 받으며 살아가기도 한다. 그러나 아렌트에게 있어 세계는 고정된 것, 주어진 것으로 그치지 않는다. 아렌트는 인간의 조건을 설명할 때, 인간은 주어진 조건에 의해 영향을 받기도 하지만 그 조건을 만들기도 한다는 점을 중요하게 지적하는데, 이것은 세계개념에도 그대로 적용된다. 인공세계는 이미 만들어진 세계로서 인간은 그 속에 태어나 그것의 영향을 받으며 살게 되지만, 그 세계는 본질상 인간의 손으로 만들어졌기 때문에 낡아서 허물어질 수밖에 없다. 그 때문에 끊임없이 재해석되고 새롭게 되어야만 보존될 수 있다는 속성을 가진다. 이 주어진 세계로서의 인공세계를 다시 새롭게 논의하고 변혁할 수 있는 가능성을 아렌트는 인간세계에서 찾는다.

인간세계는 아렌트가 인간존재의 핵심적 조건으로 제시하는 '복수성' 개념을 근간으로 하고 있다. 인간은 무인도에 태어나지 않는다. 이 것은 인간이 이룩한 문명 세계 가운데 태어난다는 의미이기도 하지만 인간들 사이에 태어난다는 의미이기도 하다. 또한 인간종으로서의 집단이나 단체에 태어나는 것이 아니라 저마다의 시작을 할 수 있는 새롭고 고유한 존재들 사이에 태어난다는 의미이기도 하다. 그래서 아렌트는 인간 행위의 조건으로 복수성을 제안하면서, 그것의 의미를 "어떤 누구라도 지금까지 살았고, 현재 살고 있으며, 앞으로 살게 될 다른 누구와 동일하지 않다는 점에서만 모든 인간은 동일하다"(HC: 57)라고 설명하고 있다. 이것은 고유함과 유일성을 특징으로 하는 저마다의 독특한 인간들이 함께 살아가는 것이 인간세계의 가장 큰 특징임을 보여준다. 또한 보편적 인간(Man)이 아닌 복수의 인간들(men)이 지구상에 살며 세계에 거주한다는 사실(HC: 56)이 우리가 행위하며 살아갈 수 있는 가장 기본적인 조건이 된다. 이 점에서 한 인간이 태어난다는 것, 그리고 한 인간존재로 살아간다는 것은 언제나 복수의 '사람들 사이에 존재한다'는 것으로서의 '살다'라는 의미를 함축하고 있다.(HC: 56) 나의 존재는 언제나 타인의 현존(the presence of others)을 전제하고 있다. 이 때문에 인간은 세계 속에 태어나는 것이며, 세계 속에서 살아가기 때문에 한 사람의 인간존재로 탄생할 수 있다.

이 점에서 아렌트가 의미하는 세계는 한편으로는 인간이 태어나 영향을 받으며 살아가는 인공세계이기도 하지만, 다른 한편으로 그 인공세계를 진짜 세계로 만들어주는 것은 그 속에서 함께 살아가는 복수의 사람들이다. 이것은 우리가 가정(home)을 생각할 때, 집이라는 건물(house)보다 그 집에 사는 가족(family)을 떠올리는 것과 마찬가지로 생각할 수 있다. 그 가정이 어떤 가정인지를 결정짓는 데는 건물도 물론 중요하지만, 궁극적으로는 그 건물 속에 사는 사람들의 관계인 것이다. 이 인간세계는 인공세계가 그냥 주어진 고정적인 실체가 아니라, 다양한 관점과 생각을 지닌 사람들에 의해 논의되고 재해석됨으로써 공동의 합의를 통해 구성되는 측면을 부각한다. 이 인간세계로 인해 인공세계는 고정된 것으로, 혹은 절대적인 것으로 존재하지 않고 끊임없이 새롭게 변혁될 가능성을 가지게 된다. 이렇게 볼 때, 인간은 인공세계라는 조건에 의해 영향을 받을 뿐만 아니라 인간세계를 통해 그 조건 자체를 다시 만들 수도 있다.

인간세계는 아렌트가 가장 인간다운 삶의 양식이라고 본 '행위'가 이루어지는 토대이기도 하다. 행위가 이루어지는 기반으로서의 인간세계는 다양한 이름으로 불린다. "행위는 사람들 사이에서 이루어지며 사람을 지향한다"(HC: 243)는 아렌트의 진술로부터 알 수 있듯이, '존재-사이'(inter-est; in-between)(HC: 243)로 표현되기도 하고, "인간사의 영역은 사람들이 함께 사는 곳이면 어디에서나 존재하는 인간관계들의 그물망으로 이루어진다"(HC: 245)는 진술에서 알 수 있듯이 '인간관계들의 그물망'으로 불리기도 한다. 무엇보다 이 인간-사이의 공간으로 불리는 인간세계는 '공적영역'(the public realm; the public world)으로 불린다. 이 모든 명칭은 인간이 고립된 존재가 아니라 다양한 인간들과 함께 관계 맺으며 살아가는 복수성의 조건에 놓여있다는 것을 드러내어 준다.

그렇다면 사람들 사이에 말과 행위를 통해 맺어지는 이 관계의 그물망으로서 공적영역은 어떤 특징을 가지는가? 첫째로, 인간-사이에 이루어지는 관계의 그물망은 무엇보다 '소통'이 이루어지는 공간이다.[91] 이것은 공적영역에서 이루어지는 소통이 고립된 개인의 자기표현이 아

니라 서로 간의 의견을 나누고 논의하는 소통이었다는 것을 부각해
준다.

둘째로, 관계의 그물망으로서의 공적영역은 인간-사이에 이루어지는
소통을 근거로 '공공성'이 성립되는 공간이기도 하다.[92] 그 이유는 두 가
지 측면에서 생각해 볼 수 있다. 하나는 개인의 탄생성이 기본적으로 언
어를 초월한, 언어로는 모두 포착할 수 없는 그 사람만의 고유함을 의미
한다면, 공적영역은 언어로 전달 가능한 것만이 등장할 수 있는 명시적
이고 소통 가능한 영역이기 때문이다. 이때 공적영역은 아무것이나 등장
할 수 있는 영역이 아니라 기본적으로 언어로 소통가능하고 이해할 수
있는 것만이 등장하는 영역이다. 다른 하나는, 공적영역이 가지는 공개
성에서 그 이유를 찾을 수 있을 것이다. 즉 아무도 없는 공간에서 나 혼
자 있는 것과 모두에게 공개되고 모든 것이 드러나는 자리에서 나 자신
을 드러내는 것 사이에는 분명히 차이가 존재한다. 여기에는 드러나야
할 것과 감춰야 할 것 사이의 구분이 작동하게 된다. 따라서 공적영역에
서 자신을 드러낼 때는 어떠한 모습으로 드러나게 될 것인지, 드러나기에
적합한 내용인지, 어떤 내용을 포함하고 덜어내야 하는지 등에 관한 판
단 과정을 거치게 된다. 이 과정을 통해 세계에 대한 나의 독특하고 고유
한 관점, 즉 내가 이해한 세계는 타인들 앞에 드러날 만한 내용을 타인들
이 이해할 수 있는 말과 논리로, 타인들의 마음을 움직이고 설득할 수 있
는 태도와 방식을 고려해 표현된다.

셋째로, 소통가능성과 공공성의 공간으로서 공적영역은 실재가 출현
하는 영역이다. 캐노반은 공적영역이 실재가 출현하도록 해주며, 더 나아
가 실재가 출현하는 유일한 공간은 공적영역뿐이라는 것을 지적한다.[93]
이것이 무슨 의미인가? 서로 다른 사람들이 공동세계에 대해 논의한다

는 것은 곧 공동세계에 관한 다양한 관점이 드러난다는 것을 의미한다. 공동의 세계가 다양한 관점에서 논의될 때 공동세계의 다양한 측면이 드러나며, 이처럼 "사물 세계 주변에 모인 사람들이 극도의 다양성 속에서도 동일한 것을 볼 경우에만 세계의 실재성은 진정으로 그리고 확실하게 나타날 수 있다"(HC: 110) 아렌트에 의하면 이 실재성은 "다수의 관찰자에게 제시하는 제 측면들의 총계로부터 생겨나는 실재성"(HC: 111)이며, "수많은 측면과 관점들이 동시에 존재한다는 사실에 기초해있다."(HC: 110) 이 점에서 공동세계에 관해 하나의 관점만 존재한다는 것은, 그것이 탁월한 한 사람의 관점이든지 아니면 모두가 획일적인 관점이든지 상관없이, 궁극적으로 공적영역의 실재성을 파괴하게 된다. 아렌트에 의하면 "공동세계는 단지 한 측면에서만 보이고 단지 한 관점만을 취해야 할 때 끝이 난다."(HC: 112) 공동세계가 진정으로 사람들 사이를 연결해주고 분리해주는 역할을 할 수 있는 것은 공동세계 그 자체보다는 그것이 다양한 관점에 의해 다양한 측면에서 조명되었을 때 드러나는 공동의 실재성 때문이라 할 수 있다. 캐노반은 고대 그리스의 말과 사유의 자유는 개별적 인간들이 자신만의 고유한 관점을 드러내는 표현의 자유라기보다, 복수의 인간들이 공동세계에 관해 가지는 다양한 관점들 사이를 옮겨 다니며 실재를 포착할 수 있는 자유에 가깝다고 진술한다.[94] 이것은 공적영역이 다양한 관점에서의 자유로운 소통을 통하여 드러나는 공동의 실재를 포착하면서 형성된다는 것을 암시해준다.

공적영역 속에서 실재성을 경험하는 것은 세계를 더욱 면밀하게, 있는 그대로 경험하게 해줄 뿐만 아니라 개인의 정체성을 형성하는 과정에도 영향을 미친다. 아렌트에 의하면, 공적영역이 없다면 "자아, 즉 자기 정체성의 실재성도 또 주변 세계의 실재성도 결코 확립될 수 없다."(HC: 271)

왜냐하면 타인의 말과 행위 속에 공동 세계의 다양한 측면들이 드러날 때, 그리고 나 자신의 존재가 보이고 들려짐으로써 세계에 대해, 그리고 나의 존재에 대해 실재감을 가지게 되기 때문이다. 이 점에서 한 인간이 다양한 관점이 오가는 관계의 그물망 속에 존재하는 것이 무엇보다 중요하다는 것을 알 수 있다. 이 경험이 없는 사람은 세계의 다측면을 경험하지 못하고 완전히 사적으로 될 위험에 처한다. 즉 아렌트가 지적한 대로 "그들은 타인을 보지도 듣지도 못하며, 타인도 그들을 보거나 듣지 못한다. 그들은 모두 자신들만의 고유한 경험의 주관성에 갇혀 있다."(HC: 111)

그런데 한 가지 중요하게 짚고 넘어가야 할 사실은, 타인의 현존으로 구성된 공적영역은 단지 서로 다른 복수의 사람'만'으로 이루어진 인간세계가 아니라는 것이다. 여기에서 공적영역은 무엇으로 구성되는지, 그 구성요소에 대해 살펴볼 필요가 있다. 아렌트는 공적영역이 개인의 생활사에 관해 논의하는 영역이 아니라 공동세계에 관해 논의하는 영역이었다는 점을 분명히 한다.(HC: 80) 즉 우리가 함께 살아가는 이 공동세계를 어떻게 보존할 것인가를 논의하는 영역이 공적영역이었다는 것이다. 이것은 인간의 손으로 만든 인공세계가 낡아서 허물어질 수밖에 없다는 한계로부터 필연적으로 도달한 결론으로 보인다. 인공세계 자체가 인간의 손으로 만들어졌기 때문에 낡고 오래되어 파멸이 불가피한 운명이라는 점을 받아들이면, 이 세계는 그 존속을 위해 끊임없이 새롭게 되지 않으면 안 된다. 왜냐하면 인공세계는 어느 개인의 소유가 아니라 우리 모두의 공동세계로서, 우리뿐만 아니라 우리의 다음 세대도 와서 거처하는 공동의 거주지가 되기 때문이다. 이렇게 볼 때 공적영역은 일차적으로 그것을 구성하는 사람들에 의해 성립되는 곳이지만, 그것의 목적이자 근거는 우리가 함께 살아가는 이 공동세계의 보존을 논의하기 위함이었다고 볼 수 있다. 이로부터 인간관계의 그물망으로 구성되는 공적영역은 단지 인간세계뿐만 아니라 그 중심에 인공세계를 중요개념으로 포함하고 있는 복합적인 세계개념이라는 것을 알 수 있다.

지금까지의 논의를 종합해서 볼 때, 아렌트의 세계개념이라 할 수 있는 공적영역은 어떠한 모습으로 그려질 수 있겠는가?

> 세계에서 함께 산다는 것은 본질적으로, 탁자가 그 둘레에 앉는 사람들 사이에 자리 잡고 있듯이 사물의 세계도 공동으로 그것을 취하는 사람들 사이에 존재한다는 것을 의미한다.(HC: 105)

'공동탁자' 비유는 행위가 이루어지는 공적영역을 예시적으로 보여준다. 아렌트는 이 세계에서 함께 산다는 것은 곧 복수의 사람들이 인공세계를 가운데에 두고 그 둘레에 앉은 것과 유사하다고 한다. 이렇게 볼 때 아렌트의 공적영역이라는 개념은 자연환경 위에 만들어진 인공세계, 그리고 그것을 둘러싼 사람들의 관계망이라는 복합적이고 중층적인 구조로 구성된다는 것을 알 수 있다. 즉 공적영역은 표면적으로는 인간관계의 그물망을 뜻하지만, 보다 깊이 들어가면 그 안에 자연환경으로부터 만들어진 인공세계를 포함하고 있다는 것이다. 김비환은 이 공적영역을 아렌트가 말하는 다양하고 다층적인 세계개념의 가장 핵심적이면서도 좁은 의미의 세계라고 본다. 아렌트가 말하는 세계는 인공세계만으로 제시되는 것도 아니고, 사람들만으로 제시되는 것도 아니라는 것이다.[95] 또한 캐노반도 아렌트의 공적영역에서 인공세계는 그것을 구성하는 하나의 요소일 뿐이며, 이 점에서 공적영역은 인공세계 이상의 것을 의미한다고 진술한다.[96] 이것은 인공세계를 넘어 그것을 둘러싼 인간세계에서 이루어지는 소통이 공적영역을 구성하는 데 중요하게 기여한다는 것으로 이해할 수 있다. 반대로 말하면, 이 중 어느 하나가 전면화되거나 절대화될 때 공적영역, 더 나아가 현상세계의 균형은 깨어질 수밖에 없다는 것으로도 이해할 수 있다.

그렇다면 세계를 인간세계만으로 이해할 때는 어떠한 난점이 따르는가?

> 대중사회에서 우리가 견디기 힘든 것은 적어도 일차적으로는 사람들의 수 때문이 아니라, 사람들 사이에 존재하는 세계가 사람들을 결집하고 관계를 맺어주며 서로 분리하는 힘을 상실하였기 때문이다. 이런 상황의 불가사의는 영혼의 강령술과 비슷하다. 즉 테이블에 둘러앉은 사람들은 어떤 마술의 속임수 때문에 갑자기 중앙의 테이블이 없어지는 것을 본다. 그래서 서로 마주 보고 앉아있던 두 사람은 더는 떨어져 있지 않지만 동시에 만질 수 없는 그 무엇 때문에 완전히 서로 분리되어 있다.(HC: 106)

아렌트는 위의 인용에서 인공세계가 필요한 이유는 이것이 사람들을 서로 연결해주는 기능을 하기 때문이라고 한다. 사람들을 연결해준다는 것은 하나의 단일한 집단으로 만든다는 것을 의미하는 것이 아니다. 오히려 사람들을 "결집하고 분리하는 기능"을 함으로써 서로 다른 존재를 구분하면서도, 서로 다른 존재를 공동의 주제를 통하여 연결해주는 역할을 한다는 것을 말한다. 이때에만 타인들은 서로 다른 탄생성의 존재로서 함께 존재할 수 있으며, 동질화되지 않으면서 타인과 연결될 수 있다. 이 공동의 인공세계가 없어진다는 것은 이제 더는 사람들을 구분시켜주지도, 연결해주지도 못한다는 것을 말한다. 그리하여 각 사람은 완전히 분리된 상태에 처하게 된다.

　반면 인공세계만 있고 그것을 둘러싼 다양한 사람들이 없다면, 혹은 인공세계 주위에 한 가지 관점만을 취하는 사람들만 앉아있다면 어떻게 되겠는가?

> 공동세계는 단지 한 측면에서만 보이고 단지 한 관점만을 취해야 할 때,
> 끝이 난다. 공동세계는 오직 이 세계의 관점들의 다양성 속에서만 실존한
> 다.(HC: 112)

　공동세계가 아무리 가치 있는 것이라고 해도 하나의 관점만이 존재한다면 그것은 더는 공동세계의 역할을 하지 못한다. 혹은 공동세계가 있어도 그 주위에 사람들이 모이지 않는다면, 그리하여 그 세계에 관한 저마다의 탄생성의 관점이 드러나지 않는다면, 공동세계는 "끝이 난다." 공동의 세계가 인간에게 가치 있는 것으로 남을 수 있는 것은 탄생성을 지닌 다양한 사람들이 존재하기 때문이다. 그들의 다양한 관점이 공동세계의 다양한 측면을 드러내어 줌으로써, 낡고 허물어질 수밖에 없는 인공세계는 다시 새롭게 보존되는 것이다. 이것이 아렌트가 다양한 인간의 복수성을 중요하게 여기는 이유이다. 아렌트는 전체주의를 막을 수 있는 근원적 힘도 복수성에 있다고 보았다. 아렌트는 하이데거의 철학에 복수성의 개념이 부재했기 때문에, 궁극적으로 나치의 전체주의를 옹호하는 방향으로 치우칠 수밖에 없었다고 본다.[97] 이것은 세계가 다양한 관점을 지닌 복수의 사람들이 저마다의 탄생성을 실현하는 공간이 될 때 전체주의와 같은 파멸적 조치를 이길 수 있는 힘이 된다는 것을 역설한다고

볼 수 있다.

아렌트의 중층적 세계개념으로서의 공적영역은 인공세계, 혹은 인간 세계 중 어느 하나만을 강조한 기존의 세계개념과는 대척점에 놓일 수밖에 없다. 한편으로, 아렌트의 세계개념은 세계를 인류 공동의 문화유산으로 바라본 피터즈의 관점과 대비된다. 피터즈에게 공적세계란 역사상 대가들이 축적해 놓은 방대한 문화유산, 즉 과학, 역사, 수학, 종교적, 심미적 인식 등 '사고의 형식'과 '도덕적·예의적·기술적 사고와 행동의 형식'으로 이루어져 있으며, 각 사고의 형식들은 각각 독특한 '내용'(지식)과, 그 내용을 축적하고 비판하고 수정하는 방법으로서의 '공적 절차'를 가지고 있다.[98] 피터즈는 세계를 각 사람이 입문해야 할 대상으로 제시하며, 자아는 이 세계에 입문한 결과로 형성된다고 한다. 이때 세계는 그 자체로 절대적이고 고정적인 개념으로 오해될 소지가 있다. 세계를 이같이 파악할 때 교육은 그 가치 있는 세계를 전달하는 것을 핵심과업으로 삼게 되며, 이 과정에서 세계의 구성적 측면은 현저하게 축소될 수밖에 없다. 그러나 아렌트가 보기에 세계는 인간이 태어나고 거처하며 영향을 받는 조건으로도 주어지지만, 그 조건은 다시 인간의 대화와 논의를 통해 새롭게 구성되고 변혁되는 측면을 가진다. 세계가 세대에 맞게 새롭게 변혁되지 않는다면, 그 세계는 새로운 세대에게는 맞지 않는 옛 것, 그리하여 허물어질 수밖에 없는 운명에 처하기 때문이다. 따라서 낡은 세계는 새로운 세대의 새로움에 의해 다시 개혁되고 혁신될 때에만 다음 세대에까지 지속할 수 있다. 이와 같은 구성적 측면이 간과될 때, 세계는 아렌트의 표현처럼 마치 "낡은 것이 새것을 향해 어떠해야 한다고 규정하는 것"이 되며, 이것은 "모든 것을 파괴하는 것"과 같다.(CE: 259) 오히려 세계를 보존하고 유지할 수 있는 방법은 그것의 낡음을 새로운 세대에게 부과하거나 규정하는 것이 아니라, 새로운 세대의 새로움에 의해 세계를 새롭게 구성할 방도를 찾는 것이 궁극적으로 세계의 보존을 위해, 또 새로운 세대의 새로움을 위해 더 중요한 과업이 된다는 것이다. 이를 위해서는 필연적으로 복수의 타자들에 의한 다양한 관점이 요청된다. 즉, 인공세계는 다양한 관점을 지닌 인간세계에 의해 해석되고 소통될 때 지속 가능한 것이 되며, 그때에만 인간의 공동세계로 공유될 수 있다는 것이다.

그러나 다른 한편으로, 인공세계가 없는 인간들만의 세계도 불완전할 수밖에 없다. 다시 말해, 복수의 사람들이 있더라도 그들 사이를 연결해줄 공동의 세계가 없다면 그와 같은 인간들의 관계는 허상에 가깝다는 것이다. 이 점에서 거대서사가 사라진 후의 인간세계를 수행성만 남은 "복잡하고 유동적인 관계 그물망"으로 묘사한 리오타르[99]의 세계개념이나, 로티가 주장한 순전히 개인의 자유롭고 창의적으로 재서술된 메타포로서의 세계개념 또한 비판될 수 있다.[100] 비록 낡고 허물어질 수밖에 없는 인공세계이긴 하지만, 인공세계의 수명은 한 인간의 수명보다 길며, 그만큼 현상세계 속에 존재하는 인공세계는 인간실존에 깊은 영향을 미치는 조건이 된다. 또한 세계에 대한 나의 서술과 타인의 서술은 다를 수밖에 없지만, 그 다양성의 근거로서 다양한 사람들이 서술할 수 있는 공동의 대상을 공유하고 있다는 것이 중요하다. 공동의 세계는 내가 보는 것을 타인도 동일하게 본다는 점에서 일종의 객관성을 보유하게 되며, 다양한 사람들에 의해 공동으로 경험되는 대상의 동일성이 개인의 정체성에 큰 영향을 미친다. 또한 인공세계는 저마다의 다양한 메타포로만 존재하는 것이 아니라 인간의 유용성과 필멸성에 맞서 살아남은 영속물로서의 가치, 그리하여 인간에게 감동과 아름다움을 줄 수 있는 근거가 된다는 점에서 금방 사용되어 없어지는 소비재들과 구분되는 가치를 지닌다. 이뿐만 아니라 공동의 세계를 공유한다는 사실로부터 우리가 함께 논의할 이야깃거리를 제공하며, 이 점에서 공동세계는 나와 타인들을 서로 연결하고 묶어주는 역할을 한다. 이 점을 인정하지 않은 채 세계를 단지 인간들의 수행성에 의한 관계망으로 파악하거나, 혹은 순전히 개인의 우연적이고 창의적인 재서술로만 파악하는 것은 진정으로 개인들을 연결해줄 수 있는 공동세계의 가치를 인정하지 않는 것이라 볼 수 있다. 아렌트의 관점에서 볼 때 공동세계가 사라진 인간세계라는 것은 허상이며 망령에 불과할 수 있다. 이와 같은 상황에서 인간들은 서로 마주 보고 앉아있을지라도 "더는 떨어져 있지 않지만 동시에 만질 수 없는 그 무엇 때문에 완전히 서로 분리된" 상태에 처하게 될 뿐이다.(HC: 106)

Ⅳ. 자아와 세계의 세 가지 관련 방식[101]

3장에서는 근대와 포스트모더니즘의 경계선에 서 있는 아렌트의 관점에서 자아와 세계가 각각 어떻게 이해되는지를 살펴보았다. 아렌트는 탄생성이라는 조건으로 자아를 이해한다. 그것은 인간을 새롭게 자신만의 시작을 할 수 있는 존재로 본다는 것이다. 무엇보다 그 새로운 시작으로서의 인간은 이 현상세계 속에 태어나는 존재이다. 그런데 현상세계는 자연환경과 인공세계, 인간세계라는 다층적인 구조로 이루어져 있다. 이것은 "나는 누구인가?"라는 질문에 대하여, 자아는 이 다층적 세계와 어떻게 관계 맺느냐에 따라 다른 삶의 양식을 영위할 수 있다는 것을 보여준다.

1. 노동 : 무세계성

'노동'은 인간이 생존을 위해 자연과 행하는 상호작용이다.[102] 이것은 노동이 자연의 리듬에 상응하는 신체의 신진대사 활동이라는 의미로 이해할 수 있다. 인간은 자연환경 속에서 노동으로 생산물을 얻으며, 그것을 다 소비하면 다시 노동을 해서 생산물을 얻는다. 인간은 낮과 밤, 삶과 죽음이 이어지듯이 수고와 휴식, 노동과 소비 사이를 왔다 갔다 반복한다.(HC: 162)

노동이 자연환경과의 상호작용이라는 것은 어떻게 이해될 수 있을까? 이것의 의미는 노동의 몇 가지 특징적인 면모를 살펴봄으로써 보다 명료해질 수 있다. 아렌트에 의하면, 노동의 조건은 '생명'(life) 자체이다.(HC: 55) 즉, 노동은 생명 유지를 위한 먹고사는 활동이라는 의미이다. 인간은 노동으로 생존을 위한 필수적인 수단을 생산한다. 인간이 태어난 이상,

생명을 유지하기 위해 생계활동에 종사하지 않을 수 없다는 점에서 노동의 특징은 '필연성'으로 이해되기도 한다. 필연성은 크게 두 가지 의미를 지닌다. 하나는 가장 기초적이라는 의미로, 인간은 누구나 먹고살기 위해 생계유지의 활동을 하지 않을 수 없다. 이 때문에 노동은 우리 삶의 가장 기초적인 활동을 구성한다. 어떤 활동이든 노동의 측면을 지니는 것이다. 다른 하나는 강제성을 띠고 있다는 의미로, 그 누구도 먹고살기 위한 생계유지 활동에서 벗어날 수 없다. 이와 같은 강제성은 자유의 박탈을 의미하며, 노동이 자유를 희생하는 대가를 치러야 하는 활동이라는 것을 보여준다.

또한 고대 그리스에서 노동은 철저히 사적영역에 귀속된 활동이었다. 이것은 생명 유지와 보호의 기능을 전담하는 곳이 사적영역이었기 때문으로 보인다. 생명을 유지하고 존속하는 임무를 맡는 사적영역의 가장 대표적인 예로 가정을 들 수 있다. 가정은 출생을 통해 생명이 이 세상에 태어나는 것을 전담하고, 그 생명이 계속해서 잘 자라도록 보호하는 역할을 맡는다. 사적영역은 개인의 생명뿐만 아니라 출생을 이어가 가계와 종족의 보존을 영위하던 곳이었다. 따라서 출생을 통해 이 세계에 나온 생명을 계속 유지·보존하기 위한 활동들이 필요하게 된다. 자연의 소산을 얻기 위해 농사를 짓거나 가축을 돌보는 것과 같이 가계의 제반 경제활동을 통해 그 집안에 속한 사람들이 먹고 살아갈 수 있었으며, 가장 원천적인 의미에서 삶 자체를 영위할 수 있었다. 이 때문에 노동은 사적영역에 귀속된 활동이었다. 그 말은 생계유지를 위해 먹고사는 문제는 사적영역에 국한되어야 할 것으로서 공동의 세계와는 관계가 없었다는 것이다.

사적영역은 공적영역과 함께 존재의 두 가지 질서에 해당한다.(HC:

76) 사적영역과 공적영역의 가장 기초적인 구분은 자신의 것(idion)과 공동의 것(koinon)이라는 질서이다. 사적영역은 타인의 존재, 타인과 공유하는 공동세계로부터 차단된 영역이다. 이곳에서 나는 공적영역의 광채로부터 차단되어 안전하게 거주하고 성장하고 휴식할 수 있다. 사적영역은 개인의 생명 유지와 종족보존을 주된 임무로 하는 영역으로서 기본적으로 비정치적인 영역이다. 이 때문에 고대 그리스에서는 사적영역은 먹고 살기 위함이라는 필연성에 매인 영역으로 이해되었고 말과 행위를 통해 자신을 드러내는 공적영역이 자유의 영역으로 이해되었던 것은 사적영역을 가장 친밀하고 편안한 자유의 공간으로 생각하는 오늘날에 비추어 볼 때 상당히 흥미롭다.

사적영역의 '사적'(private)이라는 용어는 '박탈된'(privative)이라는 의미를 가지고 있다.(HC: 112) 즉 사적인 생활을 한다는 것은 진정한 인간 존재에서 필수적인 어떤 중요한 것이 박탈되었음을 의미한다는 것이다. 이것은 기본적으로 사적영역이 나와 친밀한 가족으로 구성된 데서 동질성을 기반으로 하는 영역으로서 '타인의 부재'로 특징지어진다는 데서 따르는 성격이라 할 수 있다. 타인이라는 이질적인 존재가 개입하지 못하는 데서 생기는 박탈의 성격을 아렌트는 "타인이 보고 들음으로써 생기는 현실성의 박탈, 공동의 사물 세계의 중재를 통해 타인과 관계를 맺거나 분리됨으로써 형성되는 타인과의 '객관적' 관계의 박탈, 삶 그 자체보다 더 영속적인 어떤 것을 성취할 수 있는 가능성의 박탈"이라고 기술하고 있다.(HC: 112)

사적영역에 관한 설명으로부터 자연스럽게 귀결되는 노동의 특징은 '무세계성'이라 할 수 있다. 노동은 사적영역에 속한 활동이기 때문에 공적세계와 아무런 관련이 없다. 사적영역에서 이루어지는 노동은 작업처럼 지속성을 지닌 사물을 만들어 인공세계를 건설하는 활동도 아니고, 행위처럼 타인과의 관계 속에 자신이 누구인지를 드러내는 활동도 아니다. 아렌트는 노동이 인간의 생명유지를 목적으로 하는 신체적 활동이기 때문에 "가장 자연적이면서 지극히 비세계적인 활동"(HC: 157)이라고 한다. 노동은 자연과 관계하며, 신체를 사용해서 이루어지는 활동이기 때문에 생계유지라는 필연성에 쉽게 매이게 되고 그것을 초월해 다른 차원의 욕구로 옮겨가기가 힘들다. 따라서 "노동활동 자체는 오로지 삶과 삶의 유지에만 집착하며, 그래서 무세계성에 이를 정도로 세계를 망각해 버린다."(HC: 174) 무엇보다 노동활동 자체는 자신의 신체를 가지고 하는 고립된 활동이다. 물론 때로는 협력을 하기도 하지만 노동의 본질 자체는 타자를 필연적으로 요청하는 것이 아니며, 협력할 때도 마치 노동의 분업처럼 각자 자신의 노동 분량을 이루는 것으로 끝이 난다. 그래서 노동은 다른 사람들과 필요에 따라 함께 있을 때조차도 철저히 고립된 활동의 성격을 가진다.

박혁[103]은 노동의 무세계성의 의미를 두 가지로 설명한다. 첫째로 노동은 타인의 현존을 필요로 하지 않는다는 것이다. 노동은 본성상 '단독적'(monotonie)이라는 중요한 특징을 지닌다. 노동하는 인간은 공동세계와의 모든 관계로부터 분리되며 자기 자신 안으로 물러난다. 노동이 자연과의 상호작용이라는 것은 타인을 필요로 하지 않는 비소통적 행위라는 것이다. 노동 자체는 세계와의 소통적 관계로부터 철저히 고립되어 있다. 이 때문에 노동은 공적영역을 가지지 못한, 철저히 사적인 활동인 것이다. 둘째로 노동의 과정에 구체적 개인은 존재하지 않는다. 노동 자체는 개인의 특이성이나 인격의 현시활동이 아니다. 인간은 단지 노동력으로 간주되어야 하고 "인격으로 출현하는 것이 아니라 단지 기능으로서 나타난다."[104] 노동의 과정에서 구체적 개인은 오히려 생산에 장애가 된다. 노동과정은 모든 개별적 노동자가 노동을 지속하는 동안 자신의 개별적 정체성에 대한 의식을 없앨 것을 요구한다는 것이다. 이 때문에 많은 사람이 협동하는 방식에서도 노동이 산출하는 생산성이 중요하지 그 과정에 참여하는 사람이 누구인가는 중요하지 않다. 노동 자체는 인간을 개별화시키거나 공동체화시키는 것과는 무관한 것이다.

이상과 같은 노동의 관점은 세계와 관계 맺지 못한 자아의 특징을 단적으로 드러내어 준다. 즉 타인과의 소통을 통하여 공동세계에 참여하지 못하는 개인은 결국 자신의 개인적 생명유지라는 사적 차원으로 매몰될 수밖에 없다는 것을 보여준다. 노동은 세계형성적 활동이 아니다.[105] 왜냐하면 노동의 결과는 '개인적 삶의 재생산' 혹은 '종의 재생산'이기 때문에 공동세계의 형성에 기여하지 않기 때문이다. 또한 노동은 소통의 차원을 가지지 않기 때문에 인간 사이를 구성하지 않고, 공적영역을 형성하는 데 적합하지 않다. 이와 같은 활동은 인간다운 삶의 양식에는 부합하지 않는다.

아렌트는 인간의 삶에 대한 아리스토텔레스의 구분을 인용해, 단순한 생물학적 삶(zōe)과 인간의 삶(bios)을 구분한다.(HC: 152) 전자가 다른 동물과 공유하는 인간종으로서의 삶의 방식이라면, 후자는 인간만이 영위할 수 있는 삶의 방식과 관련된다. 전자의 대표적인 활동이 생명을 유지하는 노동이라는 것은, 인간이면 누구나 종사할 수밖에 없는 기초적인 삶의 요소가 노동이지만 그것이 전면화될 때에는 위험이 따를 수밖에 없다는 것을 경고한다. 왜냐하면 그것은 다른 종과 공유하는 삶의 차원으로서, 인간만이 영위할 수 있는 고차원적인 삶의 방식은 아니기 때문이다. 아렌트는 노동이 전면화되는 것에 대해 "자기 신체의 사적 영역에 갇혀서, 즉 누구와 공유할 수도 없고 의사소통할 수도 없는 필요의 충족에만 사로잡혀서, 세계로부터 추방되는" 상황에 처하게 된다고 진술한다.(HC: 175)

이와 같은 노동관점에서의 가르침의 예는 특히 독일에서 진보주의의 극단적 형태로 일어났던 반(反)교육학 운동에서 잘 드러난다.

> 반교육학을 대변하는 저자들은 그들의 말을 액면 그대로 받아들인다면, 교육 자체를 의문시했다. 이 입장에서는 어린이에 대한 교육의 철폐가 주장되었다. 그들은 교육을 어린이의 발전 과정에 '동반'하는 것으로, 즉 어린이를 존중하는 것으로 제한하며 "어린이의 권리에 대한 존경", "어린이의 감정에 대한 관용", "어린이의 태도로부터 배우려는 자세"를 강조했다. "반교육학적 태도를 가진 사람"은 "그저 마음씨 좋은 아저씨"로서 "어린이와 겪는 모든 가능한 상황들을 어떤 이론에도 의존함이 없이 자발적으로 경험한다."[106]

반교육학에 대한 위의 인용을 살펴보면, 그들은 일체의 교육을 철폐해야 한다고 주장했다. 왜냐하면 어떠한 형태의 교육도 아이들의 의지와 무관하게 바깥에서 주어지는 외적 강제의 성격을 띠고 있으며, 그것은 아이들을 억압할 가능성이 있기 때문이다. 그들은 어린이들의 권리를 존경하고 관용할 것을 주장하며, 더 나아가 어린이의 태도로부터 배우려는 자세를 요구한다. 이와 같은 반교육학적 태도를 가진 사람은 아이들에게 무엇인가를 지시하고 가르치려 들기보다는 그저 마음씨 좋은 아저씨처럼 아이를 받아주고 용인한다. 여기서 흥미로운 점은 그들은 "어떤 이론에도 의존함이 없이 아이들이 자발적으로 경험"하도록 한다는 것이다. 즉 어떤 내용도, 이론도, 교훈도 가르치지 않고 아이들이 모든 것을 자발적으로, 직접 경험함으로써 스스로 배우도록 한다는 것이다. 이와 같은 반교육학에서는 자신의 바깥에 있는 세계를 배우고 그것에 대해 사유할 기회는 적어진다. 그보다는 자신의 안에 있는 관심과 흥미에 의해서 자신이 원하는 것을 기반으로 움직이게 된다. 여기에는 세계를 가르칠 자리가 없다. 반교육학은 교육에서 세계를 가르치지 않는 방식의 가르침이 가능하다는 것을 보여준다. 철저히 아동의 관점에서, 그들의 권리와 관심, 흥미를 기반으로 그들이 원하는 것, 하고 싶은 것을 하도록 도와주는 것이다. 그러나 몰렌하우어에 따르면, "전수할 것이 없는 자에게 교육의 과제는 단지 아이들과의 인간적이고 우호적인 관계로 위축될 수밖에 없으며", 이러한 교육관에서는 "미래에의 의지가 소멸되고, 내용적인 의미의 기획이 빈곤해지며, 잘못된 보수주의에 대한 반동으로 교육에 대한 욕구를 상실하고 아이들과 단지 친구처럼 지내는 것"으로 만족하게 된다고 경고한다.[107]

아렌트가 우려했던 노동의 관점은 교육에서 점점 더 영향력을 확장해가고 있는 것 같다. 노동이 전면화될 때 자아는 무세계성에 갇히게 되듯이, 가르침에서 노동의 관점이 전면화될 때 나타나는 현상은 가르침이 제거된 학습만으로 교육을 규정하고자 하는 시도로 드러난다고 할 수 있다. 이와 관련해 마스켈라인(J. Masschelein)은 최근까지 교육의 영역에서 가속화되어 온 학습사회 담론(learning society discourse)이 노동사회의 연장선상에 있다고 지적한다.[108] 학습사회 담론은 교육의 실재(educational reality)를, 가르침이 배제된 학습의 관점에서 규정하려는 시도이다. 학습사회에서는 모든 사회구성원을 평생 학습자로 규정하고, 우리의 모든 경험과 관계, 태도를 학습의 관점에서 읽고 조직하고자 한다. 그러나 마스켈라인이 보기에 가르침이 배제된 학습의 관점에서 우리의 전 삶을 조직하고자 하는 시도에는 위험이 도사리고 있으며, 그 위험은 아렌트가 제시한 노동의 관점에서 보다 두드러지게 부각된다. 마스켈라인은 아렌트가 인간의 삶을 순전한 '생물학적 삶'(zōe)과 '인간다운 삶'(bios)으로 구분한 것에 주목해 노동이 전면화되어 발달한 근대 소비사회는 생물학적 삶(bare biological life), 즉, zōe가 궁극 목표로 전면화된 사회라고 비판한다. 이와 같은 삶에서는 모든 것이 '사는 것', '생존'을 위한 문제로 귀착된다. '생명유지'가 최고선으로 등극한 삶에서는 철저히 개별화된 자기만족의 활동만 있을 뿐, 어떠한 '공적인 관심'이나 '타인과의 의미 있는 관계'도 들어설 자리가 없다. 근대 이후 사회의 최고선이 '건강'(health), '잘 삶'(well-being), '먹는 것', '유희와 오락' 등으로 귀착되는 것은 궁극적으로 개개인의 삶 자체를 목적으로 하는 노동사회의 목표와 닿아있기 때문이다.

마스켈라인은 학습을 전면으로 내세운 현재의 학습사회 담론이 세계와의 관련 없이 개인의 삶 자체를 목적으로 삼는 이상, 이와 같은 노동사회의 특성을 면할 수 없게 된다고 비판한다. 마스켈라인이 보기에 학습사회의 출발과 목적을 '개인의 삶 자체'에 맞추게 되면, 그다음 단계는 그 필요를 충족시키기 위한 학습 내용을 생산하는 것이며, 학습자는 무수한 콘텐츠들 사이를 떠돌며 무한 소비를 하는 소비자로 전락하게 된다. 이것은 노동과 소비의 반복적인 순환을 형성하게 되어 학습사회는 학습자의 필요에 맞는 콘텐츠를 생산하고 소비하는 무한 반복에 들어가게 된다. 이와 같은 반복된 순환 속에서는 그 순환 고리 밖에 있는 문제들, 예를 들면 삶의 목적이나 가치, 혹은 그 순환 고리 자체에 대한 반성이 들어설 틈이 없다. 무엇보다 학습담론은 철저히 개별화된 삶을 지향하기 때문에 그것을 통해 공동의 세계와 관련된 의미 있는 행위, 타인과의 의미 있는 소통의 관계로 이어지지 못하고, 타인과 단지 '기능적'으로만 연결될 뿐이다. 학습사회에서의 기능적 연결은, 노동의 삶에서 타인과 함께 살거나 협동이 이루어질 때도 의미 있는 관계를 형성하는 것이 아니라 필요와 생존을 위한 기능적 차원에서의 연결일 뿐이라고 아렌트가 비판한 대목과 맞닿아 있다.

지금까지 노동은 자연과의 관계에서 우리의 생명을 보존·유지하기 위한 신체 활동으로, 무세계성을 특징으로 한다는 것을 살펴봤다. 이를 가르침과 관련해 생각해보면, 학생의 자아를 세계와 관계 맺도록 이끌지 못하고 학생 자신의 사적욕구와 삶 자체의 차원에 방치하는 것이라 할 수 있다. 무세계성을 특징으로 하는 노동의 관점에서는 가르침의 가치와 역할이 약화될 수밖에 없다. 왜냐하면 노동의 관점은 개인의 삶 자체, 즉 직업을 구해서 자신의 생계를 유지하는 자체를 삶의 목표로 삼기 때문이며, 이와 같은 관점에서는 공동의 세계에 대한 가치나 중요성이 부차적인 것이 될 수밖에 없기 때문이다. 아렌트에 따르면 이와 같은 노동의 관점은 우리 삶의 가장 기초적인 근저가 되지만 그와 같은 태도가 전면화될 때 개인의 삶이 타인과 소통할 수 없는 사적이고 주관적인 내면에 갇힐 위험에 직면할 수밖에 없다. 이에 노동과는 다른 방식의 자아와 세계를 관련짓는 활동양식이 요청된다.

2. 제작 : 사물(결과물) 만들기

아렌트는 노동과는 구분되는 또 다른 활동 양식으로 '제작'을 소개한다. 제작은 사물을 만드는(making) 손의 활동으로, 제작으로 만들어진 사물들은 자연환경과는 구분되는 인공세계를 구성한다. 따라서 제작은 크게 보아 인공세계를 만드는 활동이라고 볼 수 있다.

> 제작은 인간실존의 비자연적인 것에 상응하는 활동이다. 이 활동은 인간종의 되풀이되는 생활주기에서 생겨나는 것이 아니며, 인간의 사멸성도 이런 생활주기에 의해 보상되지 않는다. 제작은 자연적 환경과 전적으로 구별되는 인공적 세계의 사물들을 제공해준다. 모든 개별적 삶은 인공적 세계의 경계 내에 있다. 그러나 이 세계 자체는 개별적 삶 모두 보다 오래 지속하고 초월하는 것으로 이해된다. 제작의 인간조건은 세계성(worldliness), 다시 말해 대상성과 객관성에 대한 인간실존의 의존성이다.(HC: 56)

위의 인용에 따르면, 제작의 조건은 '세계성'(worldliness)이다. 여기서 제작의 조건이 세계성이라는 것은 무엇을 의미하는가? 아렌트는 세계성을 설명하면서, 필멸할 수밖에 없는 존재로서 인간의 사멸성이라는 인간의 조건을 언급한다. 어느 인간이나 잠시 피었다 지는 꽃과 같이 죽을 수밖에 없다는 사멸성은 끊임없이 반복되는 자연환경만으로는 위로받지 못하는 인간의 욕구를 추동한다. 인간은 자연환경이라는 주어진 조건에 순응해서 사는 삶과는 또 다른 삶의 양식을 발전시켜 왔다. 즉 자연환경으로부터 나무를 베고, 돌을 다듬어 집을 짓고 도로를 건설하며 도구와 악기를 만들어 인간의 문명을 건설하고 문화를 구축하면서 그 속에서 살기 시작한 것이다. 이것이 다른 동물들의 환경과는 구분되는 인간이 만든 세계이다.

인간이 세계를 만들고 그 속에서 거주하며 살 수 있었던 것은 무엇에 기인하는가? 이것을 아렌트는 사물의 지속성에서 찾는다. 인간의 손으로 만들어진 사물들은 사용재이기 때문에 생활의 필요에 부응하여 사용되고자 하는 목적, 즉 유용성을 가진다. 따라서 유용성이 높은 사물일수록 즉각적인 필요가 강하게 작용하기 때문에 금방 사용되어 없어지기 쉽다. 그러나 어떤 사용재들은 시간이 지나도 조금 더 오래가며, 빈번하게 사용되지 않는 한 비교적 영구적으로 남아 있게 된다. 지속성을 가진 사물들은 세계의 구성물로서의 자격을 가지게 된다. 특히, 사물 중에는 여러 세대를 거쳐도 여전히 이 세계에 남아 있을 정도로 지속성을 가지는 것들이 있는데, 예술작품이 대표적인 예가 될 수 있다.

아렌트는 사물들을 만드는 세계성의 욕구를 인간의 사멸성에 대하여 보상받으려는 기제로 이해한다. 즉, 인간은 파괴되기 쉬운 자연의 재료들로 사물들을 제작하는 활동을 통해 사물들에 일정한 지속성을 부여하고, 자연환경과는 구분되는 인공적인 세계를 만들어 그 속에 거주하게 된 것이다. 이 사물들로 구성된 인공세계는 인간과 자연환경 사이에 존재하게 된다. 인공세계는 자연의 재해나 위험으로부터 인간을 보호하고 안정시키는 기능과 역할을 수행함으로써, 사멸할 수밖에 없는 인간들의 실제적인 고향이 된다. 이제 인간은 동물 종의 연장선에서 자연환경 속에 살아가는 것이 아니라 자연환경과 유사한 인공세계를 만들어 인간의 세계 속에 거주하며, 이로부터 안정성을 얻게 되었다는 것이다. 이렇게 볼 때, 노동이 생명 자체를 조건으로 하는 것과 달리 제작은 세계성을 조건으로 하며, 이 점에서 세계형성적 활동으로 이해될 수 있다.[109]

그렇다면 인공세계를 형성하는 데 관여하는 제작활동의 특성은 무엇인가? 제작의 활동을 주도하는 특징적 사고방식으로서, 제작의 과정 자체는 수단목적관계에 의해 주도된다는 것을 들 수 있다. 어떤 물질로 사물을 만들려고 할 때 무턱대고 만들기부터 하는 사람은 없다. 제작은 무언가를 만들기 전에 만들고자 하는 상(象), 즉 모델이 필요하다. 이 경우에 제작 과정을 주도하는 모델은 제작의 과정 바깥에 있고 제작의 과정보다 시간상 앞선다.(HC: 198) 이와 같은 모델의 성격은 제작의 과정에서 목적이 차지하는 위치를 가늠하게 해준다. 목적은 제작의 과정보다 앞서 존재하며, 일단 목적이 설정되면 그 목적을 이루기 위한 수단이 강구된다. 여기서 목적은 수단을 정당화하고, 나아가 그것을 생산하고 조직하는 원리가 된다. 예를 들어 탁자를 만들 때 '탁자'라는 목적을 위해서는 목재가 필요하고, 이는 나무 베는 것을 정당화한다. 또한 그 결과물을 생산하기 위해 필요한 도구를 고안, 발명하고 필요한 전문가와 협력수단, 보조자의 수를 결정하게 된다. 따라서 이 모든 제작의 과정은 전적으로 수단과 목적의 범주에 의해 진행된다고 볼 수 있다.(HC: 201)

제작이 수단목적관계로 주도된다는 것은 두 가지를 의미한다. 하나는 목적이 성취되면 그 제작과정은 끝이 난다는 것으로, 이처럼 명확한 시작과 예상할 수 있는 분명한 끝을 가지는 것은 제작의 큰 특징이 된다.(HC: 201) 명확한 하나의 과정이 끝난 다음에 주어지는 결과물은 제작활동에 대한 큰 신뢰와 확신을 가져다준다. 이 때문에 제작은 다른 무엇보다 가시적인 결과물을 만드는 활동이라 할 수 있다. 제작의 활동은 이 결과물을 얻기 위한 활동이며, 이 가시적인 결과물이 인간에게 성취감과 보람을 가져다준다. 다른 하나는 제작의 과정 자체는 목적(생산물)을 이루는 수단이 된다는 것이다. 이것은 제작의 전반적인 과정이 목적

(생산물)을 생산해내는 것에 초점을 맞추어 효율적으로 조직되며, 가시적인 결과물을 생산해내는 것에 비효율적으로 판단되면 그 과정에서 불필요한 것으로서 배제된다는 것이다.

제작이 수단목적관계에 의해 추동된다면, 제작의 전 과정을 결정짓는 기준은 무엇일까? 제작의 과정에서 만들어진 결과물을 판단하는 기준은 그것이 목적에 적합한가의 여부, 즉 유용성이라 할 수 있다.(HC: 211) 아렌트는 목적을 달성하기 위해 수단을 강구하는 것, 즉 제작의 과정을 지배하는 수단목적관계 자체가 문제인 것은 아니라고 한다. 오히려 문제는, "유용성과 공리성을 확립하는 제작경험을 삶과 인간세계의 궁극적 기준으로 일반화하는 태도"(HC: 215)라고 지적한다. 이것은 제작경험을 전면화해 삶의 지배적인 관점으로 삼을 때 빠질 수 있는 위험성을 지적하는 것으로 볼 수 있다. 제작의 관점에서는 나무도 그냥 나무가 아니다. 내가 만들고자 하는 물건에 유용한가의 관점으로 보게 되며, 이 관점에서는 나무도 언제나 잠재적 목재로 바라보게 된다. 이 관점에서는 바람도 객관적인 자연의 힘이나 공기의 흐름으로서가 아니라 '따뜻함', 혹은 '시원함'에 대한 인간의 욕구와 관련해서 생각하게 되며, 이것은 곧, 객관적으로 주어져 있는 바람의 존재를 인간이 더는 경험할 수 없게 되었다는 것을 의미한다.(HC: 225) 이것은 유용성이 삶의 일반적 원리로 전면화될 때 사물은 언제나 우리 삶에 유용성을 가지는가의 기준으로 파악되며, 사물 그 자체와 관계를 맺는 것은 아무런 소용이 없는 것으로 여기게 된다는 것을 의미한다. 그래서 제작의 태도를 전면화한 사람은 아렌트가 지적하였듯이 "오직 사용자나 도구화하는 자가 될 뿐이며, 세계와 말하는 자, 행위하는 자, 그리고 사유하는 자가 되지는 못한다."(HC: 216)

제작의 활동에 내재한 이상과 같은 특징들로 인해 제작의 관점은 특히 교육에서 빈번하게 차용되었다고 볼 수 있다. 왜냐하면 도달하고자 하는 명확한 목적을 설정하고 그에 따른 수단을 강구한다는 것, 하나의 과정이 끝날 때 원하는 결과물을 산출할 수 있다는 것, 그로 인해 제작 활동 전반에 주어지는 신뢰와 성취감 등과 같은 제작의 강점이 가시적인 효과를 바라는 교육모델로 적합하다고 판단되었기 때문이다. 그러나 몰렌하우어는 교육을 제작의 관점에서 이해하는 것의 위험성을 지적한다. 몰렌하우어에 따르면 제작모형의 교육에서는 인간을 형성하는 근거를 '외적기준'에 두며, 그 외적기준에 맞추어 인간을 조형해내는 것으로 생각한다. 이렇게 이해할 때 교육은 "소재의 가공, 성형, 변형"으로 특징된다.[110] 여기서 교육을 제작의 관점에서 접근하는 것에 대한 몰렌하우어의 우려는 무엇인가?

몰렌하우어의 우려는 아렌트가 제시한 제작의 난점들을 살펴봄으로써 보다 명료하게 이해할 수 있다. 먼저, 아렌트는 제작에 내재한 '폭력'과 '파괴성'을 지적하고 있다. 제작활동은 자연에서 원재료를 떼어내어 그것에 인공적인 변형을 가함으로써 내가 의도한 물건을 만들어내는 활동이다. 따라서 제작활동에는 항상 침해와 폭력의 요소가 내재한다. 제작이 이루어지는 곳에는 언제든지 원재료에 대한 파괴와 변형이 수반될 수밖에 없는 것이다. 왜냐하면 신이 창조한 자연을 파괴함으로써만 인위적 세계는 건설될 수 있기 때문이다. (HC:197) 우리가 만들어내고자 하는 고정된 상을 설정하고, 그것에 맞추어 사람을 길러낸다는 아이디어에서 학생의 고유한 자아에 대한 고려는 부차적인 것으로 될 수밖에 없다. 이 같은 아이디어 속에서 학생의 탄생성, 즉 새롭게 시작하는 힘이 발휘될 여지는 분명 제한된다.

이와 같은 폭력성은 제작이 생산해낼 결과물에 의해 정당화된다. 제작의 활동에서 무엇을 산출해낼 것인가 하는 결과물은 제작활동의 목적이 된다고 할 수 있다. 문제는 이 목적이 원재료의 바깥에, 그리고 제작활동의 바깥에서 먼저 설정된다는 점이다. 이 목적이 한번 설정되면 그 외의 모든 것은 그 목적을 이루기 위한 수단으로 정당화된다. 이 모든 과정은 철저히 목적을 향할 뿐, 원재료에 대한 고려는 간과되기 쉽다. 그 결과물을 이루기 위해서라면 원재료는 파괴되어야 하는 수단인 것이다. 더욱이, 제작의 활동에 내재한 폭력성은 고립된 장인의 주도적 활동이라는 성격에 의해 더욱 강화된다. 제작은 세계를 만드는 데 관여하는 활동이기는 하지만 제작의 과정 자체는 처음부터 끝까지 고립된 장인의 주도로 이루어진다. 이 과정에서 타인의 도움이나 타인과의 관계가 필수적으로 요청되는 것은 아니다. 오히려 제작할 모델을 설정하는 시작단계부터, 그 모델에 따라 사물을 완성하는 전 과정을 장인이 홀로 주관한다. 제작의 이상형이라 할 수 있는 제작인(homo faber)은 자신이 만들 사물의 이미지를 가지고 혼자서 자유롭게 생산할 수 있고, 다시금 자신의 손으로 만든 작품에 홀로 맞서서 자유롭게 파괴할 수도 있다.(HC: 202) 아렌트는 이와 같은 제작인의 고립된 주권성을 언급하면서 제작인은 언제나 '자연의 파괴자'였으며, 전 지구의 군주이자 지배자처럼 행동하게 된다고 설명한다.(HC: 197) 인간이 제작을 통해 원하는 성취물을 얻게 되었을 때 느끼는 자긍심과 성취감은 아렌트에 의하면, "폭력적인 힘의 행사를 통해 느끼는 의기양양함과 관련된다."(HC: 198) 그리고 그 결과물을 남길 것인지, 파괴할 것인지의 기준은 그 결과물이 가지는 유용성에 비추어 결정된다. 즉 제작의 결과물에는 언제나 유용성에 따른 평가가 따라온다.

이와 같은 제작의 폭력성과 고립성, 유용성 때문에 아렌트는 제작을 가장 인간다운 활동양식으로 평가하지 않는 것일지도 모른다. 아렌트의 관점에서 볼 때, 제작은 분명히 인공세계를 형성하는 데 기여하는 활동이고, 제작을 주도하는 사고방식이 제작활동 안에 머무를 때는 문제가 없다. 그러나 제작에 내재한 사고방식이 우리 삶의 전 영역으로 확대되었을 때에는 문제가 있다. 왜냐하면 제작에 내재한 원재료의 폭력성은 결과물에 의해 정당화되지만, 바깥에서 설정된 목적을 이루기 위한 수단으로 사물을 대할 때, 사물을 있는 그대로 향유하고 관계를 맺는 것이 힘들어질 뿐 아니라 사물은 언제나 내가 이룰 목적을 위해 어떻게 사용해도 되는 소모품으로 인식하게 되기 때문이다. 또한 제작활동의 기준이라 할 수 있는 유용성이 우리 삶의 전반적인 기준으로 확대된다면 모든 것을 '쓸모'에 의해서만 판단하게 된다. 세계와 관계를 맺는 방식이 유용성에 의해 주도된다는 것은 그것의 의미가 무엇인지에는 이르지 못한다는 것을 시사한다. 그것이 어디에 소용되는가를 중요한 기준으로 가진 사람에게 그것의 의미가 무엇인가라는 질문은 '쓸모없는' 것이다. 무엇보다 제작이 고립된 장인의 활동이라는 점에서 인간-사이를 구성할 가능성이 없다. 제작과정 자체는 타인을 필요로 하지 않으며, 인간 사이의 소통보다는 강한 제작자의 주도적 제작활동이 생산해 낼 결과물을 더 중요하고 필요한 것으로 요청하게 된다. 이 점에서 제작은 타인과 함께, 타인 속에서 행위하는 것과는 구분된다.

이상과 같은 아렌트의 설명은 그동안 보수적 관점에서 주장되었던 가르침 중심의 교육관을 비판적으로 조명할 수 있도록 해준다. 세계의 전달을 목적으로 삼았던 교사의 가르침 중심의 교육은 어른 세대가 전수하고자 하는 교육내용에 강조점이 있었다고 볼 수 있다. 이 과정에서 중요한 것은 '세계의 입문', 그것의 핵심적 기능으로서의 '합리적 이성'이었다고 할 수 있다. 그러나 세계의 전달을 목적으로 하는 교사주도의 일방적 가르침은 학생들의 고유한 자아와 내면성을 억압하였다는 비판을 받아왔고 그에 대한 반동으로 학습중심이라는 새로운 흐름을 형성하는 데일조하게 되었다는 것은 주지의 사실이다. 이 반동의 흐름은 합리적이고 이성적 인간이라는 고정된 인간상, 그것에 도달하기 위한 세계의 일방적 전달로서의 가르침, 그 모든 과정을 주도적으로 기획하고 관리하는 강한 교사관이 지닌 한계가 총체적으로 작용한 결과라 할 수 있다. 아렌트는 「교육의 위기」에서 교육의 다양한 양태를 언급하면서, "배움이 없는 교육(education without learning)은 공허하기에 도덕적-감성적 연설조로 쉽게 변질된다"(CE: 262)고 했는데, 아마도 제작으로서의 가르침이 이러한 경우가 아닌가 한다. 가르침을 제작의 형태로 할 때, 가르침은 있을지라도 그것이 학습자의 진정한 학습으로 이어지지는 않는다. 왜냐하면 그때의 가르침은 외부에서 일방적으로 주어지는 전달일 뿐, 학습자의 자발적인 참여에 의한 것이 아니기에 그 가르침이 학습자의 내면을 변화시키는 진정한 학습으로 연결되기는 어렵기 때문이다.

얼마 전에 큰 인기를 끌었던 〈SKY 캐슬〉이라는 드라마에서 단연 화제가 되었던 것은 김주영 선생이다. 김주영 선생의 가르침은 약간 과장되어 있기는 하지만 전형적인 제작의 관점을 대변한다고 볼 수 있다. 일단 독불장군의 이미지가 강하다. 철저하게 자신의 완벽한 계획에 따라 학생들을 강하게 통제할 때만 좋은 결과가 나온다고 생각하고, 이 과정에 다른 사람이 개입하거나 끼어드는 것을 금지한다. 학생도 교사의 통제 아래 있기에 교사의 지시만 따라야 하고, 다른 사람과의 관계는 철저하게 차단된다. 중요한 것은 오직 성적이라는 결과물이며, 그 결과물을 얻기 위해서라면 그 어떤 수단도 정당화된다. 김주영 선생은 남다른 성과를 이뤄내 언제나 학부모들에게 인기가 있다. 학생들도 그 선생님 휘하에 들어가면 말을 잘 듣는다. 그렇지만 학생의 순종이 진짜 순종이었다고 생각하는 사람은 없을 것이다. 자신이 원하는 결과물을 얻기 위해서는 선생님의 말을 들어야 이득이 되기 때문에 순종하는 것이지, 선생님과의 인격적 관계 가운데서 나온 자발적인 순종이 아니었기 때문이다. 나아가 그것을 교육이라 보는 사람은 아무도 없다. 왜일까? 선생의 가르침이 원하는 결과물을 내는 데만 초점이 있을 뿐 학생의 자아에 대한 배려가 철저히 배제되었기 때문이다. 가르침의 내용도 효과적으로 전달되고, 좋은 결과물도 나오지만 '그것이 교육인가' 하는 의문을 자아내는 것은 그 모든 과정에 보인 학생의 참여와 태도가 학생의 자발적인 선택과 의지에 의한 것이 아니었기 때문이다. 만약 학생이 보인 순종과 말잘들음이 그 선생님과의 인격적 관계 가운데 그 선생님을 존경하는 마음에서 나온 것이었다면, 다른 어른에게도 존경을 표할 수 있는 마음의 상태가 되어야 할 것이다. 그러나 그렇지 않았다. 그 아이의 말잘들음은 원하는 대학에 가기 위한 말잘들음이었을 뿐 아이의 인격이 변화된 것은 아니었기 때문이다. 이 때문에 선생의 말을 잘 듣고 원하는 결과에 가까이 갈수록, 즉 선생의 가르침이 이루어질수록 아이의 고유함은 점점 파괴된다.

3. 행위 : 세계 속에 출현하기

'행위'는 "사물이나 물질의 매개 없이 인간 사이에 직접 수행되는 유일한 활동"(HC: 57)이다. 이것이 노동이나 제작과는 구분되는 행위의 가장 큰 특징이며, 이 때문에 행위는 가장 인간다운 활동양식이 된다고 한다. 노동이 자연과의 상호작용을 통한 생명유지 활동으로서 무세계성을 특징으로 하며, 제작은 고립된 장인이 사물을 만드는 활동으로써 유용성을 특징으로 한다는 것을 상기할 때, 행위에 관한 이 진술은 자아와 세계의 관계에 대해 다른 활동과는 구분되는 행위만의 특징을 보여주는 것이라 할 수 있다. 그렇다면 "인간 사이에 직접 수행되는 활동"이 의미하는 바는 무엇인가? 이것이 자아와 세계의 관계에 관하여 함의하는 바는 무엇인가? 이하에서는 아렌트가 행위의 조건으로 제시하였던 탄생성과 복수성을 중심으로 이 질문에 답하고자 한다.

> 행위는 탄생성의 인간조건과 가장 밀접한 관계를 가진다. 출생에 내재하는 새로운 시작은 새로 오는 자가 어떤 것을 새로이 시작할 능력 즉 행위의 능력을 가질 때만 생각할 수 있다. 이러한 창발성(initiative)의 의미에서 행위의 요소, 즉 탄생성의 요소는 모든 인간 활동에 내재한다.(HC: 57)

위의 인용에 따르면, 행위는 무엇보다 탄생성이라는 조건과 가장 밀접한 관계를 맺는다. 행위가 탄생성을 조건으로 한다는 것은 무슨 뜻인가? 먼저, 탄생성이 '새로운 시작'을 의미한다는 점에서 행위는 각 개인의 탄생성에 내재하는 시작을 실현하는 것과 관련된다. 원래 '행위하다'는 것을 뜻하는 그리스어 archein은 '선수 치다', '시작하다', 그리고 라틴어

agere는 '어떤 것을 움직이게 하다'와 관련된다.(HC: 237) 이 어원상의 의미를 생각해 볼 때 사람들은 탄생함으로써 새로운 자, 시작하는 자가 되기 때문에 각 사람은 출생과 함께 자신의 주도권을 쥐고 행위하는 자가 될 잠재력을 가졌다고 볼 수 있다.(HC: 237)

자신의 새로움을 시작하는 것, 자신이 주도권을 쥐고 뭔가를 시작하는 것은 외부의 억압이나 통제가 있을 때는 불가능하다. 즉, 자신만의 새로운 시작을 하기 위해서는 그 무엇에도 구속되지 않고 시작할 수 있는 자유가 허락되어야 한다. 이 점에서 행위는 각 인간존재의 "근원적 자유"와 거의 동일한 의미로 사용된다. 김비환[111]에 따르면, 아렌트의 행위개념이 의미하는 '시작'은 주어진 몇 가지 선택대상 중에서 어떤 것을 선택하는 능력을 의미하는 아리스토텔레스적인 자유 개념과는 다르다. 아렌트가 말하는 행위는, 주어진 몇 가지 중에 선택하는 차원이 아니라, 이전에 없었던 전혀 새로운 것을 시작하는 능력으로서의 근원적인 자유라는 것이다. 이와 같은 자유의 원리는 아렌트가 시작의 개념을 설명하면서 "이 시작은 다른 누군가의 시작이 아니라 시작하는 자 자신의 유일한 시작"이라고 한 대목에서도 드러난다.(HC: 238) 즉, 다른 사람의 시작을 따라서 그대로 모방하는 것이 아니고, 나 대신 다른 누군가가 나의 시작을 대신할 수 있는 것도 아니라는 것이다. 이같이 전적으로 새로운 것을 시작할 수 있는 자유를 본질로 가진다는 점에서 아렌트의 행위개념은 '어느 정도의 완전한 자의성'(a measure of complete arbitrariness)을 가진다고까지 말할 수 있다.[112] 아렌트는 인간이 새로운 시작으로서의 행위를 할 수 있는 이유, 혹은 그로부터 주어지는 완전한 자유를 누릴 수 있는 이유는 다름 아닌 인간의 탄생성 때문이라고 한다. 한 인간이 이 세상에 탄생했다는 사실 자체가 전에 없던 새로운 시작이 개시되었다는 것을 나타내며, 그의 출생 안에는 이미 그 누구와도 다른 자신만의 새로운 시작을 할 수 있는 능력으로서 근원적인 자유가 내포되어 있다. 이 탄생성에 내재한 시작하는 힘을 인간의 가장 근원적 조건으로 본다는 것은 인간이 자기 스스로 시작할 수 있는 자유는 어떤 경우에도 훼손되거나 억압받지 않아야 한다는 선언이기도 하다.

또한 행위를 탄생성에 내재한 새로이 시작할 수 있는 자유로 이해할 때, 시작이 가지는 새로운 모험의 속성들, 즉 예측 불가능성이나 우연성, 통제 불가능성은 행위에도 그대로 적용된다고 할 수 있다. 아렌트는 행위에 수반된 불안정한 모험을 기꺼이 수용하는데, 그것은 다름 아닌 인간의 존재 자체가 가지는 고유함과 유일성의 차원과 관련되기 때문이다. 즉, 우리가 어떤 인간존재에 관하여 규정하거나 예측할 수 없는 것은 각 존재가 항상 우리의 규정 너머에 있는 고유하고 유일한 차원을 지니기 때문이다. 그 사람이 누구인가 하는 것은 항상 우리의 판단과 이해의 범주를 넘어서 있다. 그 사람이 어떤 존재라고 규정할 권리가 우리에게는 없다. 우리가 그 사람을 알 수 있는 길은 오직 그 사람이 말과 행위로 드러내는 것 그 이상도 그 이하도 아니다. 이 점에서 우리가 그 사람이 누구인지를 아는 것은 어떤 고정된 정체성에 의해서가 아니라, 오직 그 사람의 말과 행위를 통해서일 뿐이다. 아렌트에 의하면 행위는 "자신을 보여주고 능동적으로 자신의 고유한 인격적 정체성을 드러내는" 활동(HC: 239)이다.

말과 행위는 이러한 유일한 차이성을 드러낸다. 사람은 말과 행위를 통하여 다른 사람과 단순히 다르다는 것을 넘어 능동적으로 다른 사람과 자신을 구분한다. 말과 행위는 인간이 물리적 대상으로서가 아니라 인간으로서 서로에게 자신을 드러내는 양식이다. 단순한 육체적 존재와 구별되는 이러한 '출현'은 창발성에 의존한다. 그러나 이 창발성은 인간이면 누구나 억제할 수 없는 것이다.(HC: 236)

위의 인용에서 아렌트는 한 사람의 존재가 자신이 누구인지를 드러내는 기제는 바로 '말과 행위'라고 한다. 즉, 단순히 육체적 존재가 아니라 한 사람의 인간으로서, 다른 사람과 근원적으로 구분되는 유일한 차이성의 존재로서 자신의 존재를 전달하는 방식이 행위라는 것이다. 이와 같은 유일한 차이성의 존재는 다른 사람들 속에 있음으로써, 또 그들 가운데 그들과는 다른 자기 자신의 말과 행위를 드러냄으로써 자신의 존재를 구별 짓게 된다. 다른 사람들 속에서 그들과는 다른 자기 자신의 존재를 드러내고 자기 자신으로 인정받고 싶은 것은 인간의 존재론적 욕구에 가까운 것으로서 인간이라면 "누구나 억제할 수 없는 것"이다. 이 존재론적 욕구는 남이 정해 준 말이 아니라 나의 말을 하고 싶고, 남이 정해준 틀에 나를 맞춰가는 것보다 나 자신으로 살고 싶고, 남의 판단과 잣대에 맞추기보다 자기의 생각과 판단으로 존재하고 싶은 한 인간으로서의 실존적 욕구이다. 이 때문에 말과 행위를 통해 드러나는 그 사람의 존재는 다른 무엇이 아니라 모든 판단과 잣대 너머에 있는 그 사람이 누구인가 하는 그의 인격, 즉 그 사람의 정체성이라고 할 수 있다. 아렌트에 의하면 "아무개가 어떤 사람인가 하는 그의 속성, 즉 그가 드러내거나 감출 수 있는 그의 특성, 재능, 능력, 결점과는 달리, 아무개가 도대체 누구인가 하는 그의 인격은 그가 말하고 행위를 하는 모든 것을 통해 드러난다."(HC: 240)

이상의 논의로부터, 행위는 다름 아닌 그 사람의 고유한 유일성, 즉

'탄생성을 실현하는 활동'이라 할 수 있다. 행위의 조건이 탄생성이라는 것은 탄생성에 내재한 시작을 실현함으로써 자신이 누구인지를 드러내고 보여주는 활동이 행위라는 것으로 이해할 수 있다. 행위를 탄생성을 실현하는 활동으로서 이해하는 것은, 인간의 자아를 주어진 환경에 순응해 살아가는 존재가 아니라 그 누구와도 다른 그 사람만의 새로운 시작을 할 수 있는 자유의 존재로 보는 것이다. 또한 이것은 인간존재에 대해, 미리 설정된 외적 준거나 규범에 맞추어 만들어지는 존재가 아니라 매 순간 예측 불가능한 자신만의 시작을, 그 누구와도 다른 자신의 말과 행위를 통해 드러내며 우리 가운데 출현해오는 존재로서 이해하는 것이다.

그런데 이처럼 탄생성을 중심으로 행위를 이해할 때, 행위가 가진 급진적인 성격에 내재한 위험성을 포착하게 된다. 왜냐하면 탄생성을 실현하는 활동으로서의 행위는 그 예측 불가능성과 근원적 자유로 인하여 기존의 질서나 관습, 전통과 갈등을 빚을 수밖에 없다. 개인의 자유와 창발성은 종종 반사회적이고 기존질서에 대한 저항의 성격을 지니고 있기에 아무런 제재가 없다면 위험할 수 있다. 또한 김비환[113]이 지적하고 있듯이, 탄생성에 내재한 새로운 시작으로서의 행위는 그 누구에게도 구속되지 않는 근원적인 자유를 의미하기 때문에 자의적인 성격까지 지니고 있다. 이 점에서, 만약 행위가 단지 탄생성의 실현으로만 규정된다면 그것은 주체 중심 철학자들이 말하는 자기표현의 자유와 유사한 것으로서 일종의 반사회적 성격이나 지나친 방임으로 치우칠 수도 있다. 여기에서 아렌트는 행위의 또 다른 조건을 제시한다.

행위의 근본조건은 복수성으로서 인간조건, 즉 보편적 인간(the Man)이 아닌 복수의 인간들(men)이 지구상에 살며 세계에 거주한다는 사실에 상응한다. …… 만약 인간들이란 같은 모델을 무한히 반복하여 재생산할 수 있고, 따라서 그 본성과 본질은 모두 동일하며 다른 사물의 본질처럼 규정 가능한 것이라면, 행위는 불필요한 사치이거나 일반적 행동법칙을 변덕스럽게 간섭하는 것에 지나지 않을 것이다. 어떤 누구도 지금까지 살았고, 현재 살고 있으며, 앞으로 살게 될 다른 누구와도 동일하지 않다는 방식으로만 우리 인간은 동일하다. 이 때문에 복수성은 인간 행위의 조건인 것이다.(HC: 57)

위의 인용에서 아렌트는 행위의 조건이 복수성이라고 한다. 이것은 행위가 고립된 개인의 활동이 아니라 어디까지나 인간들 사이에 이루어지는 활동, 즉 인간들의 관계에 기반한 활동이라는 것을 의미한다. 이것이 서두에서 언급하였던 "사물이나 물질의 매개 없이 인간 사이에 직접 수행되는 유일한 활동"(HC: 57)의 한 가지 의미가 될 것이다. 행위가 탄생성을 지닌 복수의 인간들(men) 사이, 즉 인간들의 관계에 기반해서 이루어지는 활동이라는 것에 대해 두 가지로 생각해 볼 수 있다. 한편으로 만약 인간이 고립되어 혼자 살아가는 존재라면 행위는 불필요할 것이다. 자신의 탄생성을 드러낼 타자가 없다면 자신이 누구인지를 드러내는 일은 불필요하게 된다. 나의 유일성과 고유함이라는 것은 나 혼자 있을 때가 아니라 나와 다른 타인들과의 사이에서만 구분되는 것이기 때문이다. 나를 다른 이들과 구분되는 차이의 존재, 다름의 존재로 만들어주는 것은 타인들 속에 있을 때만 가능하다. 다른 한편으로 다수의 인간이 인간종(human species)으로 존재한다면 자신의 탄생성을 드러내는 행위 역시 불필요할 것이다. 왜냐하면 모두가 동일하기 때문에 동일한 행동 법칙을 따라 살면 될 뿐, 행위를 통해 자신의 유일성과 새로움을 드러낼 이유가 없는 것이다. 그러나 행위가 복수의(plural) 인간관계에서 이루어지는 활동이라는 것은 개인의 탄생성을 실현하는 방식이 타인들 앞에서, 즉 타인들의 현존(the presence of others)을 조건으로 이루어지되, 무엇보다 다른 사람과 구분되는 '내가 누구인가'를 드러내는 것과 관련된다는 것이다. 이것은 행위가 드러나는 장이 복수의 인간으로 구성된 '인간세계'이면서 각 개인의 고유한 인격이 출현하는 공간이라는 것을 의미한다.

행위가 이루어질 수 있는 근본조건으로서 복수성에 내재한 '타인들의 현존' 개념은 인간이 고립되어 살아가는 존재가 아니라 항상 타인들과 더불어 존재할 수밖에 없다는 것을 역설적으로 보여준다. 그뿐만 아니라 새로운 시작이라는 개별적 존재의 유일성과 고유함은 나 혼자 있을 때가 아니라 타인들의 현존이라는 조건 속에서 가능한 것이라는 사실은 아렌트 사유의 독특한 지점이라 할 수 있다. 나의 새로운 시작을 위한 전제조건으로써 타인의 현존이라는 개념은 언뜻 보기에 참으로 역설적이다. 왜냐하면 보통은 타인의 존재는 부담스럽고, 불편하며 나를 드러내는 데 방해가 되는 조건으로 여겨지기 때문이다. 여기에서 타인의 현존이 나를 억압하거나 혹은 내가 적대하는 방식이어서는 행위가 이루어질 수 없다는 것이 드러난다. 따라서 아렌트는 행위가 이루어지기 위한 타인의 현존 방식이 타인과 함께함(with)의 동등한 관계여야지, 일방향적인 자선의 관계(for)나 혹은 적대의 관계(against)여서는 안 된다고 한다. 그때에는 특정 목적을 위한 관계맺음이 이루어질 뿐 자신의 존재를 드러내는 행위의 관계는 이루어질 수 없다. 그럴 때 복수의 인간존재 속에서 새로운 시작이 출현할 수 있다.

그러나 아렌트는 복수의 인간들 간에 행위가 이루어지는 공간이 단지 타인들과의 관계로만 이루어진 것이 아니라고 지적한다. 아렌트는 행위의 영역이 개인의 생활사에 관해 논의하는 영역이 아니라 "공동세계에 관해 논의하는 영역"(HC: 80)이었다는 점을 분명히 한다. 즉 행위는 우리가 함께 살아가는 이 공동세계를 어떻게 보존할 것인가를 함께 논의하는 활동이었다는 것이다. 그리하여 행위는 우리가 살아가는 이 '인공세계'에 관해 공동으로 논의하는 활동으로 그려진다.

> 말과 행위는 그 내용이 오로지 대상적이고 인공세계의 문제에만 관심을 가질 때조차도 주체를 계시하는 능력을 가진다. 물리적으로 사람들 사이에 놓여 있는 이 인공세계에서 사람들은 움직이고, 구체적이고 객관적이며 세상사적인 그들의 관심도 이 인공세계로부터 발생한다. 이 관심은 이 단어의 문자 그대로의 의미에서 존재-사이(inter-est), 즉 사람들 사이에 놓여 있는 어떤 것이며 따라서 사람들을 서로 관련시키고 묶어줄 수 있다. 행위와 말 대부분은 사람들의 집단만큼이나 다양한 이 중간영역과 연관된다. 그래서 말과 행위 대부분은 주체를 계시할 뿐만 아니라 세계의 대상적 실재에 관해 이루어진다.(HC: 243)

위의 인용에서 아렌트는 인공세계가 행위와 어떻게 관련되는지를 설명하고 있다. 인간은 이 인공세계에서 살아가고, 우리의 관심도 인공세계에서 비롯된다. 그래서 말과 행위 대부분은 이 인공세계에 '관해' 이루어진다는 것이다. 인공세계에 '관해' 말과 행위로 자신을 드러낸다는 것은 어떤 뜻일까? 그 세계에 관해 자신이 생각한 것, 그 세계와 자신이 관계 맺은 것으로서의 세계라고 볼 수 있다. 이것은 인공세계의 사물을 그 사용처, 유용성으로 판단하는 것이 아니라 그것에 관해 자신이 맺고 있는 의미와 관련된다. 따라서 공동의 대상에 대하여 저마다의 말과 행위를 통해 대화한다는 것은 세계에 관해 자신이 형성한 의미를 다른 사람과 함께 말하고, 질문하고, 반박하고, 논의하고, 자신을 표현하는 일체의 활동이라 볼 수 있다. 여기서 인공세계가 가지는 중요한 기능이 무엇인지 알 수 있다. 위의 인용에 따르면, 인공세계는 "사람들을 서로 연결하고 묶어준다." 이것은 사람들이 모여서 공동의 인공세계에 '관해' 대화하고 논의할 때 다양한 의미들이 융합되면서 서로 다른 사람들 사이를 이어주는 하나의 공동의 끈과 같은 역할을 한다는 것으로 이해할 수 있다. 생각해보면 우리 자신을 드러내는 말과 행위라는 것은 나 혼자 있을 때는 필요하지 않다. 나를 드러낼 타인이 없기 때문이다. 그렇다고 해서 그 인간들 관계에서 이루어지는 말과 행위는 동물종에서 볼 수 있듯이 동일한 울음소리로 이루어지지 않는다. 만약 우리가 동일한 코드를 따라 획일적인 한 가지 이야기만 한다면 우리의 개별적 존재는 구별되지 않고 하나의 종으로서의 집단만 있을 것이다. 그러나 우리의 말과 행위가 다르다는 것은 우리가 공유하고 있는 이 공동의 세계에 대하여 각 사람이 품는 생각과 이해, 각 사람이 형성한 의미가 다양하다는 것을 의미한다. 이 점에서 각 개인을 구별 짓는 고유하고 유일한 말과 행위는 곧 이 세계의 의미에 대한 각 개인의 다양한 이해와 관계맺음의 방식을 반영하는 것이다.

이렇게 볼 때, 행위의 조건으로서의 복수성은 결국 이 세계의 의미를 논의하는 복수 인간의 관계를 의미하며, 이때 인간의 관계는 인간세계와 인공세계로 이루어진 사이공간으로서의 '공적영역'을 지칭한다는 것을 알 수 있다. 행위가 서로 다른 타인들이 모여서 공동세계에 관한 다양하고 창발적인 논의를 이루는 활동이었다는 것은 다르게 말하면 행위는 '공적영역에서 이루어지는 활동'이었다는 말이다.(HC: 240) 아렌트에 의하면, "행위가 완전히 현상하기 위해 필요한 것은 빛나는 밝음, 즉 공적 영역이다."(HC: 240) 즉 행위는 고립된 상태에서는 가능하지 않고 언제나 타인의 현존을 조건으로 이루어지는 활동인 것이다.

그렇다면, 행위가 공적영역에서 이루어진다는 것은 무엇을 의미하는가? 앞 장에서 고찰하였던 공적영역의 개념을 상기해 볼 때, 공적영역은 말과 행위를 통해 맺어지는 인간관계의 그물망(the web of relationships)을 의미한다.(HC: 242) 인간-사이에 이루어지는 관계의 그물망은 무엇보다 '소통'이 이루어지는 공간이며, 사람 간의 소통에서 비롯된 '공공성'이라는 특징을 지닌다고 하였다.[114] 이렇게 볼 때 행위가 공적영역에서 이루어진다는 것은, 행위가 고립된 개인의 자기표현이 아니라 "복수의 사람들이 서로 협력하며 함께 행위 하기 위해 서로 이야기하는 형태"를 취한다는 것을 드러낸다.[115] 이것은 곧 한 사람의 실존은 나와 다른 타인들과의 관계 속, 즉 사이-공간에 존재하는, 서로 연결된 존재로서의 실존이라는 것을 나타낸다.

또한 우리가 함께 느끼고 지각할 수 있는 공동의 실재는 우리가 연결되어 있는 이 사이-공간에서만 출현한다. 공적영역에서 인간 사이에서 이루어지는 소통이 언제나 공동세계에 관한 것이었다는 것은 그 사이-공간이 단지 동일성에 기반한 대중들이 모인 사회를 의미하는 것이 아니다. 그것은 공동세계에 관한 저마다의 고유하고 창발적인 다양한 의미들이 그물망처럼 연결된 공간 속에서만 공동의 실재가 출현한다는 것을 의미한다. 공동의 세계에 관한 다양한 관점에서의 소통이 중요한 이유는 그 속에서 공동세계에 관한 제3의 실재가 출현할 수 있기 때문이다. 이 제3의 실재는 세계의 실재성으로서 사람들의 다양한 관점의 이야기와 소통 속에서 형성되는 공통의 감각과 비슷한 것이다. 타자와 연결된 속에 있을 때만 우리는 이 세계가 어떠한 곳이라는 공통의 감각 안에 들어갈 수 있다. 이 세계의 실재성은 각각의 사람들을 공동세계에 대한 공통의 감각으로 연결되게 해줄 뿐만 아니라, 그 공동의 기반을 기초로 해서 이 세계에 대한 새로운 관점이 출현하는 것을 가능하게 해준다. 따라서 타인과 연결된 존재로서의 공적영역에서 탄생성을 실현하는 것이 중요한 것은 그럴 때만 우리의 세계가 획일적인 인간종의 집단으로 되지 않을 수 있기 때문이다. 무엇보다 우리의 인공세계는 낡고 오래되어 파멸이 불가피한 운명이기 때문에 이 낡은 세계를 새롭게 지속시킬 수 있는 것은 각 사람의 창발성과 새로움에 기반한 탄생성이 실현될 때에만 가능하다. 그러나 이 탄생성들은 서로 연결되어 소통되지 않는다면 공동의 실재는 형성되지 않을 것이다. 따라서 우리의 공동세계에 대한 실재성 속에서 출현하는 다양하고 새로운 관점들에 의한 소통만이 인공세계를 새롭게 지속할 수 있는 새로운 방안이 될 수 있다. 아렌트적 시각의 독특함은, 공동세계의 구원방안을 뛰어난 한 사람의 철인왕(Man)도 아니고, 또한 동일한 관점의 인간종(human species)도 아닌, 복수의 인간들(men)이 지닌 다양한 관점들이 연결된 관계들의 그물망(the web of relationships)에서 찾았다는 점에 있다. 즉, 개별적 인간의 탄생성을 자의적인 자유나 방임으로 내버려 두지 않고, 공동의 세계를 사이에 두고 나와 다른 타인들 간의 연결된 관계 속에서 새로움이 출현할 수 있도록 한 데서, 탄생성과 복수성의 긴장과 대립을 공적영역을 통해 화해하고자 한 아렌트의 독특한 시각을 엿볼 수 있는 것이다.

탄생성과 복수성의 조건에 관한 이상의 논의를 종합해서 볼 때, 결국 행위는 '탄생성을 공적영역에서 실현하는 활동'이라 할 수 있다. 이와 같은 행위의 개념은 그 자체로 자아와 세계에 관한 아렌트의 독특한 관련 방식을 제안하고 있다. 행위는 탄생성에 내재한 시작을 실현하는 활동이라는 점에서 무엇보다 다른 사람과는 구분되는 그 사람만의 유일한 존재가 출현하는 것에 관심을 둔다. 그러나 아렌트는 한 사람이라는 존재의 출현이 개인이 혼자 있는 사적영역이 아니라, 타인들과 함께 연결되어 있는 공적영역에서 드러날 때 가장 인간다운 양식이 된다고 주장한다. 이것은 세계와 상관없는 개인의 사적 차원의 삶 자체에서 행복을 찾는 노동의 관련 방식, 혹은 고립된 개인이 인공세계를 만드는 데서 자신감과 확신을 얻는 제작의 관련 방식과는 구분된다.

그렇다면 행위에서 제안하는 자아와 세계의 관련 방식은 어떻게 이해될 수 있는가? 이것은 "탁자가 그 둘레에 앉는 사람들 사이에 자리를 잡고 있듯이 사물의 세계도 공동으로 그것을 취하는 사람들 사이에 존재한다"(HC: 105)는 공동탁자의 비유로부터 알 수 있듯이, 내가 인공세계와 맺은 의미의 관계를, 사람들 사이에 말과 행위를 통해 드러내는 것으로 이해할 수 있다. 이와 같은 행위개념으로부터 도출되는 자아와 세계가 관련 맺는 방식은 상당히 독특하다. 무엇보다 행위에서 자아와 세계는 이중적 관계로 이루어진다. 행위개념은 한편으로 자아가 인공세계와 맺는 관계를 전제하고 있다. 왜냐하면 다른 사람들 앞에 내가 누구인지를 드러낸다는 것은 곧 이 세계에 관해 형성한 나의 의미, 즉 나의 세계이해의 관점을 드러내는 것이기 때문이다. 나의 세계이해의 관점은 내가이 세계에 대하여 어떻게 이해하고 있는지, 그것을 통해 내가 형성한 의미는 무엇인지, 나는 그것을 어떻게 해석하고 있는지와 같은, 내가 세계와 관계를 맺은 독특한 방식과 관련된다. 그리하여 이 세계에 대한 나만의 독특하고 고유한 관점을 말과 행위를 통해 드러낼 때, 그것은 다른 사람과는 구분되는 나 자신만의 고유한 세계이해방식으로서, 곧 나 자신의 존재가 출현하는 것이라 할 수 있다.

　다른 한편으로 행위개념은 자아가 타인들과 맺는 관계를 전제하고 있다. 내가 세계와 맺는 관계는 이 세계에 관한 나만의 관점을 획득하는 것으로 끝나는 것이 아니다. 만약 그렇다면 혼자서 공부하고 지식을 습득하는 것으로 충분할 것이다. 내 생각과 판단, 행위를 드러내고 소통할 타인이 없다면 그것은 온전한 것이 될 수 없다. 왜냐하면 내 생각과 태도, 이 세계에 대한 나의 이해가 드러나는 과정에 타인의 현존은 지대한 영향을 미친다. 내 생각이나 태도는 허공에서 저절로 형성되기보다, 다른 사람의 물음이나 대화에 의해 자극을 받음으로써 형성되는 측면이 강하다. 개인의 자발성에 대한 오해 중의 하나는 자발성을 아무런 자극이 없는 상태에서 스스로 할 수 있는 힘으로 생각하는 것이다. 몰렌하우어는 이에 반박한다. 특히 성장 중인 아이에 대해서는 더욱 그러하다. 몰렌하우어에 의하면 "아무런 특정한 내용도 갖지 못한 이성 존재는 이미 규정된 내용을 가진 다른 이성 존재를 통해서 명확한 자극을 받지 않는 이상 자기 자신과 내실 있는 교환을 실행할 수 없다."[116] 이것은 우리 안에 이루어지는 스스로의 생각이나 자발적인 자기활동이 타인이나 사물이 제시하는 자극에 의해 촉발된다는 것을 뜻하며 외부로부터의 이러한 자극이 없다면 내 안의 자발적 활동도 일어날 수 없다는 것을 뜻한다. 따지고 보면 어떤 것에 대한 내 생각은 순전히 나의 생각이라기보다 누군가에게서 들었던 내용, 누군가 했던 말, 누군가 썼던 글이나 표현 등을 통해서 형성된 측면이 많다. 이것은 어떤 사안에 대한 내 생각과 이해는 타인의 자극에 의해 촉발되고 형성되는 측면이 많다는 것을 시사한다. 어떤 주제에 대한 생각 자체도 타인의 물음이나 질문, 만남과 같은 자극에 의해 집중적으로 일어나기 쉬운 것이다.

또한 내 안에서 생각을 하는 것과 그것을 표현하는 것 사이에는 큰 차이가 존재한다. 타인과의 관계가 중요한 공적영역에서는 타인과의 소통을 위한 계기로써 말과 행위가 중요하게 등장한다. 여기서 말과 행위는 타인들 앞에 내가 누구인지를 나타내는 기제가 된다. 그런데 말과 행위로 무엇인가를 표현할 때, 여기에는 이것이 표현해도 괜찮은 내용인지, 혹은 청중에 따라 어떠한 모습과 태도로 드러나야 할지, 이것을 어떠한 말로 표현해야 적절한지 등 타인에 대한 고려가 중요하게 개입한다. 이 때문에 내가 세계와 맺는 관계와 그것을 타인들 앞에 말과 행위로 드러내는 것은 명백히 구분되는 활동인 것이다. 타인들에게 직접 말로 표현해보고 행위를 취함으로써 불분명했던 내 생각이 분명해지는 경우가 많다. 그뿐만 아니라 표현함으로써 나만의 고립된 상태에서 벗어나 타인과 소통할 수 있는 상태, 즉 세계 안에 존재하게 된다. 타인의 현존이 가지는 중요성이 하나 더 있다. 내가 이 세계를 이해하는 관점은 이 세계를 해석하는 한 가지 관점일 뿐이다. 그것을 다른 사람들에게 말로 설명하고, 다른 사람의 견해를 경청하며 논의하는 과정을 통해 나는 이 세계에 대한 또 다른 공동의 이해로 연결될 수 있다. 복수의 사람들이 맺는 관계 속에서 다양한 관점이 출현할 때 나는 나 자신의 한 가지 관점에서 벗어나 이 세계를 바라보고 이해하는 제3의 안목을 얻게 되는 것이다. 이와 같이 소통과 논의를 통해 누구 한 사람의 관점이 아닌 인간 사이의 관점, 즉 공동의 이해에 이르게 될 때 우리는 사이-존재로서 관계의 그물망 속에서 연결될 수 있다. 타인의 현존을 조건으로 하는 행위개념은 무엇보다 인간이 고립된 자아 속에 존재하는 것이 아니라 타인과 연결된 존재라는 것을 확인시켜준다. 이와 같은 행위의 개념에는 근대의 데카르트적인 고립된 자아관에 대한 아렌트의 강한 문제의식이 배여 있다.

그러나 다른 무엇보다 행위가 각 사람의 시작하는 힘과 관련된다는 점에서, 타인들과의 관계 속에서도 그들에게 매몰되거나 혹은 고립되지 않은 방식으로 내가 누구인지 나의 정체성을 드러내고 소통할 수 있는 개인을 키우는 것이 어떻게 가능한가 하는 것이 행위의 관점에서 교육을 생각할 때 중요한 문제로 대두된다. 그렇다면 행위의 관점에서 교육은 어떻게 이해될 수 있는지 살펴보겠다.

V. 한나 아렌트와 「교육의 위기」

이어지는 5장과 6장에서는 지금까지 살펴본 아렌트 사상의 주요 개념을 토대로, 교육에 관한 아렌트의 견해를 살펴보고자 한다. 이것은 구체적으로는 아렌트의 행위개념을 중심으로 「교육의 위기」를 재해석하는 일이 될 것이다. 「교육의 위기」에 드러난 아렌트의 교육적 아이디어가 의미하는 바는 행위의 관점에 비추어 볼 때 보다 온전하게 해석될 수 있다. 이렇게 볼 수 있는 근거는 「교육의 위기」와 『인간의 조건』 간의 밀접한 관련 때문이다. 공교롭게도 「교육의 위기」가 쓰였던 1958년은 『인간의 조건』이 출판되었던 해이기도 하다. 그래서 많은 학자는 「교육의 위기」가 『인간의 조건』과 의미상 긴밀한 관련을 맺고 있다고 본다.[117] 이것은 『인간의 조건』에 드러난 아렌트의 사상을 교육적인 맥락에서 이해하는 데, 혹은 「교육의 위기」에 드러난 아렌트의 교육에 대한 아이디어를 이해하는 데 행위의 개념이 밀접하게 관련되어 있을 가능성을 시사한다. 이하에서는 「교육의 위기」에 드러난 아렌트의 교육에 관한 문제의식과 대안을 행위의 개념에 비추어 해석함으로써 아렌트의 교육사상을 재구성해본다.

1. 「교육의 위기」의 시대적 배경

「교육의 위기」가 쓰일 당시 1958년의 미국은 진보주의의 바람이 한차례 휩쓸고 지나간 직후였다. 전통적이고 엄격한 교과내용 전달 중심의 보수적 교육에 대한 반발로 '아동중심'이라는 기치를 내걸고 등장한 진보주의 교육관은 모든 면에서 보수주의 교육과는 대비되었다. 보수주의 교육과 진보주의 교육 간의 대비를 듀이[118]는 "위로부터의 강요 대 개성의 표현과 신장, 외부로부터의 규율 대 학습자의 자유로운 활동, 교재나 교사로부터의 학습 대 경험을 통한 학습, 반복 훈련에 의한 단편적인 지식과 기술을 습득하는 것 대 직접적인 삶에서 생생한 의미를 지니는 지식과 기술을 습득하는 것, 현재의 삶과는 다소간 멀리 떨어진 미래를 위한 준비 대 현재의 삶 속에 주어진 조건들을 최대한 활용하는 삶을 위한 것, 고정되고 불변하는 목적과 교육내용을 학습하는 것 대 변화하는 세상 속에서의 삶을 아는 것" 등으로 묘사했다. 오늘날 학습중심사상의 모태가 된 아동중심사상을 기치로 내걸고 아이들의 흥미와 관심을 끌 수 있는 활동중심의 수업을 주축으로 삼던 진보주의 교육은 큰 관심을 받으며 화려하게 등장했으나, 1957년 소련의 스푸트니크호 발사로 상황은 반전된다. 냉전체제였던 당시 소련이 먼저 인공위성을 발사해 미국이 자존심에 큰 타격을 입은 것이다. 온 국민이 충격을 받은 상황에서 미국정부가 가장 먼저 눈을 돌린 곳은 교육이었다. 소련이 먼저 인공위성을 쏘아 올릴 동안 우리는 무엇을 하고 있었는가 하는 자성이 일어나면서 당시 진보주의 교육 하에서 활동과 놀이 위주로 수업이 이루어지며 초래된 학력 저하가 심각한 사회적 이슈로 부상한다. 아렌트가 인용하고 있는 "조니(Johnny)가 왜 글을 읽지 못하는가?"와 같은 사설 제목만 보아도 당시의 학력 저하를 비판하는 사회적 분위기를 짐작할 수 있다. 이 비판들로 인해 교육은 다시금 가장 엄격한 학문중심 교육과정이라는 보수주의 교육으로 회귀하게 되었으며, 「교육의 위기」는 이와 같은 상황에서 쓰인 글이다.

당시 미국이 겪은 일련의 교육 위기 상황은 오늘날 우리나라가 겪는 상황과 매우 흡사한 면이 있다. 우리나라도 전통적으로 이루어지던 주입식, 입시 위주의 교과전달식 수업에 대한 비판이 많이 제기되었으며, 이에 대한 반동으로 학습주의나 학습중심이라는 기치를 걸고 이루어진 일련의 교육개혁이 큰 반향을 일으켰다. 특히 학습중심, 배움중심을 내걸고 이루어지는 혁신학교들이 학생들로부터 신선한 반향을 불러일으키며 환영을 받았다. 그러나 요즘은 중학교, 고등학교로 올라갈수록 혁신학교가 들어선다고 하는 지역에서 '학력 저하'를 문제 삼아 주민들이 극심하게 반대하는 상황을 심심찮게 목격할 수 있다. 또한 정권이 바뀔 때마다 수월성과 경쟁력 제고를 앞세우며 특목고, 자사고를 적극적으로 내세우는 정권이 있는가 하면, 그와 반대로 특목고, 자사고는 폐지되어야 할 것으로 바뀌고 혁신학교나 일반학교 전환과 같은 평준화 위주의 정책을 적극적으로 내세우는 정권이 있다. 무엇이 옳고 그르냐를 떠나서 아무런 철학 없이 정반대의 정책과 노선의 양극단을 왔다 갔다 하는 동안 가장 피해를 보는 것은 우리 학생들이라는 생각에 안타까움을 금할 수가 없다.

　말하자면, 아렌트도 당시 진보주의와 보수주의의 양극단을 왔다 갔다 하며 교육이 더욱 황폐화되던 상황을 목격했다 할 수 있다. 이때 아렌트가 물었던 질문과 그에 대한 대답을 모색하는 과정은 오늘날 유사한 상황을 되풀이하고 있는 우리에게 하나의 훌륭한 참조사례가 될 것으로 보인다. 아렌트는 당시 진보주의가 초래한 위기를 향해서 교육의 파멸적 조치라고 비판하면서, 진보주의가 가정하고 있는 세 가지 전제를 비판적으로 검토한다.(CE: 245) 그 세 가지 전제는 첫째, '아동중심'의 이면에 전제되어 있는 '아이들에게는 아이들만의 자율적인 세계와 사회가 있다'는 것이다. 이때 아이들에게 무엇을 하라 혹은 하지 말라고 지시하는 권위는 제거된다. 어른은 단지 "아이가 원하는 것을 하라고 말할 수밖에 없고" 아이 앞에 무력하게 서 있을 뿐이다. 둘째는 교수법 중심의 교사관에 대한 비판이다. 진보주의 교육에서 교사는 아이들이 지루해하지 않도록 수업을 재미있게 하는 것에 강조점을 둔다. 이와 같은 교사관에서는 교수법이나 학습법 등의 수업하는 기술이나 방법에 초점이 맞추어진다. 이것은 자신이 가르치는 과목에 정통한 교사를 길러내기보다는 단지 주어진 수업 시간을 재미있게 잘 보내는 '방법'에만 초점을 두는 교사를 길러내기 쉽다. 아렌트는 이것이 "사실상 학생들이 스스로 알아서 공부하도록 남겨진다는 의미일 뿐만 아니라, 교사가 학생들보다 더 많이 알고 더 많은 일을 할 수 있는 사람으로서 갖는 권위의 가장 정당한 원천이 더는 효과적이지 않다는 의미"라고 한다.(CE: 246) 셋째, learning by doing이라는 실용주의의 표어는 학습을 실천으로 공부를 놀이로 대체시켰다. 이 표어 하에서 학교는 놀이와 공부의 구분을 없애고, 아이가 어른의 세계에 진입하기 위한 준비에 노력을 들이는 것은 아이들의 자율성을 위해 포기되었다.(CE: 268) 당시 진보주의가 표방하던 놀이와 활동 위주의 수업은 활동으로 대체될 수 없는 학습의 측면을 제거하고, 자연히 학습의 내용이나 수준을 활동으로 이루어질 수 있는 것으로만 대체하는 경향을 낳았다.

　이 세 가지 조치는 교육의 본질을 심각하게 훼손하는 파멸적 조치에 해당한다고 하는 아렌트의 비판을 상기하면, 아렌트는 매우 보수주의적으로 보일 수도 있다. 그러나 아렌트가 제기한 비판의 요지는 오히려 그 다음에 이루어지는 보수주의로의 회귀에 있다. 진보주의에 대한 반발로 이루어진 당시의 교육개혁이 취했던 일련의 조치들이 결국은 보수주의로의 원상회복에 불과하다는 것이다.

현재 미국 교육의 위기는 이러한 기본 가정의 파괴성을 인식하고 교육체계 전체를 개혁하려는 절박한 시도, 즉 교육체계를 전면적으로 변혁하려는 시도로부터 초래된다. 이 과정에서 실제로 시도되고 있는 것-자연과학 분야와 기술 분야의 훈련을 위한 엄청난 시설 확충 계획을 제외하면-은 오직 **원상회복**이다. 여기서 교육은 다시금 권위와 손을 잡는다. 교과시간에는 놀이가 금지되고, 다시 한번 진지한 학습이 진행된다. 강조점은 교과과정 밖의 기술에서 교과과정이 정한 지식의 습득으로 옮겨갈 것이다. 끝으로 교사를 위한 현재의 교과과정을 변형하여 교사들 자체도 아이들을 가르치기에 앞서 무엇인가를 배워야 한다는 이야기까지 나온다.(CE: 249)

위의 인용을 보면 당시 미국의 교육 위기가 진보주의에 대한 반발로 이루어진 보수주의로의 회귀와도 관련 있다는 것을 알 수 있다. 겉으로는 교육개혁의 조치로 이루어진 내용이지만 사실은, 교육이 다시 권위적으로 되고, 놀이 대신 진지학습이 강조되고, 교과과정만 가르치는 것을 강조하고, 그것이 전달하는 내용 지식의 습득에 초점을 두며, 교사들의 요건도 무엇인가를 많이 아는 사람으로 바뀌는 등 진보주의에 대한 반발로 이루어진 원상 복귀에 불과하다는 것이다. 부작용이 드러난다면 다시 진보주의로 회귀할 것이고, 이렇게 두 사조의 양극단을 왔다 갔다 하면서 결국 교육은 더욱 황폐화될 수밖에 없다.

진보주의와 보수주의 교육에 대한 아렌트의 비판을 자세히 살펴보면, 진보주의 교육은 아이들을 아이들만의 세계에 남겨둠으로써 이 세계와 단절시킨 것에 대한 문제의식이 깔린 것을 알 수 있다. 이 과정에서 교사로서의 권위는 상실되고, 아이들은 세계로 진입하지 못하고 아이들만의 세계에 머무르게 된다는 것이다. 반면에 보수주의 교육에 대한 비판은 교육이 권위주의적으로 되면서 어른들이 정해놓은 교과과정에 아이들을 끼워 맞추는 것에 대한 문제의식이 배여 있다. 즉 엄격한 교과과정의 지식을 일방적으로 부과하는 것에만 초점이 맞추어져 있을 뿐 여기에 아이들의 참여나 다양성이 개입될 여지를 남겨놓지 않는 것이다. 두 사조 모두에 대한 공통적 비판은 양자 모두 교육의 본질을 놓치고 있다는 것이다. 이 상황에서 아렌트는 우리가 물어야 할 질문은 교육의 본질은 무엇인가, 즉 교육은 무엇을 위해 있는 것인가와 오늘날 교육의 위기가 초래된 궁극원인이 어디에 있는가라고 한다. 이 질문에 대해 아렌트는 그 유명한 "교육의 본질은 탄생성(natality)"이라는 선언을 한다.(CE: 237) 교육은 다른 무엇이 아니라 이 세계 속에 새로 오는 자들이 진정으로 탄생적인 존재가 될 수 있도록 하는 데 있다는 것이다. 그리고 이 과업을 위해 문명사에서 교육이 짊어진 책임이 무엇인지를 살펴보고, 오늘날 교육의 위기의 진정한 원인이 무엇인지, 이 위기를 극복하기 위해 우리는 교육에서 무엇을 해야 하는지를 탐색하고 있다.

2. 인간존재의 두 가지 차원과 어른 세대의 두 책임

아렌트는 교육의 본질이 탄생성에 있다고 하면서, 이 탄생성이 무엇인지를 탐색하기 위해 먼저 인간존재의 두 가지 차원을 말한다. 아렌트에 의하면 인간존재는 두 가지 차원을 가지는데 하나는 '생명' 차원에서 생성중인(becoming) 존재이며, 다른 하나는 '세계' 차원에서 새로운 존재(newcomer)이다. 먼저 '생명' 차원에서 생성중인 존재를 살펴보자. 태어난 사람은 누구나 생명을 가지게 된다. 새로 태어난 사람은 하나의 생명을 부여받은 존재로서, 그 생명의 존재는 계속해서 자라난다는 특징이 있다. 그래서 이를 "생성과정 속에 있고 한 사람으로 되어가는 존재"라고 표현한다.(CE: 250) 이 생명의 차원은 다른 동물과 공유하는 차원으로서, 인간이나 동물이나 일단 태어난 생명은 잘 먹고 잘 자고 안전하게 보호받으면 계속해서 자라난다는 특징이 있다. 새로 태어난 새끼 고양이도 잘 먹고 잘 자면 그대로 자라서 어른 고양이가 될 것이다. 마찬가지로 이 세상에 태어난 아기도 잘 먹이고 잘 재우고 잘 보살펴주면 그대로 자라서 어른이 될 것이다.

그러나 그러한 생명의 차원이 인간존재의 전부는 아니다. 아렌트는 인간에게는 다른 동물과 구분되는 또 하나의 차원이 있는데 이를 세계의 차원과 맺는 관계로 설명한다. 인간은 단지 먹고 자고 자신의 생명을 유지하는 차원으로만 존재하지 않고, 이 세계와 관계를 맺는 존재이기도 하다. 아렌트는 세계와 관계 맺을 때 비로소 인간은 '새로운 존재'(newcomer)로 출현한다고 설명한다. 새롭다는 것은 기존의 낡음, 익숙함에 낯선 무엇인가가 들어선 것이다. 새로온 자로서의 인간은 자신보다 먼저 있던 기존 세계의 오래됨, 낡음과 대비된다. 아렌트에 의하면, "아이는 자신보다 먼저 존재하고 있고 그의 죽음 이후에도 계속 존재할 세계에 대해서만 새로운 존재"이다.(CE: 250) 아이는 이 세계에서 자신의 인생을 보내게 될 것이다. 이 세계가 어떤 곳인지를 배움으로써 아이는 생명의 차원에서 더 나아가 세계와 관계를 맺는 세계적 존재가 된다. 아렌트는 세계의 차원이 다른 종과 구분되는, 인간만의 고유한 차원이라고 한다. 즉 세계와 관계 맺음으로써 다른 사람과 구분되는 고유한 인간존재가 되는 것이다.

인간의 두 가지 차원은 앞서 살펴보았던 노동과 제작, 행위에 상응하는 측면이 있다. '생명'으로서의 차원은 노동의 큰 특징이다. 아렌트에 의하면 노동의 조건은 생명(life) 자체로서(HC: 55), 생명유지를 위해 먹고 사는 활동과 관계된다. 자신의 생명을 유지하기 위한 생계유지의 활동이 가장 대표적이지만 생명 자체, 즉 먹고사는 것을 비롯한 기초적인 욕구충족을 목적으로 하는 모든 활동이 다 노동이라 할 수 있다. 이와 같은 노동의 가장 큰 특징은 무세계성으로서, 이 세계와 연결되지 못한 자기 자신을 위한 삶의 차원이라 할 수 있다. 아렌트에 의하면 노동활동 자체는 "오로지 생명과 생명의 유지에만 집착하며 그래서 무세계성에 이를 정도로 세계를 망각해 버린다."(HC: 174) 노동이 가지는 생명의 차원은 인간의 가장 기본적이고 필연적인 차원이지만, 인간은 이 차원에 머물지 않고 세계를 만들고 타인들과 함께 대화함으로써 세계를 공유하는 삶을 살아간다. 여기서 세계의 차원은 사물을 만드는 제작 활동, 혹은 더 나아가 사물 세계의 의미에 대해 인간들의 관계망에 참여하여 대화하는 행위와 관계된다. 아렌트는 세계와 관계를 맺고 그 세계 속에 자신이 누구인지를 드러내는 행위를 가장 인간다운 활동 양식이라고 설명한 바 있다. 인간존재에 대한 설명에서 세계의 차원은 인간이 고립된 존재(Man)도 아니고 인간종으로서의 존재(human species)도 아닌, 이 세계에 대한 자신만의 고유한 관점을 지닌 개인들이 서로 연결되어 있는 존재(the web of relationships)라는 것을 드러내어 준다. 말하자면 생명과 세계, 이 두 차원은 어느 하나만으로 완전하지 않고, 이 둘이 필수적으로 함께 공존할 때 온전한 인간존재로 자라갈 수 있다.

이상과 같은 인간존재의 두 가지 차원 때문에, 어른 세대는 아이들에 대해 두 가지 책임을 맡게 된다. 하나는 아이의 생명이 안전하게 자라갈 수 있도록 보호해줄 책임이다. 전통적으로 생명에 대한 책임은 가정이라는 사적영역에서 담당했다. 즉 가정은 아이들이 잘 자라갈 수 있도록 경제적 활동을 통해 먹고사는 일을 책임지고, 바깥의 위협으로부터 아이의 생명을 안전하게 보호할 책임을 지녔다. 다른 하나는 아이들을 세계 속으로 안내할 책임이다. 세계 속으로 안내됨으로써 아이들은 자신의 고립된 자아로부터 빠져나와 이 세계가 어떠한 곳인지를 알고, 이 세계에서 함께 살아가는 타인들에 연결된 존재가 될 수 있다. 그런데 아이들을 세계 속으로 안내하기 위해서는 세계가 지속되어야 한다. 새로 태어난 아이들이 이 세계 속에서 살아가기 위해서는 어른 세대에게 세계를 보다 가치 있고 아름다운 곳으로 존속해서 새로운 세대에게 안내할 책임이 있는 것이다. 이 세계에 대한 책임은 전통적으로 공적영역과 관련된 책임이었다. 즉 우리가 함께 살아가는 이 공동의 세계를 어떻게 새롭게 만들어가야 할지를 논의하던 곳이 공적영역이었다. 아이의 생명에 대한 책임과 이 세계에 대한 책임, 이 두 가지 책임은 어른 세대가 새로운 세대를 위해서 담당해야 할 교육적 책임이라고 할 수 있다.

그런데 어른 세대가 담당한 아이들의 생명에 대한 책임과 세계에 대한 책임은 서로 상충한다는 데 문제가 있다. 여기에서 교육의 어려움이 생긴다. 아이들이 안전하게 자라가기 위해서는 아이들은 "이 세계로부터 파괴적인 일을 당하지 않도록 특별한 보호와 보살핌을 받아야 한다."(CE: 250) 교육의 본질이 아이들의 탄생성 보호에 있다는 점에서도 알 수 있듯이, 아이들 각자가 지닌 고유함, 다른 누구와도 비교되거나 억압되어서는 안 되는 아이들의 탄생성이 파괴되지 않도록 보호하는 것, 이것이 어른 세대에 주어진 일차적 책임이다. 아이들에게 너무 일찍부터 세계를 부과하거나 아이들이 너무 일찍부터 타인의 잣대나 시선에 노출되면 아이들이 본래 가지고 태어난 고유함이나 새로움은 파괴될 위험이 있다. 외부의 규율이나 주어진 명령에 그대로 따르도록 강요하고, 스스로 무엇인가 시작할 수 있는 자유를 빼앗는다면 그들의 탄생성은 억압될 수밖에 없다. 이 때문에 자라나는 아이들은 개인의 내면적 단단함이 형성될 때까지는 어느 정도 공적 시선에서 차단되어 사적영역에서 안전하게 보호될 필요가 있다. 사적영역의 안전한 보호는 탄생성이 파괴되지 않기 위해 필요한 조건이다.

아렌트는 생명이 안전하게 잘 자라가기 위해서는 "어둠의 안전"이 필요하다고 한다.(CE: 251) 여기서 어둠의 안전이란 사적영역에 대한 비유로서, 타인의 시선이 작동하는 공적영역의 '찬란한 광채'와 대비되는 특징을 나타낸다. 모든 살아있는 것이 성장하기 위해서는 어둠의 안전이 필요하다. 바깥세상의 물리적인 위협뿐만 아니라 다른 사람의 시선이나 판단, 잣대에 좌우되지 않고 그것으로부터 차단되어 안전하고 편안한 환경에서 자랄 때에만 아이의 고유한 생명의 성장이 온전히 이루어질 수 있는 조건이 된다는 것이다. 유명 부모나 공인들의 자녀들이 공적 시선과 잣대를 견디어 낼 만한 내적인 견고함을 형성하기도 전에, 어려서부터 너무 일찍 공적 시선에 노출되어 심리적으로나 정신적으로 위축되고 불안정한 상태에 이르는 안타까운 상황을 자주 목격하게 된다. 여기에 자아파괴의 위험성이 있다. 이 때문에 아이들의 탄생성이 파괴되지 않도록 하기 위한 조건으로 사적영역의 보호망을 요청한다.

그러나 다른 한편으로 아렌트는 이 세계 역시도 "새로운 세대가 매번 쏟아내는 습격으로부터 황폐화하고 파괴되지 않도록 자신을 지켜야 한다"(CE: 251)라고 지적한다. 아이들은 세계로 안내되어야 세계적 존재로 자라갈 수 있다. 이 세계는 아이들이 태어나 생을 보낼 거주지가 된다고 할 수 있다. 거주지는 집과 같은 곳으로서, 아이들이 살아갈 또 하나의 삶의 조건이 된다는 의미이다. 거주지가 위험하고 조악한 곳이라면 그곳에서 살아갈 아이들이 안전하게 자라날 수 없다. 그 때문에 아이들이 관계 맺을 이 세계는 살만한 곳으로 항상 새롭게 지속하고 보존되어야 한다. 이 세계를 새롭게 할 수 있는 것은 새로 오는 세대의 새로움뿐이라고 한다. 그러나 새내기들에게 세계는 낡고 오래된 것일 뿐이어서 외면되고, 쉽게 관심을 받지 못한다. 그뿐만 아니라 새내기들은 세계를 소중히 여기는 마음 없이 쉽사리 세계를 비판하고 파괴하기도 한다. 새내기들의 무관심 속에 세계는 소멸의 운명을 맞기도 한다. 비단 새로운 세대의 공격을 받지 않더라도 세계 자체의 오래되고 낡은 속성 때문에 관심을 기울이고 새롭게 혁신하지 않는다면 세계는 그대로 허물어지고 말 것이다. 여기에 세계파괴의 위험성이 있다. 낯선 세계에 흥미를 보이지 않는 새내기들의 관심을 끌기 위해 교사는 세계를 소개하는 일을 멈추거나, 그것을 아이들의 흥미 수준으로 왜곡하거나 변형, 축소해 가르치고 싶은 유혹을 느끼기도 한다. 그러나 이 세계를 다음 세대들이 거주할 만한 곳으로 보존하기 위해서 교사들은 세계를 있는 그대로 아이들에게 소개해서 아이들이 세계와 관계를 맺고, 세계가 어떠한 곳인지 알아가도록 해야 한다. 이를 통해 세계를 잘 알지 못하는 새내기들의 공격과 습격으로부터 세계가 황폐화하고 파괴되지 않도록 그것을 새롭게 보존해야 할 책임이 따르는 것이다.

이와 같은 교육의 어려움을 아렌트는 "세계에 대항하는 아이[119](the child against the world), 아이에 대항하는 세계(the world against the child), 낡은 것에 대항하는 새것(the new against the old), 새것에 대항하는 낡은 것(the old against the new)"(CE: 257)이라는 구절로 표현하고 있다. 여기서 아렌트가 지적한 아이에 대한 책임과 세계에 대한 책임 간에 상충하는 지점은 교육의 어려움이 발생하는 지점, 즉 몰렌하우어가 지적한 교육의 아포리아라고 할 수 있다. 그런데 아렌트가 진술하는 교육의 아포리아는 몰렌하우어가 지적한 교육의 아포리아보다 더 세밀하다고 할 수 있다. 아렌트가 말하는 교육의 아포리아는 크게 두 차원으로 구분해서 생각해 볼 수 있다. 한편으로는 아이의 탄생성이 지닌 새로움과 세계의 낡음 사이에서 생기는 어려움이다. 그 무엇으로도 규정할 수 없는 아이의 '탄생성'은 오직 새로움으로만 특징 지워질 수 있다. 아이의 탄생은 이 세계 속에 전에 없던 새로운 존재가 출현했다는 것을 알려준다. 기성 세계 속으로 들어오면서 그 아이가 가지고 오는 것은 새로움이라 할 수 있다. 탄생의 존재로서 그 아이가 매 삶의 순간 자신이 일으킬 새로운 시작 또한 이 세계 속에 새로운 변화를 가져온다. 그러나 아이는 온전히 자신의 새로움만으로 살아갈 수 없다. 아이가 탄생한 곳은 기성 세계 속이다. 이 세계 안에 탄생한 이상, 그 아이는 자신이 태어나기 전부터 존재해온, 낡고 오래된 세계가 어떤 곳인지를 배워야 한다. 아이는 세계 속에 태어난 이상 기성 세계의 질서와 규칙, 언어, 문화를 받아들이고 적응해야만 한다. 그것을 가르쳐줄 사람들도 자신보다 이 세계에 먼저 온 사람들이다. 교육은 어떤 의미에서 새로움이 낡음에 적응하는 것 또는 새로움이 낡음에게 배우는 것이며, 여기에 새로움과 낡음 사이의 역설이 있다.

다른 한편으로 생명에 대한 보호를 담당한 사적영역과 세계에 대한 책임을 담당한 공적영역 간의 긴장과 어려움을 지적할 수 있다. 아이가 안전하게 성장하고 아이의 고유한 생명이 훼손되지 않으려면 아이는 사적영역의 안전한 테두리 안에서 이 세계로부터 감추어지고 보호되어야 한다. 바깥의 시선과 잣대, 위협으로부터 차단되어 안전한 테두리 안에서 보호될 때 아이는 타고난 고유한 순수성을 보존하고 잘 자라갈 수 있다. 그래서 아이의 성장을 위해서는 바깥의 시선으로부터 차단된 어둠이 필요하다. 그러나 다른 한편으로 아이는 세계 속으로 안내되어야 하며, 공적영역의 찬란한 빛 가운데로 인도되어야 한다. 나 혼자만의 고립된 자아로부터 탈출한다는 것은 타인의 시선 가운데로 노출된다는 것을 의미한다. 아이는 사적영역에서처럼 내가 하고 싶은 대로만 하면서 살 수 없고, 이 세계 속에서 타인과 함께 살아가야 하기에 세계 속으로 인도되어야 한다. 이것은 사적영역의 안전한 보호망에서 나와 타인과의 관계 가운데서 살아가는 법을 배워야 하며, 그 속에서 일종의 저항과 마찰을 경험하면서 타인과 자신의 사이를 조율하는 법을 배워야 한다는 것을 의미한다. 이 과정은 한 사람의 성숙한 인간이 되는 과정이지만 필연적으로 아이의 순수함과 고유함이 훼손된다. 여기에 사적영역과 공적영역 간의 긴장이 있다.

이러한 긴장은 교육에 필연적으로 수반될 수밖에 없는 어려움이라 할 수 있다. 그러나 긴장이 발생하는 지점은 동시에 교육이 발생하는 본질적 지점이기도 하다. 여기에 교육의 책임이 있는 것이다. 만약 교육의 긴장과 어려움이 요청되는 이 지점을 회피한다면 우리는 자아파괴나 세계파괴, 어느 한쪽으로 치우칠 수밖에 없을 것이다. 여기에 양자를 매개하는 교육의 책임이 요청된다.

아렌트가 보기에 근대 이후 교육의 위기는 교육의 아포리아가 발생하는 이 지점의 경계가 무너진 것과 관련되어 있으며, 이는 크게 보면 근대의 위기와 연결되어 있다. 이것은 무엇을 의미하는가? 근대는 보편적 질서와 진리의 담지자로서 이 세계에 대한 신뢰가 무너지고, 세계로부터 자아로 중심축이 옮겨간 시대라 할 수 있다. 전통적으로 유지되어왔던 위계와 구분이 무너지면서 초래된 근대의 변화는 우리 삶의 전 영역에 걸쳐 계급의 철폐, 노동의 해방, 여성의 해방, 국민경제의 부상과 같은 큰 변화를 가져왔다. 아마도 이 모든 변화의 근저에 작동하는 가장 근본적인 변화는, 사적영역과 공적영역의 구분이 무너진 것이라 할 수 있다. 사적영역에서 감추어지고 보호되어야 할 것에 대한 목소리와 권리, 해방을 주장하면서 불가피하게 공적인 수면으로 드러나게 된 것이다. 아렌트는 사적영역과 공적영역의 구분이 무너지면서 내 것과 공동의 것, 감추어져야 할 것과 드러나야 할 것 간의 구분이 없어지고 사적영역이 공적영역에까지 전면적으로 확대된 것을 근대의 중대한 위기로 지목한다. 아렌트 당시 교육의 위기로 지목되었던 진보주의가 초래한 난점들은 이러한 맥락에서 이해될 수 있다.

좋은 삶의 준거가 우리가 공유하는 이 세계로부터 개인의 자아로 이동하면서 가장 두드러지게 부각한 특징은 개개인의 삶 자체, 생명 유지 자체를 최고선으로 간주하게 된 것이다. 이 때문에 이전 시대와는 대조적으로 "현세적 생활과 그것의 보전, 그리고 풍족함과 관련된 모든 활동을 사생활의 은폐된 공간으로부터 해방하고, 공적 세계의 빛에 노출"하게 된다.(CE: 253) 이러한 근대 이후의 위기가 교육의 영역에서는 어떻게 드러나는가? 이것은 아이들의 흥미와 복지를 실현하는 것을 교육의 최고선으로 삼는 경향으로 이어진다. 진보주의 교육은 아이들의 복지를 교육의 최고 목적으로 삼아 아이들이 좋아하고, 할 수 있는 것 위주로 교육과정을 재편하고 '아이들의 세계'를 모토로 모든 것을 아이들의 자율적인 판단과 선택에 맡기고자 한 시도라고 할 수 있다. 이러한 변화는 세계의 붕괴로 인해 필연적으로 수반될 수밖에 없는 세계에 대한 존경의 상실, 그리고 세계에 대한 책임을 진 자의 권위 상실이라는 조건 속에서 더욱 가속화되었다고 볼 수 있다.

　　근대 세계의 교육문제는 교육이 본질적으로 권위나 전통을 무시할 수 없
는 반면 권위에 의해 구조화되지도 않고, 전통으로 함께 묶이지도 않는 세계
속에서 진행되어야 한다는 사실에 있다. 그러나 이것은 교사와 교육자뿐만
아니라 우리 모두 이 하나의 세계에서 아이들, 그리고 젊은이들과 함께 살아
가는 한, 그들에게 우리가 서로에게 취하는 태도와는 질적으로 다른 태도를
보여야 한다는 것을 뜻한다. 우리는 교육의 영역을 다른 영역, 무엇보다도 공
적, 정치적 삶의 영역에서 확실하게 떼어내야 한다. 그것은 교육의 영역에는
적합하지만 일반적 타당성은 없고, 성인의 세계에 대해 일반적 타당성을 요구
해서는 안 되는 권위의 개념과 과거에 대한 태도만을 교육의 영역에 적용하
기 위해서이다.(CE: 261)

　　인용에 따르면, 근대 이후 교육의 어려움은 세계를 가르치는 일이 세
계에 대한 존경과 그 세계를 맡은 자의 권위 속에서만 이루어질 수 있는
일인 반면에, 우리가 아이들에게 가르쳐야 할 세계는 이제 더는 진리의
담지자로서, 혹은 좋은 삶의 보편적 준거로 작동하지 않는다는 데에 있
다. 즉 전통이나 권위가 더는 작동하지 않는 조건 속에서도 여전히 세계
를 안내하는 일을 지속해야 하기에 교육이 어려움을 겪게 된 것이다. 교
육에서 권위는 개개인의 카리스마와 관련된 것이라기보다는 세계를 책
임지는 태도에서 비롯한다. 따라서 교육에서 권위의 상실은 "자신의 권
위에 의지할 수 있기에 모든 강제적인 방식의 동원을 원하지 않는 비권
위주의적인 교사는 이제 더 존재할 수 없게 된"(CE: 246) 것을 보여준다.
보수주의 교육관에서 자주 보이는 강제적이고 엄격한 방식을 동원하는

권위주의적인 교사들의 등장은, 어쩌면 그런 인위적인 방식을 동원할 필요가 없는 진정한 교육자의 권위를 상실했기 때문에 빚어지는 현상일지도 모른다. 이와 반대로 모든 권위를 포기한 어른 세대의 태도는 아이에 대한 책임을 거부하는 것으로 나타난다. 예를 들어, 부모가 다음과 같이 말하는 경우를 생각해보자. "이 세상에서 우리는 집에서조차 별로 안전하지 못해. 어떻게 살지, 무엇을 알아야 할지, 또 어떤 기술을 익혀야 할지, 이런 문제들은 우리에게도 여전히 수수께끼란다. 넌 성공하기 위해 네가 할 수 있는 최대한의 노력을 기울여야 해. 하지만 네게는 어떤 경우에도 우리에게 책임을 추궁할 권리가 없어. 우린 아무 잘못도 없단다. 그저 네게서 손을 떼는 것뿐이니까."(CE: 257) 이 경우 아무도 이 부모가 아이를 존중하고 위하는 부모라고 생각하지 않을 것이다. 권위의 상실은 이 세계를 더는 책임지지 않겠다는 태도를 정당화하며, 이는 어른이 제거된 세상에 아이 혼자 내버려 두는 것과 유사하다. 이 때문에 아렌트는 "세계에 대한 공동의 책임을 거부하는 사람이라면 누구든 아이를 갖지 말아야 하며, 그들에게 교육의 역할을 맡겨서도 안 된다"(CE: 254)라고 말한다.

그렇다면 이와 같은 근대의 위기 속에 교육의 역할은 어떻게 다시 회복될 수 있을까? 더이상 세계에 대한 확실성을 말할 수 없고 세계에 대한 권위도 작동하지 않는 지금, 좋은 삶의 준거가 개개인의 삶 자체로 이동한 지금, 교육의 역할은 무엇일까?

3. 매개영역으로서의 학교

서로 상충하는 교육의 책임 속에서, 교사는 어떠한 존재가 되어야 할까? 아렌트는 교육의 어려움과 근대교육의 위기를 지적하면서, 이에 대한 대안을 학교와 교사의 매개자 역할에서 찾고 있다. 아렌트는 학교를 "사적영역과 공적세계 사이에 걸쳐놓은 매개기관"(CE: 254)으로 이해할 것을 주장한다. 여기서 '매개한다'는 것은 어떻게 이해할 수 있을까?

> 　우리의 희망은 언제나 각 세대가 가져오는 새로운 것에 달려 있다. 그러나 우리가 희망을 오직 새로운 것에만 두고 있다는 이유로 **새로운 것을 통제하고 우리, 즉 헌 것이 새것은 어떠해야 한다고 규정한다면 우리는 모든 것을 파괴하게 된다.** 모든 아이가 지닌 새롭고 혁신적인 것을 위해서라면 교육은 보수주의적일 필요가 있다. **교육은 이 아이가 답지한 새로움을 보전해 새로운 것으로서 낡은 세계에 소개해야 한다.** 세계는 그 행위가 얼마나 혁신적인가와 관계없이, 차세대의 관점에서 볼 때는 언제나 낡아빠지고 파괴 일보 직전에 놓여있기 때문이다.(CE: 259)

　아렌트는 교육의 본질을 탄생성에 있다고 하면서, 우리의 희망은 아이들이 가지고 올 새로움에 달려 있다고 한다. 이 새로움을 보호하고 지키기 위해서라면 교육은 보수적일 필요가 있다고 한다. 그러나 아렌트가 말하는 보수는 기존의 보수주의와는 다르다. 기존의 보수주의 교육관에서의 가르침은 세계를 일방적으로 전달함으로써 아이들의 고유함과 새로움을 억압한다는 비판을 받아왔다. 즉 헌 세대가 낡은 세계를 전달함으로써 새로운 것을 통제, 규정하는 방식이었다는 것이다. 이와 같은 방식은 종국에는 "모든 것을 파괴하게 된다." 이와 같은 보수주의는 낡은 세계를 새롭게 혁신하지 못할뿐더러, 헌 것이 새것을 규정하는 방식으로 교육이 이루어짐으로써 종국에는 아이들의 새로움도 파괴한다는 것이다. 그러나 아렌트가 말하는 새로움을 보호하기 위한 보수는 헌 것이 새것을 규정하는 것이 아니라 "아이가 담지한 새로움을 보전하는" 방식, 그리하여 "그 새로운 것으로서 낡은 세계에 소개하는" 방식을 취한다. 이것은 아이들의 새로움에 방점을 두는 것으로서, 아이들의 새로운 눈으로 세계를 재해석하고 새로움에 의해 낡은 세계를 새롭게 혁신해갈 희망을 말하는 것으로 볼 수 있다.

그러나 이와 같은 아렌트의 제안은 아이들의 새로움, 즉 아이들의 탄생성에 강조점을 두는 것이기는 하지만, 아동중심을 주장했던 진보주의 교육관과는 구분된다.

우리가 모두 관련되기 때문에 교육학에 떠넘겨버릴 수 없는 것은 성인들과 아이들의 일반적인 관계, 또는 좀 더 일반적이고 적확한 표현으로 탄생성이라는 사실에 대한 우리의 태도이다. 이 사실은 우리가 모두 탄생 과정을 통해 세상에 나왔고, 이 세계는 항상 탄생을 통해 새로워진다는 것이다. 교육은 우리가 세계에 대한 책임을 질만큼 세계를 사랑할지, 같은 이유로 세계의 갱신 없이, 즉 새롭고 젊은 사람들의 도래 없이는 파멸이 불가피한 세계를 구할지를 결정하는 지점이다. 또한 **교육은 우리가 아이들을 우리의 세계로부터 내쫓아 그들이 제멋대로 살도록 내버려 두지 않고, 그들이 뭔가 새로운 일, 뭔가 예측할 수 없는 일할 기회를 빼앗지 않으며, 또한 그들이 공통의 세계를 새롭게 하는 임무를 담당할 수 있도록 미리 준비시킬 정도로 그들을 사랑할지를 결정하는 지점인 것이다.**(CE: 263)

아렌트는 교육의 본질이 탄생성에 있다는 것을 다시 한번 확인하면서, 탄생성을 중요하게 여기는 태도는 "아이들을 우리의 세계에서 내쫓아 그들이 제멋대로 살도록 내버려 두지 않는 것"이라고 한다. 이는 아이들을 세계와 단절시켜 아이들만의 세계에 내버려 두었던 진보주의에 대한 비판을 담고 있다. 교육의 과업은 이 세계에 태어난 아이들을 하나의 생명의 존재로만 살도록 내버려 두지 않고 세계적 존재로 인도하는 데에 있는 것이다. 그렇다고 아이들을 세계로 안내하는 과정에서 아이들의 참여나 아이들의 목소리를 억압하고 그들이 새로운 일을 할 기회를 빼앗아서는 안 된다. 오히려 그들의 시도가 어른들의 생각 혹은 어른들의 전통적 규정이나 법칙, 관습과 다를지라도 "그들이 뭔가 새로운 일, 예측할 수 없는 일을 할 기회"를 주어야 한다고 말한다. 이를 통해 그 아이들이 세계를 새롭게 하는 임무를 담당할 수 있도록 준비시켜야 한다는 것이다.

그렇다면 아이들을 일방적인 전달의 방식도 아니고, 세계와 상관없이 내버려 두는 것도 아니면서, 이 세계를 새롭게 하는 임무를 담당할 수 있도록 준비시키는 것은 어떤 것일까? 여기에서 교육이 부여받은 두 가지 책임을 다시 확인하게 된다. 우리가 탄생성을 교육의 본질로 삼는 이유는 자신이 주도권을 가지고 무엇인가를 시작할 수 있는 것이 인간의 가장 본질적 자유이면서, 동시에 이 세계가 그와 같은 각 존재의 탄생을 통해서만 새로워질 수 있기 때문이다. 즉 한 인간존재는 이 세계 속에 태어남으로써 진정한 탄생의 존재가 될 수 있듯이, 세계 또한 탄생하는 인간존재를 통해서만 새로워질 수 있다는 것이다. 그리하여 교육의 책임은 한편으로는 아이들의 새로움, 즉 탄생성을 얼마나 사랑하는지의 문제이면서, 다른 한편으로는 새로운 사람의 도래 없이는 파멸할 수밖에 없는 이 세계를 얼마나 사랑하는지의 문제이기도 하다. 이것이 교육자에게 맡겨진 책임인 것이다.

　그렇다면 교사가 지니는 이중적 책임, 즉 아이들의 탄생성을 사랑하면서도 이 세계를 사랑하는 교사의 가르침은 어떻게 이루어져야 할까? 아렌트는 이를 세계를 일방적으로 전수하는 방식과도 다르고, 아이들을 세계와 상관없이 방치하는 것과도 다른, "새로움을 보전해 낡은 세계에 소개하는 방식"이라고 한다. 그러나 아렌트는 더 이상 이에 대한 구체적인 설명을 하지 않아 아쉬움이 남는다.

　이에 대한 한 가지 해석으로 비에스타의 설명을 참조할 수 있겠다. 아렌트를 오랫동안 연구해온 비에스타[120]는 학교를 중간지대(middle ground)로 해석하면서 교육의 성패는 아이들이 이 중간지대에 머물도록 하고 자기파괴나 세계파괴로 귀결되지 않도록 하는 데 달려 있다고 연설한 바 있다. 중간지대에 머물도록 한다는 것은 세계의 중심에 자신을 두지 않고 세계 속에 존재하도록 하는 것으로 이해할 수 있다. 이때 교사의 책임은 아이들이 "내가 원하는 것"이라는 자신의 욕망에 머무르지 않도록 이끌되, 그들이 무엇을 욕망해야 하는지 정답을 주는 것이 아니라, 스스로 "내가 원하는 이것이 바람직한가?"라는 질문을 가지고 살아갈 수 있도록 안내하는 데 있다는 것이다.[121] 나는 비에스타의 이 진술이 매개영역으로서의 학교의 성격에 관한 아렌트의 아이디어를 상당히 정확하게 해석하고 있다고 생각한다. 아이들에게 무엇을 욕구하라, 하지 말라 답을 주는 것이 아니고, 아이들에게 네가 원하는 대로 하라고 방치하는 것도 아니다. 자신의 욕구를 추구할 때, 이것이 욕구할만한 것인가에 대한 감각을 가지도록 안내할 필요가 있다는 것이다. 이를 위해서는 이 세계 속에서 가치 있는 것, 바람직한 것들을 접하고 이 세계 속에서 나의 욕구가 추구할만한 것인지 아닌지를 스스로 질문하고 판단할 수 있는 감수성을 기르는 일이 필요할 것이다. 이것은 학생의 욕구 혹은 세계 어느 하나를 강조하고 다른 것을 제거하는 방식이 아니라 양자를 매개하는 방식이라 할 수 있다. 교육에서 아이의 탄생성에 대한 책임과 세계에 대한 책임, 이 양자는 어느 하나도 외면할 수가 없다. 어느 하나를 외면할 때, 그것은 곧 자기파괴나 혹은 세계의 파괴로 치우칠 수밖에 없는 것이다. 그렇다면 우리의 과제는 아렌트가 기술한 대로 탄생성과 세계성 어느 하나에 치우치지 않으면서 탄생성과 세계성을 매개하는 일, 혹은 비에스타가 지적한 대로 자기파괴나 세계파괴로 치우치지 않도록 중간 지대의 균형점에 머물도록 도전하는 것일 수 있다.

비에스타의 해석은 학교를 하나의 중간영역으로 보는 것에서 착안한 것으로 보인다. 학교를 하나의 중간영역으로 해석할 단서는 학교는 "사적영역과 공적세계 사이에 걸쳐놓은 매개기관"(CE: 254)이라는 아렌트의 진술에서 확인된다. 중간영역으로서의 학교는 사적영역과 공적영역의 중간영역의 역할을 한다는 것이다. 이것도 타당한 하나의 해석임에 틀림없다. 그러나 필자가 보기에 학교를 매개영역으로 보는 아렌트의 관점은 '행위'의 관점에서 보다 명료하게 이해될 수 있다. 왜냐하면 아렌트의 「교육의 위기」에 나오는 모든 설명이 『인간의 조건』에 나온 행위에 대한 설명과 매우 밀접한 연관성을 가지기 때문이다. 행위의 관점에서 볼 때 학교라는 매개영역은 행위가 이루어지는 공적영역을 대변한다. 이 점에서 학교라는 공간은 진짜 공적영역은 아니지만, 공적영역을 표상하는 하나의 '가상적 공적영역'으로 해석될 수 있다. 즉, 학교는 엄밀히 말해 가정과 같은 사적영역도 아니고 성인의 정치 공간인 공적영역도 아니지만, 그 자체로 공적영역을 표상하는 하나의 가상적 공적영역처럼 이해할 수 있다는 것이다. 여기서 가상적 공적영역이라는 것의 의미는 허상이라는 의미보다는 공적영역과 동일하지는 않지만 그것의 핵심적 특징을 고스란히 지니는 또 하나의 진짜 세계처럼 생각할 수 있다는 것이다. 마치 권투선수에게 링이 권투의 모든 것을 고스란히 체험하는 또 하나의 세계가 되는 것처럼 말이다.

그렇다면 학교라는 공간을 하나의 가상적 공적영역으로 이해할 때, 학교에서 이루어지는 가르침은 어떻게 이해될 수 있을까? 이어지는 다음 장에서 보다 상세하게 살펴보도록 하자.

Ⅵ. 행위로서의 가르침

학교라는 공간을 가상적 공적영역으로 이해할 때, 학교에서 이루어지는 가르침 또한 공적영역의 두 가지 차원에 비추어 이해될 수 있다. "탁자가 그 둘레에 앉는 사람들 사이에 자리 잡고 있듯이 사물의 세계도 공동으로 그것을 취하는 사람들 사이에 존재한다"(HC: 105)는 공동탁자의 비유에 비추어 볼 때, 공적영역은 공동의 세계를 둘러싸고 함께 논의하는 사람들 간의 연결된 관계로 이해될 수 있다. 이로부터 필자는 가상적 공적영역으로서의 학교공간을 '인공세계로서의 교과를 중심으로 연결된 교육적 관계망'으로 제안하고, 가르침의 차원을 학생과 교과를 매개하는 차원과 사적영역과 공적영역을 매개하는 차원의 두 가지로 설명하고자 한다. 이 매개의 두 가지 차원은 곧 공동탁자 비유에서 자아와 세계가 관계를 맺는 두 가지 방식이기도 하다는 점에서 행위로서의 가르침의 두 가지 차원으로 볼 수 있다. 궁극적으로, 이 가르침의 두 차원은 교사와 학생이 맺는 교육적 관계의 두 가지 차원을 적확하게 표현하고 있다고 볼 수 있다.

1. 탄생성과 세계성의 매개활동

1) 인공세계의 표상으로서의 교과 : 세계 소개하기

어떻게 하면 자신의 욕구 차원에 머물러 있는 아이들을 세계 속으로 끌어낼 수 있을까? 이를 위한 첫 단추는 세계를 소개하는 것이 될 것이다. 세계 속의 다양한 사물들로 나만의 의미 있는 세계를 형성하는 것으로 나의 욕구를 세계 속에 드러내는 것이 가능하기 때문이다. 그러나 이일이 어려운 이유는 세계를 가르치는 일이 자아의 고유함을 억압하는 방식으로 이루어지기 쉽기 때문일 것이다. 아이가 세계에 너무 '잘' 적응해가는 것에 한편으로 우려가 생기는 이유는 아이가 공적질서에 너무 쉽게 편입됨으로써 아이 본래의 고유함과 창발성이 희석되는 경향을 보이기 때문이다. 그렇다면 세계를 가르칠 때의 관건은 아이들에게 세계를 안내하되, 그것이 아이들의 탄생성을 억압하지 않는 방식으로 아이의 고유함과 자발성을 기반으로 이루어지도록 하는 것이 중요한 일이 될 것이다.

먼저, 아이들에게 안내해주어야 할 세계는 무엇일까? 학교라는 공간을 하나의 가상적 공적영역으로 이해한다고 할 때, 우리 가운데 놓여 있는 인공세계는 교과일 수 있다. 왜냐하면 교과는 세계 자체는 아니지만, 우리가 공유하고 있는 세계에 대하여 알 수 있도록 다양한 상징과 공적 기호체계로 구성되어 있기 때문이다. 우리는 공적 언어와 학문의 기호체계, 세계로부터 선택된 다양한 내용물을 통해 우리가 살아가는 이 세계가 어떤 곳인지를 배우게 된다. 단순히 지식 뿐만 아니라 나의 사적 언어와 사고로부터 이 세계에서 통용되는 방식, 즉 세계 속에서 사람들과 대화할 수 있는 방식으로서의 언어체계, 말하는 법, 사고하는 법을 배울 수 있다. 이 점에서 교실에서 학생들이 경험하는 교과는 아이들이 처음으로 접하는 하나의 인공세계라고 간주할 수 있다. 아이들은 이 인공세계를 배움으로써 세계 속에 자신의 욕구를 위치 지을 수 있는 첫 발걸음을 뗄 수 있다. 그렇다면 가르침의 첫 번째 역할은 아이들의 고유한 탄생성과 인공세계로서의 교과를 매개하는 것이라 이해할 수 있다.

그러나 가르침의 역할을 이렇게 진술하는 순간, 우리는 "과연 교과를 가르쳐서 학생의 탄생성이 자라가도록 하는 것이 가능한가?"라는 일종의 당혹감을 느낀다. 이 당혹감은 한편으로 오늘날 교과가 직면한 변화된 위상과 관련된 것이면서, 다른 한편으로는 탄생성과 세계성 간에 존재하는 교육의 본질적 어려움, 즉 아포리아와도 관련이 있다. 먼저, 오늘날 교과가 직면한 변화된 위상으로 인한 어려움은 어떤 것일까? 오늘날 교과는 더 이상 가치 있는 것으로서의 세계를 대변하지 않는다. 오히려 교과는 특정 계층과 권력에 유리하게 작동하도록 의도적으로 조직되고 전수되어 온 측면이 폭로되면서, 권력과 이데올로기의 충실한 기제로 비판받아 왔다. 소경희[122]는 교과를 바라보는 두 가지 상반된 관점을 설명하면서 이와 같은 교과의 이중적 지위를 지적하고 있다. 교과를 인류가 지금까지 축적해온 경험에 대한 추상 혹은 양상으로 이해할 때, 교과의 성격은 주어진 것, 혹은 가치 있는 것으로서 탈가치적이고 중립적인 경향을 띠게 된다.[123] 이에 대표적으로 교과를 학문(academic discipline)으로 환원해 보는 관점이 있다. 교과를 학문으로 환원해 보는 관점은 '교과는 곧 해당 학문'이라는 통념에 사로잡혀 있으며, 교과는 인간이 세계를 이해하기 위해서 이제까지 발전시켜 온 여러 가지 앎의 방식 속으로 학생들을 입문시키는 통로로 이해된다.

이와는 달리 교과를 세계 자체가 아닌, 그것이 개발되는 구체적인 맥락 및 과정에서 이해하면 현실교과는 교과의 선정 및 조직을 둘러싼 복합적이고도 역동적인 작동의 결과물로 이해된다.[124] 여기에는 무엇을 가르칠 것인가, 누가 그것을 결정하는가, 무엇을 가치로 볼 것인가, 어떤 특정 집단의 이익을 대변하는가 등 보다 복잡한 문제가 개입되며, 따라서 특정 관점을 견지하는 한 늘 편파적이기 쉽다. 다시 말해 교과내용의 선정과정에서 선택과 배제가 작동하는데, 이 선택과 배제에 누가 관여하는지를 생각해보면 교과의 가치중립성에 의문을 제기할 수밖에 없는 것이다. 윌리암스(R. Williams)는 '선택적 전통'이라는 개념을 통해 학교에서 가르치는 내용은 과거와 현재의 무수한 지식 중에서 지배문화에 적합한 것만을 공식적인 지식으로 선별해 가르치고, 나머지는 학교의 공식적인 지식에서 배제한다고 주장한다.[125] 또한 교육과정에 포함된 지식의 합법성에 의문을 제기하면서 특정 집단의 문화가 어떻게 객관적이고 사실적인 지식으로 표상되는지, 공적인 지식이 어떻게 사회의 지배적인 관심이나 이데올로기를 반영하는지, 그리고 학교가 어떻게 제한적이고 부분적인 지식을 의문의 여지가 없는 진리로 합법화하는지에 대해 비판을 제기한다.[126] 이 점에서 교과는 그것을 집필하는 사람들의 특정 시각, 혹은 그 사회의 맥락이나 이념의 영향을 받을 수밖에 없다. 이 점에서 보면 교과는 오히려 특정 관점에 의해 오염되고 조작된 세계를 대변하는, 편향되고 부서진 단편일 뿐이다.

특히 전통적인 세계관에 대한 반발로, 비판을 주축으로 한 포스트모더니즘 담론은 교과의 지위를 비판하고 해체하는 데 주도적인 역할을 했다고 볼 수 있다. 이들이 보기에 학교에서 다루는 지식이 독립된 실재를 표상한다거나 보편적이고 객관적인 가치를 지니는 것으로 간주했던 근대교육에서의 교과서는 "완성된 조직체(fabric)로서 텍스트 자체를 강조하며 학생들에게 진리 내지 메시지를 제시하는" 것이었다.[127] 그러나 절대적이고 고정된 지식관을 부정하고, 인간의 지식을 사회적으로 구성된 것으로 이해하는 포스트모더니즘의 관점에서 보면 교과서는 푸코의 주장대로 권력, 지위, 전통 등에 의해 특권을 갖고, 사물을 보는 특권적인 방식을 재현하는 정치적이고도 물질적인 산물로 이해된다.[128] 이 점에서 교과서는 완성된 산물이라기보다는 단지 누군가에 의해 쓰인 '하나의 텍스트'일 뿐, 이제 더는 가치를 담보하지 않는다. 이와 같은 포스트모더니즘의 관점에서 학생들은 교과서 속의 지식을 그대로 수용하고 암기하는 수동적 태도보다는 텍스트를 비판적으로 읽고, 해체해서 이데올로기, 권력, 불평등, 억압, 차별, 부정의를 포착하고 탐지할 수 있을 것이라 기대된다.[129] 이렇게 보면 교과는 비판하고 해체해야 할 대상이지 아이들이 창의적이고 사고력 있는 사람으로 자라는 데 도움이 될지 의문이 증폭된다.

또한 교과를 가르쳐서 학생의 탄생성을 자라가게 하는 것이 가능하냐는 질문에 대한 두 번째 당혹감은 탄생성과 세계성 간에 내재한 본질적인 어려움과 관련이 있다. 즉, 탄생성이 그 누구와도 다른 자신만의 새로운 시작을 의미하고 이 세계는 낡고 오래되어 파멸이 불가피하다는 것을 상기할 때, 탄생성과 세계성 양자를 다 보호하는 것이 어떻게 가능한가 하는 의문이 생기는 것이다. 아이들에게 새로 시작하는 힘을 길러주기 위해서는 오히려 아이들이 하고 싶은 것을 할 수 있도록 더 많은 자유를 주어야 하는 것 아닌가? 그런데 교과를 가르치는 일은 아이들의 자유를 억압하고 창의적인 사고를 기존의 낡은 틀과 질서 속에 얽매는 일이 아닐까? 더군다나 인공지능이 상용화될 날을 눈앞에 두고 있는 오늘날에는 더욱 새롭고 창의적인 교수 환경을 제공해야지, 고리타분하고 낡은 교과서를 가르쳐서 아이들의 성장을 도모한다는 것은 너무나 시대에 뒤떨어진 발상이 아닌가?

아렌트는 교육의 본질이 탄생성에 있다고 선언하면서(CE: 237), 이 탄생성을 보호할 책임을 세계에 대한 책임과 관련지어 설명하고 있다. 아이가 그 누구와도 다른 유일성의 존재, 즉 탄생성의 존재로 자라도록 하려면 교사는 아이들이 자신의 욕구 차원에 머물러 있도록 하는 것이 아니라 무엇보다 세계를 소개하고, 세계 속으로 아이들을 이끌 책임을 진다는 것이다.(CE: 254) 이와 같은 진술은 교사가 아이들에게 세계에 대해 알려줌으로써 아이들의 탄생성이 자라가도록 하는 것이 가능하다고 주장하는 것처럼 보인다. 이것이 어떻게 가능한가?

이 문제는 교과를 대하는 태도에 관한 질문을 요청한다. 즉, 교과가 더는 절대 진리나 보편적 가치를 담보하지 않고 낡고 오염된 측면을 담고 있다는 것을 알게 되었음에도 교과를 가르쳐서 아이들의 탄생성이 자라나도록 한다고 할 때, 교과를 어떠한 것으로 보아야 할 것인가? 이 질문에 답하기 위해 낡고 오래된 세계를 대하는 아렌트의 독특한 관점을 참조하면 도움이 된다. 아렌트는 절대적 규범과 가치가 상실된 시대에 세계를 대하는 태도에 대해 다음과 같이 진술한 바 있다.

> 형이상학과 철학의 종말을 추구하는 우리 시대에 생각해 볼 수 있는 장점은 두 가지이다. 우선 우리는 형이상학과 철학의 쇠퇴로 인해 어떠한 전통에 얽매이거나 이끌리지 않고 **새로운 눈**으로 과거를 고찰할 수 있게 되었다. 따라서 우리는 이러한 **보물**을 어떻게 다루는가와 관련된 **어떠한 규범에도 제약받지 않으면서** 생생한 경험이라는 막대한 혜택을 누릴 수 있게 되었다. "우리의 유산은 아무런 유언 없이도 우리에게 주어졌다."(LM: 30)

아렌트의 진술에서 두 가지 특징적인 태도를 발견할 수 있다. 하나는 형이상학과 철학의 쇠퇴라는 절대적 가치와 규범이 붕괴한 시대에도 "과거(작품)"로 대변되는 세계는 여전히 우리에게 "보물"이자 "유산"으로 남겨져 있다는 것이다. 왜냐하면 이처럼 다양하고 오래된 대상들은 우리에게 풍부한 사유의 소재가 될 수 있기 때문이다. 우리의 말과 행위는 대상 세계를 기반으로 이루어진다는 아렌트의 진술(HC:243)에서도 확인했듯이, 어떠한 사유도 진공상태에서 이루어지지 않는 점을 상기할 필요가 있다. 우리에게 남겨져 있는 과거 작품들은 그 자체로 진리라서 소중한 것이 아니라 우리가 사유하고, 비판하고, 씨름할 수 있는 '대상'이자 토대가 된다는 점에서 의미가 있다. 더군다나 우리에게 남아 있는 과거의 작품들은 유용성과 시간의 낡음 속에서 소멸하지 않고 지금까지 살아남아 있다는 그 자체만으로 개인의 유한성과 경험의 차원을 넘어선 삶의 가치를 지닌다. 이 점에서 전통과 오랜 과거의 작품을 담고 있는 교과는 읽고 쓰고 계산하고 다양하게 사고할 수 있는 기본적인 정신 능력을 키울 수 있는 자원이 된다는 점에서 소중하다. 우리는 교과를 통해 그것은 왜 그런지 설명하고, 나는 어떻게 생각하는지 말할 수 있고, 다르게 생각하면 비판할 수 있으며 이 과정을 통해 사고의 지평을 넓힐 수 있다. 그뿐만 아니라 인공물로서의 교과는 소비의 대상들과 달리 지금까지 지속하고 있는 이 세계에 존재하는 다양한 아름다움과 가치, 삶의 양식을 담고 있으며, 그것을 접함으로써 내가 욕구할 수 있는 목록을 더욱 늘릴 수 있다. 이전에는 단지 내 안에서만 호불호를 찾았다면, 이제는 넓은 세계 속에서 나의 호불호를 찾을 수 있는 것이다.

아렌트의 진술에서 볼 수 있는 다른 특징적인 태도 하나는 이와 같은 과거들을 대할 때 우리가 "어떠한 전통에도 얽매이거나 이끌리지 않고", "새로운 눈으로", "어떠한 규범에도 제약받지 않으면서" 과거를 고찰할 수 있게 되었다는 것이다. 이것은 절대 진리가 사라지고 불확실성과 상대성이 지배하는 지금의 시대가 오히려 우리에게 남겨진 과거들을 이전의 규범이나 잣대에 메이지 않고 자유롭게 해석하고 고찰할 수 있는 장점으로 작용할 수 있다는 것이다. 세계의 불확실성, 이데올로기의 특권적 재현, 권력의 매개 등 교과를 둘러싼 여러 가지 불신과 장애들이 있지만, 그와 같은 장애에도 불구하고, 우리는 어떠한 전통과 편견에도 얽매이거나 구속되지 않고 새로운 눈으로 세계를 대할 수 있는 조건에 놓이게 되었다는 것이다. 따라서 교과에 대한 비판조차도 하나의 관점으로 수용할 수 있고, 그와 다른 관점으로 교과의 의미를 해석할 수 있도록 격려할 수 있다. 복수의 인간이 가진 다양함을 교과라는 매체에 대한 관점의 다양함 속에서 경험하도록 할 수 있다. 이러한 경험을 통해 획일적인 하나의 관점, 절대적인 관점에서 벗어나 다양한 관점 속에 나만의 관점과 나만의 목소리를 찾아갈 수 있도록 아이들을 격려할 수 있다. 이럴 때 교과는 우리에게 그 어느 때보다 새로운 의미를 발견하기에 적합한 보물로 작용할 수 있다는 것이다.

아렌트의 의도를 받아들일 때, 교사에게 제일 먼저 요청되는 것은 아이들이 세계와 친숙해질 수 있도록 세계를 소개하는 일이다.(CE: 254) "학교의 기능은 아이들에게 살아가는 기술을 알려주는 것이 아니라 세계가 어떤 곳인가를 가르치는 것"(CE: 262)이라는 진술에서도 확인할 수 있듯이, 교사는 세계를 소개함으로써 아이들이 자신만의 욕구의 차원에서 벗어나 세계에 발을 딛도록 안내해줄 필요가 있다. 교과를 통해 세계를 소개할 때 교사는 교과를 어떤 태도로 다루어야 할까? 여기에 대해 아렌트의 논의를 교육적 맥락에서 재해석한 고든(M. Gordon)의 다음 인용을 참조할 수 있다.

아렌트처럼 나도 교육에서 필수적인 것은 교육과정에 무엇(what)이 포함되는가의 문제라기보다 전통적이든, 근대적이든, 페미니스트이든, 소수자든, 어떠한 텍스트라도 '어떻게'(how) 읽히고 논의되는가의 문제라고 본다. 그러므로 많은 비판적 교육자들이 그랬던 것처럼 서구중심의 교육과정이 학생들을 수동적이고 자족적으로 만든 데 책임이 있다고 주장하는 것은 부정확하다. 이 교육과정은 어떤 식으로 왜곡되어 있어도 그 자체로는 전통적 교수법에 종속된 교사를 통하지 않고는 학생들에게 그 효과를 드러낼 수 없다. 단언컨대, 노예의 가치나 엘리트사회의 가치를 서술하는 작가에 의해 쓰인 텍스트라도 해방적 효과(liberating effect)를 가질 수 있다. 그와 같은 효과는 예를 들어 플라톤이 시험에 반복해서 나오는 문화의 아이콘으로서가 아니라 그에 대해 논쟁하고, 동의하고, 반대하고, 포용하고 거부할 수 있는 살아있는 힘으로 읽을 때 가능하다. 그와 반대로, 페미니스트의 텍스트라도 교조적이고 무비판적 방식으로 읽히는 상황도 가능하다. 아렌트와 같이, 나는 학생들이 비판적이고 활동적인 독자와 학습자가 되도록 힘을 불어넣는 데 다른 어떤 요소보다 교사의 책임이 크다고 주장한다.[130]

고든은 교육의 내용(what) 그 자체보다 그것을 어떻게 읽어낼 것인가(how)하는 방식이 중요하다고 주장한다. 우리에게 주어진 교과가 때로는 요즘의 가치관에 부합하지 않고, 또 때로는 이데올로기에 오염되어 있다 해도, 그것을 완전히 폐기해버리는 것보다 그것을 어떤 방식으로 학생들에게 소개할 것인가 그 방식이 중요하다는 것이다. 여기서 강조점은 교과의 내용이 중요하지 않다는 것이 아니라, 그것을 어떠한 태도로 가르칠 것인가 하는 '어떻게'(how)의 문제라는 것이다. 고든에 따르면 아무리 좋은 내용도 교조적이고 일방적인 방식으로 가르치는 것이 가능하고, 마찬가지로 "노예의 가치나 엘리트사회의 가치를 서술하는 텍스트라도 해방적 효과(liberating effect)를 가질 수 있다." 따라서 주어진 텍스트의 내용 자체를 전달하는 것보다는 그것을 통해 세계를 새롭게 재현해내는 태도, 즉 교과를 죽은 텍스트가 아닌 살아있는 힘으로 읽어낼 수 있는 "새로운 안목과 방식"이 무엇보다 중요하다. 이 경우 전체주의적이고 엘리트주의적이라고 비판받는 플라톤의 텍스트를 통해서도 자신의 삶에 의미 있는 것이 무엇인지 찾고 그 속에서 세계를 보는 안목을 형성한 사람이 최신 유행하는 텍스트를 교조적으로 받아들인 사람보다 이 세계와 더욱 유의미한 관계를 맺고 있다고 볼 수 있다.

고든의 주장은 세계의 단편으로서의 교과를 대하는 태도에 관한 두 가지 중요한 사실을 지적한다. 하나는 교과가 이데올로기의 오염, 혹은 구시대적이라고 하여 폐기해버림으로써 학생들을 무세계성으로 내버려 두는 것보다는 교과를 소개하는 일이 더욱 중요하고, 또 필요할 수 있다는 것이다. 왜냐하면 교과가 세계 자체는 아니어도 그것을 통해서 세계를 알 수 있기 때문이다. 이것은 교과를 통해 세계와 친숙해질 필요가 있다는 점을 시사한다. 아렌트가 강조했듯이 가치 있고 효과 있는 사고와 비판은 항상 과거의 심오한 지식을 기반으로 하고 있으며, 고든도 지적하고 있듯이, 아이들의 창의성과 새로움을 향상하고자 하는 목표는 교사가 과거의 문화적 전통에 관해 젊은 세대를 가르치지 않고서는 성취될 수 없다.[131] 왜냐하면 세계를 새롭게 하는 것은 "먼저 그것에 친숙해지지 않고서는" 가능하지 않기 때문이다. 이 때문에 아렌트의 세계에 대한 태도는 언제나 세계를 소중히 여기고 사랑하는 태도로 특징된다. 세계를 사랑하는 사람만이 세계를 지속가능한 형태로 새롭게 바꿀 수 있다. 이 때문에 교사가 세계를 소개하고 가르치는 일은 "세계에 대한 책임을 질만큼 세계를 사랑할지 말지, 또 탄생성으로 세계의 새로워짐 없이는 파멸이 불가피한 세계를 구할지 말지를 결정하는 지점"에 서 있다.(CE: 263)

다른 하나는, 세계를 소개해서 세계와의 친숙함 가운데서 탄생성이 자라가도록 하기 위해서는 죽은 교과를 살아있는 힘으로 되살려내는 힘이 요청된다는 것이다. 이것이 세계를 새롭게 하는 힘이 될 것이다. 이것은 세계의 내용을 인식수준에서 아는 것을 목표로 하여 교과내용을 그대로 전달하는 방식을 취하지 않는다는 것을 암시한다.

그렇다면 죽은 교과를 살아있는 힘으로 읽는다는 것은 무엇을 의미하는가? 이것은 인공세계와의 관계를 어떻게 맺을 것인가라는 질문을 제기하는 것이라 볼 수 있다. 인공세계와의 관계를 맺는 방식에 대해 아렌트가 「문화의 위기」에서 언급한 사물과 관계를 맺는 태도를 참조할 수 있다. 아렌트는 개인이 인공세계와 관계를 맺는 잘못된 태도를 두 가지 언급하는데, 하나는 '소비의 태도', 다른 하나는 '실리주의적 태도'라 할 수 있다.(CC: 275) 소비의 태도는 사물을 소비재처럼 대하는 태도이다. 소비재는 노동의 산물로서, 이 세계 속에 오래가지 않고 소모되어 없어지는 특징을 가진다. 즉 우리의 먹고사는 일차적 생의 욕구로 생산되며, 내 욕구를 충족시킨 다음에는 소비되어 사라진다. 이것이 노동의 산물로서 소비재의 특징이다. 사물을 소비재처럼 다룬다는 것은 사물을 대할 때 욕구 차원에서 생각한다는 것이다. 이런 태도로는 나의 욕구를 충족하는 사물과만 관계 맺게 되고 그렇지 않은 사물은 배제하게 된다. 재미있어서 손에 잡은 사물도 재미가 없어지면 운명이 다한다고 할 수 있다. 이러한 태도는 대중사회에서 만연한데, 아렌트에 의하면 대중사회는 '문화'가 아니라 '오락'을 원하며, 오락 산업이 제공한 문화 상품은 사회에서 다른 소비재와 똑같은 소비의 대상이다.(CC: 275) 이 태도가 확대되면 사람들의 욕구를 충족시킬만한 오락상품으로 문화물을 생산하게 되며, 한때 즐기고 소비되고 나면 그 소비재는 사라지며 문화로 지속하지 않는다. 아렌트가 비판하는 소비의 태도는 노동의 관점에서 사물을 대하는 태도라고 할 수 있다.

실리주의적 태도는 특정 목적을 이루기 위한 수단으로 사물을 대하는 태도라 할 수 있다. 실리주의적 태도는 달리 말해 그 사물이 가진 유용성으로 사물을 판단하는 태도로서(CC: 270), 앞서 살펴본 바에 의하면 이는 제작활동에서 부각되는 특징이다. 예를 들어 아렌트는 예술작품을 소유한 것을 자신의 교양이나 사회적 지위를 나타내주는 것으로 여기거나, 혹은 자신의 도덕적 완성을 위해 시를 외우고 문학작품 리스트를 열거할 때조차 자신의 특정 목적을 완성하기 위해 사물을 소유하고 사용하는 태도가 배여 있다고 지적한다. 아렌트가 세련된 속물주의라고 비판하는 이 태도는 교육받은 사람이나 교양 있는 사람들에게도 많이 보이는 태도라고 한다. 아렌트가 이 태도를 비판하는 이유는 사물을 기능이나 유용성만으로 대하면 그것을 통해 이루려는 특정 목적의 수단이라는 범주를 벗어나면 그 사물이 더는 가치를 갖지 못하기 때문이다. 예를 들어 모든 것을 기능의 관점에서 파악하면 망치나 책이나 구두나 못을 박을 수 있다는 기능 면에서 동일한 사물이 된다. 가구를 생산해야 한다는 특정 목적을 가지고 나무를 보면 그 자체의 아름다움으로 이해되기보다 목재로만 보이게 된다. 나무에 목재로서의 측면이 없는 것은 아니지만 그것이 사물을 바라보는 주된 관점으로 등장하면 그와 같은 관계 속에서는 이 세계를 아름답게 해주고 우리 삶에 많은 의미를 주지만 유용성을 갖지는 못하는 많은 사물, 특히 아름다운 예술작품들은 아무런 '쓸모'가 없는 것으로 배제할 위험이 있다. 이와 같은 두 가지 태도에 대한 비판을 통해 아렌트는 우리의 욕구 차원, 유용성 차원을 넘어서는 다른 관점에서 사물과 맺는 관계방식을 제안하고 있다고 볼 수 있다. 다음으로 아렌트가 제안하는 사물과 관계를 맺는 방식에 대해 살펴보자.

2) 자기 의미화의 방식으로서 '사유'

아렌트는 『인간의 조건』에서 노동의 차원을 지나 제작의 차원의 특징을 설명하면서 그와 같은 태도가 전면화되었을 때 직면하는 난점으로, "오직 사용자나 도구화하는 자가 될 뿐이며, 세계와 말하는 자, 행위하는 자, 그리고 사유하는 자가 되지는 못한다"(HC: 216)고 지적하고 있다. 이것이 노동의 소비나 제작의 유용성을 넘어 사물과 맺는 다른 차원의 태도를 암시하는 것이라 할 수 있다. 다시 말해, 낡은 세계를 새로운 눈으로 본다는 것은 노동과 제작을 넘어서는 행위의 특징과 관련이 있는 태도로 볼 수 있다. 그런데 "세계와 말하는 자, 행위하는 자, 사유하는 자"라는 구절에 암시되어 있듯이 말과 행위, 사유가 동등한 차원의 것으로 제시되어 있다. 이것은 행위의 관점에서 인공세계와 맺는 관계에서 사유가 중요하게 작용한다는 것을 암시하는 대목이라 할 수 있다.

그렇다면 사유란 무엇인가? 사유의 개념은 아렌트의 『정신의 삶(The Life of Mind; LM)』과 「Thinking and Moral Considerations: A Lecture」라는 논문에 상세하게 설명되어 있다. 아렌트는 사유가 무엇인지를 설명하기에 앞서 사유하기의 대표적 사례로 소크라테스(Socrates)를 제시하고 있다.132) 소크라테스는 특정한 신념이나 교의, 혹은 진리가 아니라 보통 사람들이 일상에서 가지고 있는 '의견'(doxa)을 검토하는 일을 본업으로 삼았다.(LM: 259) 그런데 소크라테스가 현상세계에 관한 사람들의 의견을 검토하는 방식이 상당히 흥미롭다. 소크라테스는 길을 가던 사람을 붙잡고, '행복한 사람, 용기 있는 사람, 아름다운 것들'처럼 우리가 일상적으로 경험하는 현상에 대해 그 사람이 가지고 있던 기존의 '의견'에 관해 질문하고 그 의견을 함께 '검토'하기 시작한다. 그런데 흥미로운 점은 여기에 절대적인 답, 즉 진리는 제시되지 않는다는 것이다. 소크라테스는 대화자와 함께 그 의견을 검토하는 일의 끝에 자신도 그 대답은 알지 못한다고 논의를 마무리한다. 그리고 그 탐색이 한 바퀴 돌고 나면 "항상 다시 시작할 것을 기꺼이 제안하고"(LM: 262), 다시 함께 검토해볼 것을 제안한다.

소크라테스의 사례를 면밀하게 검토하면서, 아렌트는 사유를 "무엇이든지 발생한 그 어떤 일에 대해서도 특정 내용이나 결과에 상관없이 그 자체를 검토하고 반성하는 습관이자 태도"라고 설명한다.[133] 사유는 "무엇이든지, 발생한 그 어떤 일들"과 같이 이 현상세계의 모든 사안을 대상으로 삼는다. 이것은 소크라테스가 어느 특정한 신념이나 교의, 혹은 진리가 아닌, 우리와 같은 보통 사람들이 현상세계에 대해 가지고 있는 그 사람의 '의견'(doxa)을 검토하는 일을 본업으로 삼았을 뿐만 아니라 다른 사람에게도 같은 일을 하도록 요청했다는 데서도 알 수 있다.(LM: 259) 이로부터 사유는 현상세계와의 관계에서 내가 평소 가지고 살아가는 생각이나 의견을 대상으로 한다는 것을 알 수 있다.

사유는 현상세계의 모든 것을 대상으로 삼지만, "특정 내용이나 결과에 상관없이 그 자체를" 다루는 활동이다. 우리가 현상세계에서 경험하거나 가지고 있는 모든 의견을 "그 자체로" 검토한다는 것은 기존의 전통이나 관습을 기반으로 검토한다든지, 혹은 이미 존재하는 원리나 규칙을 적용하는 방식과는 다르다. 그것은 오히려 "기존의 모든 교의와 규칙들을 철저하게 해체하고 새로이 검토"(LM: 272)하는 것을 의미한다. 아렌트에 의하면, 어떤 것을 그 자체로 검토한다는 것은 그것의 의미와 그것이 전제하고 있는 무언의 가정까지 추적함으로써 기존의 의견과 가치를 부정하는 단계를 거쳐야만 한다는 것을 뜻한다.(LM: 273) 그 자체로 검토하는 것은 그것의 전제를 검토하는 일과 함께, 그것의 결과에 상관없이 이루어지는 활동이기도 하다. 이것은 사유가 어떠한 지식이나 원리와 같은 결과물을 생산해내기 위한 수단이 아니라는 것을 뜻한다. 왜냐하면 결과물을 생산하기 위한 활동은 하나의 결과물을 생산하면 그 과정이 끝나지만, 사유는 정답을 추구하는 활동이 아니라 항상 새로운 시작으로만 나타나기 때문이다. 따라서 그 자체로 검토하는 것을 특징으로 하는 사유는 사유하는 자체의 목적 외에 다른 목적을 가지지는 않는다.

또한 "검토하고 반성하는 습관이자 태도"라는 진술로부터, 사유는 '검토하기'를 중요한 특징으로 삼는다는 것을 알 수 있다. 사유가 검토하고 반성하는 태도라는 것은 즉각적인 욕구나 감정, 활동에 매몰되는 것이 아니라 그것으로부터 한 걸음 떨어져서 다시 살펴보는 것과 관련된다. 소크라테스는 현상세계에 대한 의견을 '검토하는 일'을 본업으로 삼았을 뿐만 아니라 다른 사람에게도 같은 일을 하도록 요청했다는 사실에서 이 '검토하기'를 사유의 핵심으로 삼았다는 것을 알 수 있다.(LM: 259) 이 검토하기는 우리가 현상세계를 살아가면서 가지게 된 의견에 대해 소크라테스가 질문을 제기하고, 상대방이 답하면 그 의견에 대해 다시 질문함으로써, '묻고, 따지고, 검토하는' 대화의 방식으로 이루어진다. 그렇다면 사유는 실지로 어떠한 특징 및 과정을 거치는가? 흥미로운 것은, 아렌트는 소크라테스의 사례에서 보이는 타인과의 묻고 따지고 검토하는 대화를 내 안에 이루는 것으로 사유의 의미를 확장한다는 것이다. 아렌트는 사유하기의 핵심이 "나와 나 자신 간의 소리 없는 대화" 혹은 "하나 속의 둘(two-in-one)"이라고 보았다.(LM: 286) 이는 소크라테스가 "나는 다른 사람과의 불일치보다 나 자신과의 불일치가 더 불편하다"(LM: 281)라고 한 것과 밀접하게 관련되어 있다. 이것은 자신과의 대화를 통해 자신의 의견을 검토하고, 그 결과 자기 자신과의 불일치를 발견하고 그 속에서 묻고 따지고 검토하는 일을 통해 그것의 의미가 무엇인지를 탐색하며, 그것에 대한 내 안의 합의를 추구하는 삶이 그에게 가장 중요한 일이었음을 드러내어 준다. 여기에서 알 수 있는 사유의 특징은 내가 현상세계에 대해 가지고 있는 관점조차 그와는 다른 시각으로 검토하는 일을 내 안에서 이루는 것, 그것이 사유하기라는 것을 보여준다. 아렌트는 내가 또 다른 나 자신과 함께 나누는 소리 없는 대화를 사유의 활동으로 제시하면서, 홀로 있을 때도 '내 안에 있는 둘의 분리'를 경험하는 것이 사유의 핵심이라고 보았다.(LM: 290) 여기에서 아렌트는 사유의 유일한 기준은 다른 기준이나 원리가 아니라 자신과의 합의, 즉 자신과 일치하는 것이라고 설명한다.(LM: 288) 아렌트는 자기 자신과의 대화를 통하여 현상세계에 드러난 사례를 검토함으로써 '나 자신과의 합의'를 경험하는 것으로 세계에 대한 자신만의 고유한 이해에 도달할 수 있다고 본다고 할 수 있다. 이와 같은 내 안에 있는 둘의 분리는 다른 "일상적인 활동의 중지"[134]를 요청한다. 아렌트는 활동적 삶과 정신적 삶을 명확히 구분되는 다른 종류의 활동으로 본다. 내 안의 내적 대화를 위해서는 일상으로부터 물러남, 다른 활동의 중지가 필요하다고 한다. 사유한다는 것은 일상의 하던 일을 중지하고 다른 세계로 이동하는 것과 같다고 하며, "멈춰서서 생각할 여유"(LM: 18)를 가지는 것이라고도 한다. 우리가 현상세계 속에 타인들에게 매몰되어 하던 일을 멈추고 나 홀로 생각할 여유를 가지는 것, 일체의 분주한 활동을 하는 것으로부터 물러남이라는 적절한 고독(solitude)을 요청하는 것, 그것이 사유의 특징이라는 것이다. 이것은 개인이 고립되는 것과는 다른, 홀로 있을 수 있으면서도 외롭지 않은 '고독'에 가깝다고 할 수 있다. 왜 혼자 있으면서도 외롭지 않은가? 아렌트는 사유가 나와 또 다른 자아가 나누는 대화, 즉 내 안의 복수성을 경험하는 것으로, 이와 같은 고독은 "인간은 자신이 아무것도 하고 있지 않을 때 그 어느 때보다 활동적이며, 혼자 있을 때 가장 덜 외롭다"(LM: 5)는 것을 경험하는 것과도 같다. 아렌트는 홀로 있을 때 스스로와 대화할 수 있는 능력을 지닌 사람이 악에 덜 취약하다고 논증한다. 아렌트에 의하면 무사유(thoughtlessness)는 이와 같이 내 안의 둘의 분리를 경험하지 못한 채 철저히 고립된 사람이 지니는 특징이다. 아이히만의 무사유의 사례에서 드러나듯이, 철저히 고립된 사람은 자신이 행한 일을 함께 검토하고 제동을 걸고 대화를 통해 합의에 이를 내적 친구가 없기 때문에 결론적으로 악에 더욱 취약하게 된다. 왜냐하면 사유하는 사람은 내적 합의를 통해 다른 사람에게 휩쓸리지 않을 수 있는 견고한 내적 기준을 가지기 때문이다.

그렇다면 일상으로부터 물러나 홀로 있을 때 내 안의 둘의 분리를 경험하는 과정으로서의 사유는 어떤 과정을 통해 자신과의 합의에 이르게 되는가? 아렌트는 그 자체로 검토하기로서의 사유의 활동을 '해빙하기' 비유를 통해 설명하고 있다. 아렌트에 의하면 사유는 '결빙된 사유'(frozen thought)와 '해빙하기'(unfreezing)를 왔다 갔다 하는 과정으로 구성된다고 할 수 있다.(LM: 265) '집'을 예로 들어보자.(LM: 264) 먼저 우리는 현상세계 가운데서 사진이나 영상, 작품 등으로 다양한 형태의 집을 보게 된다. 한 부족의 흙집, 왕의 궁전, 도시 거주자의 고향 집, 마을의 움막집, 도시의 아파트 등의 다양한 건물을 우리는 모두 '집'이라고 부른다. 우리가 이 모든 특수하고 다양한 건물을 집이라고 부르는 이유는 아마도 우리 머릿속에 '집'이라는 개념이 있기 때문이다. 이 개념은 명확하게 말로 규정할 수는 없지만 다양한 건축물을 '집'이라 부를 수 있도록 해주고 개별자를 한계지어주는 무엇인가를 함축하고 있다. 이 점에서 다양한 개별자를 집이라고 명명할 때, 우리가 가진 개념으로서의 '집'은 마치 다양한 의미가 응집된 채로 있는 '결빙된 사유'와 같다.(LM: 265)

그러나 이 결빙된 사유는 다시 다양한 현상세계의 집들을 볼 때마다 그 의미가 해빙되어야 한다. 이것은 마치 일상적으로 사용하는 개념에 함축된 다양한 의미들을 실타래처럼 풀어내는 것과 같다. 예를 들어 궁궐, 아파트, 주택 등 다양한 건축물을 보고 집이라 부를 때 우리는 "사람들이 기거하는 곳, 오래 묵는 곳, 가정을 가지고 있다는 것"(LM: 265) 등의 의미를 함께 떠올린다. 그러나 유목민의 텐트를 집이라고 부르지 않는다면 그 이유는 집이라는 개념에 함축된 "오래 거처하는 곳"이라는 의미를 함께 떠올렸기 때문인지 모른다. 오늘 세웠다가 내일 해체하는 텐트는 오래 거처하는 거주 장소가 될 수 없기 때문이다. 이와 같이 현상세계 속에서 해빙하기는 마치 집이라는 응결된 덩어리 속에 함축되어 있는 다양한 의미가 풀어져 나오는 것과 같다. 이 다양한 의미를 해빙하다 보면 지구의 내 집, 학교는 내 집 등 자신만의 은유와 의미를 표현하는 것으로 자신만의 의미를 확장할 수 있을지 모른다. 이처럼 각 개념에 들어있는 사전적 정의는 하나일지 모르지만, 그것의 의미는 고정되어 있지 않고, 사람마다 가진 의미가 다르다. 그것은 현상세계의 다양한 개별자를 볼 때마다 그 자신이 다시 해빙해서 풀어내야만 하는 것이기 때문에 그 의미들은 "고정되지 않고 움직인다"고 할 수 있다.(LM: 263[135])

이렇게 볼 때 사유는 결빙된 사고와 해빙하기를 왔다 갔다 하는 과정이라 할 수 있다. 다시 말해 해빙하기를 통해 내 안에 결빙된 채로 있는 개념의 다양한 의미를 현상세계 속에서 풀어내고, 또 세계의 다양한 현상 속에서 그것의 응축된 형태로서의 개념에 다시 도달하는 과정을 통해 더 명료하고 고유한 나만의 의미체계로서의 세계를 가지게 되는 것이다. 이러한 세계는 분명히 나의 욕구 차원에서 소비의 대상이거나, 혹은 유용성의 차원에서 어떤 가시적 목적을 위한 수단으로서의 세계와는 다른, 사유를 통해 형성된 자기의미들로 이루어진 세계라고 할 수 있을 것이다.

결빙된 사고를 해빙하는 것이 중요한 이유는 무엇일까? 아렌트는 "우리가 용어들을 원래 맥락으로 해체할 때, 은유의 진정한 의미가 노출된다"(LM: 161)라고 언급한다. 개념, 원리, 법칙 등 우리는 일상적으로 통용되는 개념을 결빙된 덩어리의 형태로 비판 없이 수용할 때가 많다. 그러나 개념을 아는 것과 그것의 의미를 이해하는 것은 다르다. 우리가 어떤 개념을 진정으로 이해하는 것은 그것이 원래 맥락에서 가지는 의미에 도달할 때라고 할 수 있다. 이러한 의미 이해는 각 사람의 현실 전체 맥락 속에서 결빙된 사고를 해빙시킴으로써 가능하다. 따라서 결빙된 사고를 해빙시키는 것은 구체적인 결과물을 남기지는 않지만, 그 사람의 마음에 모종의 흔적을 남긴다. 얼핏 보기에는 같은 일을 반복하는 것처럼 보이지만, 사유하기 전과 이후에는 분명히 차이가 있다.

각 사람이 사유를 통해 가지게 된 현상의 개념들은 각 개인에게 "보이지 않는 척도"(LM: 265)로 작용할 수 있다. 아렌트는 절대적인 가치의 준거가 무너진 상황에서도 개인이 의미 탐색으로 도달한 개념들이 그 사람에게 일종의 보이지 않는 척도로 작용할 수 있다고 본다. 각 개인이 이와 같이 보이지 않는 척도를 가진다는 것은, 아렌트의 표현으로 "판돈이 탁자 위에 있는 흔치 않은 경우에도 최소한 자아를 위해 파국을 방지할 수 있는"(LM: 299) 힘, 즉 사유가 우리에게 주는 근원적 힘이 된다. 이와 같은 사유의 힘은 궁극적으로 세계에 대한 자신만의 의미를 형성할 수 있는 사람이 지닌 힘이라 볼 수 있다.

그런데 현상이나 의견을 검토하는 일이 어떻게 자신만의 의미를 형성하는 것으로 연결될 수 있을까? 이것은 사유가 의견을 검토하는 일과 관련된다고 했을 때, 이 검토에서 궁극적으로 귀착되는 질문이 '개념'과 관련된다는 사실로부터 유추해볼 수 있다. 흥미로운 것은, 아렌트가 사유하기의 대표적 사례로 들고 있는 소크라테스를 '최초로 개념을 발명한 사람'으로 본다는 것이다.(LM: 256) 소크라테스가 대화자와 함께 묻고 답하는 과정을 통해 궁극적으로 귀결되는 질문은 "정의란 무엇인가", "용기란 무엇인가", "아름다움이란 무엇인가"와 같은, 현상에 대한 개념의 의미를 묻는 질문이다.(LM: 263) 즉 현상세계의 구체적인 사례, 예를 들어 정의로운 사람, 용기 있는 사람 등으로 시작해서 그 사람은 정의로운지 그와 다른 경우는 정의롭지 않은지 등의 질문을 옮겨 다니며 다양하게 검토해보다가 궁극적으로 다양한 현상 속에 존재하는 정의들의 사례를 통해서 정의 자체란 무엇인가라는 질문으로 귀결되는 것이다. 소크라테스의 사례에서 알 수 있는 것은, 그가 현상세계의 다양한 의견들을 검토하면서 궁극적으로 제기한 질문이 결국 '선, 아름다움, 정의, 용기, 행복'과 같은 '개념'과 관련된다는 것이다. 따라서 아렌트는, 우리가 검토할만한 가치 있는 사물들과 관계를 맺음으로써 개념의 의미를 이해하는 일이 중요한 이유는 그것이 우리가 악에 빠지지 않을 수 있도록 하는 소극적 조건이 되기 때문이라고 주장한다. 왜냐하면 검토할 만한 가치 있는 것이 없는 것은 곧 개념의 부재로서의 '악'과 관련되기 때문이다. 악은 그 자체로 검토할만한 개념이 부재하기 때문에 항상 어떤 의미의 결여나 부재로 나타나며, 이것이 가치의 부재로서의 악이 무의미성으로 연결되는 이유가 된다. 평범한 사람의 무사유가 악행으로 쉽게 빠질 수 있는 이유가 여기에 있다. 다르게 말해 사유는 자신에게 의미가 있는 것과 의미가 없는 것을 구분하는 힘이 되며, 어떤 것의 의미를 추구하는 사유하는 삶은 의미의 부재인 무사유로 귀착되지 않을 가능성을 가지는 것이다.

사유는 현상세계에 살면서 세계의 사물을 대할 때 그것을 나의 욕구 차원의 좋고 싫음이나, 그것의 쓸모와 유용성의 차원에서 대하는 것이라기보다, 그것의 의미가 무엇인지를 탐색하는 것과 관련된다. 아렌트는 행위와 긴밀하게 관련된 정신활동으로 사유를 설명하면서, 이를 가시적인 결과물을 남기기 위한 인식활동과 구분되는, '의미추구 활동'(the quest for meaning)으로 소개하고 있다.(LM: 34) 의미를 추구하는 것은 왜 중요할까? 여기에는 아렌트의 고유한 문제의식이 작동한 것으로 보인다. 『정신의 삶』 서문에는 사유에 관한 연구를 시작하게 된 동기가 아이히만 (A. Eichmann) 때문이라고 나와 있다. 홀로코스트 전범이었던 아이히만이 자신이 자행했던 끔찍한 범죄에 대해 무죄라고 주장했다는 것은 유명한 이야기이다. 아이히만의 재판을 참관하면서 아렌트가 충격을 받았던 것은 아이히만이 자신에게 주어진 업무에 대해 누구보다 충성스럽게 일했지만, 정작 자신이 하는 일의 '의미'는 몰랐다는 사실에 있다. 나치 군인으로서 해야 할 매뉴얼과 칸트의 준칙까지 줄줄 암송하면서도 그것이 의미하는 바는 전혀 몰랐다는 것을 아렌트는 무사유의 가장 큰 특징으로 본다. 우리가 어떤 것을 행하는 것, 사용하는 것, 혹은 그것의 내용을 아는 것과 그것의 의미를 아는 것은 분명히 구분된다. 이로부터 아렌트는 어떤 것의 내용이나 결과를 아는 '인식'(knowing)과 구분되는, 어떤 것의 의미를 추구하는 '사유'의 중요성에 주목한 것으로 보인다.

그에 비하여 '인식'은 우리의 알고자 하는 욕구에서 추동되는 것으로, 엄밀한 실험과 검증의 과정을 거쳐서 도달하는 확실한 결과물로서의 진리(지식)를 얻고자 하는 활동이다. 아렌트는 인식을 데카르트에서 촉발된 근대의 가장 특징적인 태도로 설명하면서, 지성에 의한 "결과에 대한 고찰"로서, 증거와 실험 등 합리적 절차와 과정을 통해 도출된 "확실한 지식"(LM: 22)을 특징으로 한다고 본다. 인식은 무엇인가를 확실하게 인지하고 인식하는 지성(intellect)에 의해 작동하며, 인식의 과정을 통해 도달된 결과물로서의 지식은 객관적이고 확실한 것이 된다. 왜냐하면 특정 실험과 논리 과정을 다른 사람도 똑같이 반복하면 동일한 결과에 이르기 때문이다. 이와 같은 인식활동은 시작과 끝이 명확한 활동으로서, 확실한 결과물을 얻게 되었을 때는 그 활동이 끝난다. 그러나 무엇인가를 아는 것과 사유하는 것은 다르다. 우리가 어떤 것을 지식으로 알 때도 그것의 의미는 모를 수 있다. 의미를 탐색하는 사유는 각 개인이 세계와 맺는 특징적인 관계로서, 사물의 기능을 사용하는 것과 사전적 정의에 기반한 지식을 가지는 것은 가능할 수 있어도 그것이 자신에게 갖는 의미를 깨달은 것은 아닐 수 있다.

이와 대조적으로 사유는 언제나 새로운 시작으로만 나타난다. 소크라테스의 사례에서도 볼 수 있듯이, 어떤 것의 의미를 탐구하기 위해 의견을 검토하는 사유활동에서 절대적인 답, 하나의 진리는 제시되지 않는다. 소크라테스는 대화자와 함께 개념의 의미를 검토하는 끝에 언제나, 자신도 그 대답은 모른다고 하는 것으로 논의를 마무리한다. 그리고 그 탐색이 한 바퀴 돌고 나면 "항상 다시 시작할 것을 기꺼이 제안하고"(LM: 262), 다시 정의나 용기, 또는 지식이나 행복이 무엇인지 그 의미를 함께 검토해볼 것을 제안한다. 사유는 답을 구하는 것이 아니라 의미를 추구하는 일이기 때문이다. 확실한 지식을 구하고 활동이 종결되는 '인식'과 달리, 사유는 항상 새로운 시작으로만 나타난다는 점에서 탄생성의 기제와 유사하다.

아렌트는 새로운 시작으로 드러나는 사유의 특징을 페넬로페의 뜨개질 비유로 설명한다. 남편인 오디세우스가 전쟁에서 돌아오기를 기다리며 종일 뜨개질을 하고 다음 날 아침이 되면 전날 뜨개질한 것을 모두 풀고 다시 처음부터 뜨개질을 시작하는 페넬로페처럼, 사유도 날마다 새롭게 시작된다는 것이다. 또한 구체적이고 가시적인 결과물을 남기지는 않는다는 점에서 사유는 바람에 비유될 수 있다. 아렌트에 의하면 사유의 바람이 지나가고 나면 바람 자체는 눈에 보이지 않는다. 그 때문에 바람이 지나갔는지 그 결과물로는 알 수가 없다. 하지만 바람으로 인한 결과는 우리 자신 안에 뚜렷이 나타난다. 다른 사람은 몰라도 사유의 바람이 지나가기 전과 후는 분명히 차이가 나며, 사유하는 사람 자신은 어쨌든 "바람이 접근하는 것을 느낀다"(LM: 269)라는 것이다. 이와 같은 비유를 통해 알 수 있는 것은 무엇인가? 페넬로페의 뜨개질, 혹은 사유의 바람이 계속 지나가면 가시적인 결과물은 아닐지라도 그 사람의 마음에 모종의 흔적을 남기게 된다. 이것이 쌓이면 사유가 사람의 마음의 결, 즉 그 사람이 누구인가 하는 고유한 인격을 특징짓는 독특함이 된다는 것으로 이해할 수 있을 것이다.

3) 교과를 통해 세계와 연결되기 : 사유로의 초대

이상과 같이 학생이 이 세계에 대한 자신만의 독특하고 고유한 의미를 탐색해갈 수 있도록 안내하는 것은, 마치 학생을 '진주조개잡이'(pearl diver)[136]로 기르는 것에 비유할 수 있겠다. 아렌트는 『어두운 시대의 사람들(Men in Dark Times)』에서 이 진주조개잡이 비유를 소개하고 있다. 고든은 이 진주조개잡이 비유를 인용하며, 교육에 대한 아렌트의 아이디어는 곧 교육자의 임무가 "학생들이 진주조개잡이가 될 수 있도록 돕는 것에 있다"라는 주장으로 이해될 수 있다고 해석한다.[137]

아렌트에 의하면 전통이란 과거에 일어났던 끊임없는 새로워짐의 역사를 모아놓은 것이다. 그것은 끊임없는 도전과 응전의 역사이고, 모든 도전을 이겨내고 살아남은 어떤 정제된 결정(crystallization)이다.[138] 이 점에서 과거의 작품들은 과거의 살아있는 눈과 뼈가 결정화의 과정을 거쳐 지금의 진주와 산호로 바뀐 것에 비견할 수 있다. 따라서 과거와 전통은 그 자체로는 현재로 연결될 수 없다. 아렌트에 의하면 이와 같이 결정화된 진주와 산호가 다시 살아있는 눈과 뼈가 되는 것은 "새로운 사유의 치명적인 타격으로 그들을 해석하는 과정에서 그들의 맥락을 해체함으로써만 구원되고 현재로 비약할 수 있다"[139]는 것이다. 이와 같은 과거로부터 현재의 연결은, 아렌트가 과거의 작품들을 수집해서 자신만의 새로운 의미를 창출했던 벤야민의 사례를 통해 밝히고 있듯이 과거의 편린들 속에서 보석과 같은 내용을 발견하고 수집하고 그 인용문에 담겨있는 의미를 '시적으로 사유함으로써'(thinking poetically) 가능하다.[140] 그럴 때만 과거의 편린들은 과거라는 심해로부터 나와서 현재의 흐름을 중단하고 개입하는 살아있는 힘으로 될 수 있다. 아렌트는 과거를 대하는 이와 같은 태도를 '진주조개잡이'에 비유해 설명한다.

이러한 사유는 현재에 의하여 촉발되며 과거로부터 떨어져 자기 자신 주변에 모여드는 '사유의 단편'과 함께 작동한다. 바닥을 파헤치고 그것을 드러내는 것이 아니라 귀중하고 신기한 것, 즉 심연의 진주와 산호를 들어 올려서 그것을 수면으로 운반하고자 바다의 밑바닥으로 내려가는 진주조개잡이처럼 이러한 사유는 과거의 심연으로 파고 들어간다. 이러한 활동은 과거를 있는 그대로 부활시키는 것이 아니라 사라진 시대의 재현에 기여하는 것이다. 이러한 사유를 인도하는 것은 비록 생존이 시대의 폐허에 영향을 받는다고 하더라도 쇠퇴과정이 동시에 결정화 과정이라는 확신, 한때 살아있는 것도 가라앉고 용해되어 버리는 바닷속 깊은 속에서 어떤 것이 "현저한 변화"에도 견뎌내고, 언젠가 그것들에게로 내려와 삶의 세계-사유의 단편, 귀중하고 신기한 것, 아마도 영원한 근원 현상들로서-까지 운반할 진주조개잡이만을 기다리기라도 하듯이 새롭게 결정화된 형태나 유형으로 존재할 것이라는 확신이다.[141]

위의 인용문에 나오는 진주조개잡이 비유는 학생들이 교사가 소개해 준 교과라는 세계의 단편을 통해 세계 속으로 헤엄쳐가는 것으로 확장해서 해석해볼 수 있다. 이 비유로부터 아이들의 탄생성이 어떻게 세계 속에서 자라게 되는지 그 과정을 추론해볼 수 있다. 먼저, 진주조개잡이는 진주와 산호를 캐기 위해 '과거의 심연으로 파고 들어가는' 자이다. 진주조개잡이는 그 과거의 심연 속, 한 때 살아있는 것도 가라앉고 용해되어 버리는 바닷속 깊은 그곳에서 현저한 변화를 수없이 많이 견뎌내고 그들을 기다리고 있는 진주와 산호를 캐는 자들인 것이다. 진주와 산호를 캐기 위해서는 과거의 바다로 들어가야 한다. 이것은 두 가지를 말해준다. 하나는 진주를 캐내고자 하는 자가 직접 바다로 들어가야 한다는 것이다. 이것은 아무도 대신해줄 수 없는 일이며 직접 심연으로 들어가는 자만이 진주를 캐내 올 수 있다. 다른 하나는 진주를 캐내고자 하는 자는 현재 자리에서 떠나서 바다로 들어가야 한다는 것이다. 이것은 나의 현재 욕구나 필요로부터 떠나 세계라는 바닷속으로 헤엄쳐 들어가야 한다는 것으로 해석할 수 있다. 이는 곧 세계 속에서 자신만의 의미를 발견하기 위해서는 먼저 바다 속을 헤엄치는 과정, 즉 과거의 작품들을 소개받고 안내받는 과정이 요청된다는 것이다. 이것은 진주를 캐내기 위해서는 먼저 학생들에게, 점차로 세계에 친숙하게 되는 과정이 필요하다는 것을 의미한다.

진주를 찾기 위해서는 현재를 떠나 과거의 심해로 내려가 탐사하는, 세계와 친숙해지는 단계가 필요하지만 그것에서 그치는 것이 아니다. 바닷속으로 탐사를 떠나 그곳에서 익숙해지더라도 그곳에서 궁극적으로 찾고자 하는 것은 '진주와 산호들'이다. 여기서 진주와 산호들은 진주조개잡이가 찾고자 하는 것으로서 내 삶이 지향할 만한 것으로서 삶의 가치와 의미로 생각해 볼 수 있다. 이 진주와 산호들은 과거에는 살아있는 눈과 뼈의 부분이었으나 시간의 흐름 속에 낡아서 결정화의 과정을 거친 것들이다. 따라서 화석화되고 결정화된 진주와 산호들을 다시 살아 있는 눈과 뼈로 되살리기 위해서는 그것을 떼어서 현재로 가지고 오는 과정이 필요하다. 즉, 그것이 살아있을 때는 원래의 맥락 속에서 가진 의미가 무엇이었는지, 또 산호와 진주로 결정화되는 과정에서 어떠한 변화를 거쳤는지, 궁극적으로 산호와 진주를 들어 올려 수면 위로 가지고 올라왔을 때 과거가 아닌 현재 속에서 가지는 새로운 의미는 무엇인지를 사유할 필요가 있다. 이 모든 과정은 전체 맥락으로부터의 파괴와 해체를 통해 지금 우리가 사는 현재 세계 속으로 가지고 올라와서, 현재라는 맥락 속에서 가지는 의미를 재구성하는 과정으로 이해할 수 있다. 이 때문에 진주조개잡이는 심해 속 진주와 산호를 캐어내어 수면 위로 가지고 올라오는 자인 것이다. 이와 같은 과정은 하나의 획일적인 과정이 아니며 다른 누군가가 해줄 수 있는 일도 아니다. 오직 자신만의 새로 시작하는 힘으로 나의 일상의 모든 활동을 중지하고, 홀로 바닷속으로 뛰어들어 이리저리 헤엄치며 산호와 조개들을 찾아다니는 과정이며, 또한 그것을 캐어내어 수면 위로 가지고 올라와서 나의 삶의 전체 맥락 속에서 그것이 가지는 의미를 새롭게 발견해가는 과정이다. 이것은 구체적인 정해진 결과물을 이루어내는 과정과는 다르며, 오직 순간순간 자신의 새로 시작하는 힘으로 자신의 삶의 의미를 탐색해가는 과정이라 할 수 있다.

위에서 살펴본 진주조개잡이의 비유는 낡은 과거를 새로운 눈으로 보는 것이 어떠한 것인지를 시적으로 보여준다. 이 진주조개잡이를 통해서만 낡은 과거는 현재로 비약하며, 현재 속에서 파괴적이고 혁신적인 힘을 드러낼 수 있는 근간이 된다. 이와 같은 과정은 진주를 그 자체로 '단절과 틈새, 그리고 재발명으로 가득 찬 혁신의 연속'으로 이해하는 관점이라고 할 수 있다.[142] 진주를 보석으로서만 보는 사람은 그것을 훼손되지 않도록 보존하는 데에만 집중하거나, 사적 이해와 관련해 이해하거나 그것을 어떻게 사용할까 하는 데만 관심이 있을 것이다. 그러나 진주를 시간의 흐름 속에서 결정화된 과정으로 보는 사람은 그 과정에 감추어진 아이디어나 의미에 관심을 가지게 된다. 이를 위해서는 진주를 하나의 보석으로 보는 것과 다른 각도에서 진주라는 작품이 되기까지 겪었던 '축적과 분해, 결정화의 과정'을 읽어내는 것이 필요하다. 아렌트는 진주를 통해 '축적과 분해, 결정화의 과정'을 읽어낼 수 있고 그것을 현재의 맥락 속에서 가지는 의미를 해석해낼 수 있는 새로운 힘이 이 세계를 새롭게 할 수 있다고 본다.

나는 진주를 그 자체로 '단절과 틈새, 그리고 재발명으로 가득 찬 혁신의 연속'[143)]으로 이해하는 태도는 결국 진주를 대할 때 그것의 '의미에 관해 사유하는 것'과 관련되어 있다고 생각한다. 아렌트에 의하면, 이와 같은 사유는 항상 "현재에 의해 촉발되면서, 동시에 과거로부터 떨어져 나온 사유의 단편들과 함께 작동한다."[144)] 다시 말해 내 삶의 의미를 탐색하는 사유는 늘 세계의 단편들을 출발점으로 하면서도, 과거를 주어진 대로 받아들이는 것이 아니라 그것의 의미에 대한 해체와 재구성의 과정을 통과할 때 거기에 내재해 있는 의미가 현실 속에서 새롭게 재해석됨으로써 내 삶의 새로운 의미가 된다. 그뿐만 아니라 그 사유로 인해 현실을 바꾸는 혁신적 힘을 발휘하게 된다는 것이다. 그렇지만 이와 같은 의미의 해체와 재구성은 기본적으로 과거의 단편들, 즉 세계를 기반으로 사유함으로써 이루어질 수 있다. 이것은 세계와 관계를 맺는 방식이 나의 욕구의 관점이나 필요와 같은 유용성의 관점에서 세계를 대하는 것이 아니라 그것의 의미에 대하여 사유함으로써 세계와 관계를 맺는 것을 시사한다. 이를 위해서는 세계를 소개하고 그것과 친숙해지는 과정이 꼭 필요하다. 어떠한 사유도 세계에 대한 기반 없이 이루어지지는 않기 때문이다. 이 점에서 사유의 풍부한 소재들로서 좋은 작품들을 소개하고, 그 소재들을 대상으로 자신만의 의미를 구성할 수 있도록 안내하는 과정이 필요하다. 아렌트에 의하면 교육은 학생들이 과거와 전통의 바닷속으로 들어가는 진주조개잡이처럼 과거에서 결정화된 진주를 찾아내어 현재를 비판하고, 그것에 견주어서 자신의 새로운 의미와 가치를 찾아낼 수 있도록 도와주어야 한다.[145)] 이런 과정을 통해 결정화된 산호와 진주는 그 사람의 삶 가운데 살아있는 눈과 뼈로 되살아날 수 있다는 것이다.

그렇다면 세계의 의미를 탐색함으로써 자신만의 고유한 세계와 관계를 맺는 것, 즉 사유하는 학생으로 안내하는 것은 어떻게 가능할까? 학생들에게 사유를 어떻게 가르칠 수 있는가? 이와 관련해 아렌트가 제시하는 '전기가오리의 비유'는 시사하는 바가 크다고 생각된다. 아렌트는 "전기가오리는 스스로 마비됨으로써만 다른 것들을 마비시킨다. 진리는 오히려 내가 느꼈던 당혹감을 다른 사람에게 감염시키는 것이다"(LM: 266)라는 문장을 통해 학생을 사유로 이끄는 일이 어떻게 가능한지를 비유적으로 설명한다. 이 비유에서 두 가지 특징이 발견된다. 하나는 전기가오리가 "스스로 마비됨으로써" 다른 것을 마비시킨다는 것이다. 이는 학생을 사유의 세계로 이끌기 위해서는 먼저 교사 자신이 사유하는 자가 되어야 한다는 것으로 이해할 수 있다. 아렌트는 이것이 사유하는 법을 가르칠 수 있는 '유일한 방법'이라고 덧붙인다.(LM: 266) 이렇게 볼 때, 학생에게 사유를 가르치는 유일한 방법은 바로 교사의 사유 자체라는 것을 알 수 있다. 다시 말해 교사가 사유함으로써만 학생을 사유로 이끌 수 있다는 것이다.

이 비유에서 드러나는 또 하나의 특징은, 교사의 사유를 통해서 학생이 사유하도록 하는 방식은 일종의 '감염' 형태를 취한다는 것이다. 이것은 교사의 사유가 어째서 학생의 사유를 촉발하게 되는지를 암시해준다. 교사가 사유하는 방식에 학생이 '감염되는' 방식은 마치 편지가 스며드는 물에 서서히 젖어 드는 것과도 유사하다. 이것을 가르침과 관련해 생각해 볼 때, 학생을 사유하도록 하는 가르침은 직접적인 내용전달의 방식보다는 간접적인 초대의 방식을 제안한다고 볼 수 있다. 즉 내용이나 원리의 전달이라는 형태보다는 교사가 자신의 사유가 이루어지는 방식을 보임으로써, 즉 교사 자신이 이 세계의 의미에 관하여 묻고 따지고 검토하는 대화 속에 학생을 초대함으로써 학생의 내면에 사유를 일으킬 수 있고, 궁극적으로 학생 자신이 동일한 일을 할 수 있도록 한다는 것이다.

아렌트는 이를 세계를 사랑하는 태도로 설명하고 있다. 교사가 자신이 가르치는 세계를 사랑하고, 그 안에서 자신만의 고유한 의미를 형성하였을 때, 교사가 세계와 맺고 있는 그 관계가 아이들에게는 호기심을 불러일으킨다는 것이다. 교사가 자신이 사랑하는 그 세계에 대해 열정적으로 소개하고 내보일 때, 아이들은 선생님에게 무엇인지 알 수 없지만 뭔가 중요한 것이 있고, 그것이 좋아 보인다고 생각한다. 이때 아이들 안에도 선생님이 아끼고 사랑하는 그 세계에 참여하고 싶은 마음이 일어난다는 것이다. 이것은 마치 자기가 사랑하는 세계에 감염되어 마비된 교사의 전기충격에, 아이들도 함께 감염되는 방식과 흡사하다. 이와 같은 감염이 일어나기 위해서는, 먼저 교사 자신이 자기가 가르치는 세계를 사랑하고 그것에 대한 사유에 젖어있어야 한다.

2. 사적영역과 공적영역의 매개활동

교사의 가르침의 책임이 개인의 탄생성과 세계성을 매개하는 것에 있다고 할 때, 이것은 아이의 탄생성을 내버려 두지 않고 세계로 안내해야 할 어른세대의 책임을 부각한다. 그러나 가르침의 의미를 이렇게 이해할 때, 이 일에 수반된 한계와 우려에 직면하게 된다. 개인의 사유를 통해 도달하는 이 세계에 대한 고유한 관점을 가진 개인이란, 결국 개인의 고립된 사유에 갇혀있던 데카르트적 근대인과 궁극적으로 무엇이 다른가? 자기 안에서의 대화만 이루는 사람 또한 본질에서 타인과 고립된 자신만의 세계에 갇힐 수 있지 않을까? 그 누구와도 다른 고유한 관점을 가진 개인이 자신만의 의미를 형성하였다고 하여도 그것이 다른 사람들과 함께 살아가는 세계에서도 소통될 수 있는가?

여기서 아렌트가 말하는 사유는 고립된 개인이 혼자 세계와 대면하는 것으로 이해되어서는 안 된다. 한 개인의 세계이해는 세계에 관한 하나의 관점에 불과하며, 이것은 타인과 소통함으로써 더욱 폭넓은 세계이해로 이어질 수 있다. 그럴 때만 세계에 대한 의미탐색은 우리 각 사람의 탄생성을 드러내는 것이 될 뿐만 아니라, 궁극적으로 이 세계를 새롭게 할 수 있는 일로 연결될 수 있다. 이것은 아렌트의 문제의식과도 일맥상통한다. 아렌트는 지금까지의 서구철학사에서 세계에 대한 이해가 고립된 철학자의 사유에 집중됨으로써 보통사람의 삶과 유리된 길을 걸어갔다고 비판한다. 이와 같은 아렌트의 문제의식은 『칸트 정치철학 강의 (Lectures on Kant's Political Philosophy: 이하 LK)』의 다음과 같은 진술에 잘 나타난다.

> "그러나 여러분이 혼자 있을 때 발견한 것(사유)을 구두상으로나 서면으로
> 타인에게 어떤 방식으로든 노출해 검증하거나 소통할 수 없다면, 고독 가운
> 데 작용했던 이 기능은 소멸해버릴 것이다."(LK: 88)

위의 인용에서 아렌트는 사유의 한계를 밝히고 있다. 즉 개인의 사유가 자신의 내면에 머물 때, 아예 사유의 기능 자체가 소멸할 위험성을 가진다는 것이다. 이 세계에 대한 사유를 통해 나만의 고유하고 유일한 의미를 형성했더라도, 그 차원에만 그친다면 한계가 있다는 것이다. 예를 들어, 자기 하고 싶은 대로 하고 살던 아이에게 세계를 가르치면 아이는

무엇인가를 새롭게 배우고, 때로는 그것을 기반으로 창의적인 사고도 할 수 있을 것이다. 그런데 아렌트는 그것으로 충분한지를 묻는다. 그렇다면 이것에 대한 아렌트의 대안은 무엇인가? 어떻게 하면 고독 가운데 행해졌던 나의 사유, 그것을 통해 형성된 나만의 고유한 관점이 소멸하지 않고 이 세계 가운데 존재할 수 있는가? 여기에서 자신과의 내밀한 대화로 특징지어지는 사유는 "구두나 서면으로 타인에게 검증되고 소통"되어야만 소멸하지 않는다는 진술에 주목할 필요가 있다. 이것은 개인의 세계에 대한 의미탐색으로서의 사유는 '타인과 소통할 수 있어야 한다'라는 것을 의미한다. 그렇지 못하다면 사유를 통해 개인이 세계를 이해하는 독특한 관점, 혹은 더 나아가 사유의 기능 자체가 소멸할 수 있다는 것이다. 즉, 세계에 대한 개인의 독특하고 새로운 관점은 반드시 타인에게 노출해 검증하거나 소통 가능할 때에만 이 세계에 남을 수 있고, 궁극적으로 우리의 현상세계를 새롭게 하는 데까지 이르게 된다는 것이다. 그렇다면 타인과의 소통과 검증은 어떻게 가능한가? 나는 이것에 대한 아렌트의 대안이 '공적영역'에 관한 논의에 드러나 있다고 생각한다. 왜냐하면 '소통가능성'은 공적영역의 가장 큰 특징 중 하나이기 때문이다.[146] 공적영역에 관한 아렌트의 논의는 개인의 관점이 어떻게 타인과의 소통과 검증을 통해 이 세계에 대한 공동의 이해에 도달할 수 있는가, 보다 궁극적으로 이 세계를 보존하고 혁신할 수 있는 데까지 이를 수 있는가에 대한 아렌트의 대안이라 볼 수 있다.

　가르침과 관련해 볼 때, 가르침의 사명이 탄생성과 세계성을 매개하는 한 차원을 가지지만, 이것은 고립된 개인의 사적인 차원으로 그치지 않고 공적인 차원으로 확장되어야 한다는 것을 의미한다. 이것은 나의 욕구가 욕구할만한 것인가라는 질문에 대하여 나의 욕구가 사람들 앞에 내놓을 만한 것인가를 묻는 것이다. 이것은 나의 욕구라는 사적인 차원에 머물지 않고, 공적인 차원으로 이동하는 것이라 할 수 있다. 우리가 고립되어 혼자 살아가지 않고 이 세계 속에 살아간다는 것은 사람들 속에서 살아간다는 것이다. 그것은 사람들과 소통하며 함께 공동의 문화와 세계를 이루어간다는 의미도 된다. 따라서 나의 말과 행위는 언제나 이 세계 가운데서 소통되어야 하기에, 나의 말과 행위가 소통될만한 것인가, 이 세계 가운데 드러날 만한 것인가라는 공적 감각을 갖추는 것은 매우 중요하다고 볼 수 있다.

그러나 아이들을 타인과 함께 지내는 공적영역으로 인도하는 일이 조심스러운 것은, 그들이 성인이 아니라 성장 중인 존재이기 때문이다. 아렌트도 말했듯이 모든 성장 중인 존재들은 어둠의 안전이 필요하다. 공적영역의 찬란한 광채에 너무 일찍 노출되는 것은 아이들의 성장에 치명적일 수 있다. 왜냐하면 공적영역은 타인들의 엄격한 잣대와 시선, 평가 앞에 자신을 내놓는 곳으로 여기에는 엄청난 중압감과 부담이 따른다. 아렌트도 사적영역에서 공적영역으로 가는 길에는 엄청난 심연이 도사리고 있으며, 성인조차도 공적영역에 서기 위해서는 큰 용기가 필요하다고 지적하고 있다. 아이들은 이와 같은 부담과 중압감, 긴장으로부터 보호되어야 하고, 무엇보다 안전하고 편안한 울타리 안에서 아이의 순수함과 고유함이 위협받지 않도록 배려되어야 그 아이의 온전한 성장이 이루어질 수 있다. 따라서 교사는 이와 같은 성장 중인 아이들의 사적영역을 존중하면서 조심스럽게 공적영역으로 인도해야 할 책임이 주어진다. 이 일이 성공적으로 이루어질 때, 비로소 사적영역에 속한 생명으로서의 아이가 이 세계 속에 하나의 인간존재로서 출현할 수 있게 될 것이다.

나는 이것을 행위로서의 가르침의 두 번째 차원으로서, 사적영역과 공적영역을 매개하는 일이라고 본다. 행위의 관점에서 가르침의 두 번째 차원을 탐색하는 이 장에서는 가르침을 통해 맺어지는 교사와 학생들의 관계, 즉 교육적 관계를 중심으로 사적영역과 공적영역을 매개하는 차원을 탐색하고자 한다. 학교를 하나의 가상적 공적영역으로 이해할 때, 탄생성과 세계성을 매개하는 가르침이 교과를 통하여 한 개인이 세계와 관계 맺음으로써 이 세계에 대한 자신만의 고유한 의미를 형성하는 차원을 드러내어 준다면, 사적영역과 공적영역을 매개하는 가르침은 그와 같은 각 개인의 고유한 세계이해의 관점을 교육적 관계 속에서 함께 소통하고 검토함으로써 어떻게 공적인 차원으로까지 확장하게 되는지를 드러내 줄 것이다. 이것은 다르게 말해, 자신의 욕구 차원에 머무는 아이를 이 세계에 대한 자신만의 의미를 형성할 수 있도록 안내함으로써 세계와 연결될 수 있도록 할 뿐만 아니라, 그 세계이해를 고립된 세계이해에 머물지 않고 타인들과의 관계 속에서 자신의 말과 행위를 통해 드러낼 수 있도록 안내함으로써 타인들과의 연결된 관계망 속에 고유한 인격으로 출현할 수 있도록 이끄는 것과 관련된다.

1) 교육적 관계의 이중적 공공성

학교는 공적영역이 될 수 있는가? 이를 위해서는 아렌트가 제시하는 '공적인 것'(the public)의 두 가지 의미를 검토할 필요가 있다. 아렌트는 '공적인 것'이라는 용어가 서로 관련되어 있지만 완전히 일치하지는 않는 두 현상을 의미한다고 설명한다. 한편으로, '공적인 것'의 의미는 "세계가 우리 모두에게 공동의 것이고, 우리의 사적인 소유지와 구별되는 세계 그 자체를 의미한다."(HC: 105) 여기서 공적인 것은 공동세계, 즉 인간의 손으로 만든 인공세계와 관련된다. 아렌트에 의하면 그것은 "인간이 손으로 만든 인공품과 연관되며, 인위적 세계에 거주하는 사람들 사이에 일어나는 사건에 관계한다."(HC: 105) 다른 한편으로, '공적인 것'은 "공중 앞에 나타나는 모든 것은 누구나 볼 수 있고 들을 수 있으며 그러므로 가능한 가장 폭넓은 공공성(the widest possible publicity)을 가진다는 것을 의미한다."(HC: 103) 이것은 타인들의 현존 앞에 모든 것이 드러남으로써 가지게 되는 공공성으로, 서로 다른 타인들의 관계 속에서 공개되는 데서 형성되는 공적 특징을 의미한다고 볼 수 있다.

공적인 것에 대한 위의 두 가지 의미는 달리 말해 공적영역의 특징이라 할 수 있는 공공성의 두 가지 의미라 할 수 있다. 공공성의 두 가지 의미는 아렌트가 공적영역을 설명하기 위해 예로 든 공동탁자의 비유에 그대로 부합한다. 즉 공적영역이란 마치 공동의 탁자를 둘러싸고 함께 모인 복수의 사람들과 같다는 비유로부터, 공적영역의 공공성은 한편으로 우리가 함께 논의하고 생각할 수 있는 '공동의 세계'에 의해, 다른 한편으로 공동의 세계에 대한 개인의 생각을 타인들 앞에 표현함으로써 '타인들 앞에 보이고 들려지는 공개성'에 의하여 획득된다는 것이다. 간단히 말하면, 서로 다른 타인들이 모여 공동세계에 관해 논의하는 관계 자체가 공공성의 의미를 형성한다는 것이다. 여기서 주목할 점은 공적영역이 특정 장소를 지칭하기보다는 세계에 관해 함께 논의하는 '존재-사이'로서의 관계망을 칭한다는 점이다.

'학교를 공적영역으로 볼 수 있는가'라는 질문에 답하기 위해서는 학교가 이상과 같은 공공성의 두 가지 차원을 가지는지 검토할 필요가 있다. 이를 통해 교사와 학생이 맺고 있는 교육적 관계의 본질적 특징이 무엇인지를 도출할 수 있을 것이다. 먼저, 교육현장에서 공공성의 첫 번째 의미는 교과를 통해 가르치는 공동세계와 관련된다고 볼 수 있다. 이 세계는 그 누구의 소유도 아니며, 인류의 공동유산이라는 점에서 그것은 공동의 세계이다. 그렇다면 교사가 가르치는 것이 개인의 소유물이 아닌 공동세계라는 점에서 학교는 공적 특성을 가지게 된다. 개인이 학교에서 공동세계를 배움으로써 타인과 함께 공유하는 공동의 것에 참여하게 된다. 왜냐하면 공동세계는 우리가 공유하는 공통의 언어와 기호체계로 되어 있으며, 그 안에 공적기준이 내재해 있고, 그와 같은 공적전통을 교과를 통해 배움으로써 개인은 순전히 사적이고 주관적인 차원에서 벗어나 공적 언어와 사고의 양식 속으로 초대된다고 볼 수 있다. 따라서 교과를 가르치는 일도 공동세계와 관계를 맺는 활동인 한 공공성을 가진다고 볼 수 있다.

그러나 어디까지나 이것은 공공성의 한 가지 차원이다. 아렌트적인 의미에서 공공성은 두 번째 차원에까지 확장될 때, 더 온전한 것으로 된다. 공공성의 두 번째 의미는 공동의 세계를 중심으로 하여 맺어지는 '관계'의 차원을 부각해준다. 우리가 학교에서 배우는 세계에 관하여 내가 이해한 바를 교사와 친구들 앞에서 말이나 글로 설명하고, 또 다른 사람들이 생각하는 것을 경청하며, 함께 대화하고, 논의함으로써 나의 이해는 소통 가능한 것으로 된다. 즉 관계의 그물망 속에 존재할 때 나의 이해는 더욱 일반적이고 타당한 관점을 획득하게 되며, 이를 통해 우리는 공동의 이해 안에 머물 수 있다. 왜냐하면 공적 언어를 통해 내 안에 형성되는 자기의미화의 방식은 세계를 이해하는 나만의 고유하고 특이한 하나의 관점을 드러내어 주며, 마찬가지로 타인이 언어를 통해 표현하는 의미화의 방식은 세계에 대한 또 다른 관점을 드러내어 주기 때문이다. 이같이 서로 다른 관점들이 말과 행위로 표현될 때 형성되는 관계의 그물망은 세계에 대한 공동의 이해를 형성하게 해주며, 아렌트는 이것을 세계의 실재성으로 설명한 바 있다. 한 개인이 관계의 그물망 속에 있다는 것은 나의 주관적이고 사적인 내면세계를, 타인들과 함께 공유하는 이해방식 속에서 가지게 된다는 것을 의미한다. 이것이 타인들과의 관계의 그물망으로서의 세계의 실재성 안에 머문다는 것이며, 아렌트가 말한 공적인 차원의 두 번째 의미라 할 수 있다. 이렇게 볼 때 학교에서 배우는 교과나 공동의 사안, 혹은 이슈에 대해 함께 생각하고 논의하는 공동체, 즉 교사와 학생들의 관계 안에서 소통할 수 있도록 안내하는 가르침의 장은 그 자체로 공공성을 가지는 것으로 생각해 볼 수 있다.

나는 이상과 같은 공공성의 두 차원이 무엇보다 교육적 관계의 독특한 공적 특징을 가장 잘 드러내어 준다고 본다. 교육적 관계는 다름 아닌 공동의 세계로서 교과를 둘러싸고 교사와 학생들 간에 맺어지는 특수한 관계라고 볼 수 있다. 교사와 학생들이 함께 맺는 교육적 관계는 다른 관계와는 그 본질에서 다르다. 교사와 학생이 맺는 관계는 부모와 자녀가 맺는 관계와 다르고, 친구와 친구가 맺는 관계와도 다르며, 소비자와 공급자가 맺는 경제적 관계와도 다르다. 교사는 때로 학생들에게 부모의 역할을 대신할 때도 있지만 그것이 교사의 전체 역할을 규정할 수는 없다. 교사는 때로 학생들의 친구가 되어 줄 수 있지만 그 관계는 전적으로 또래 간의 친구 관계로 환원될 수도 없다. 또한 교사는 무엇인가를 학생에게 전달하고 제공해주기는 하지만 그것을 전적으로 소비자와 공급자의 관계처럼 환원해서 생각할 수도 없다. 교육적 관계는 상품을 매개로 소비자와 공급자로 맺어지는 경제적 관계가 아니라, 세계를 매개로 하여 교사와 학생으로 맺어지는 '교육적'인 관계이기 때문이다. 이 말은 교사에게 학생이 때로는 자식처럼, 때로는 친구처럼, 때로는 고객처럼 여겨질 수는 있지만 그것이 교사가 학생들과 맺는 관계의 본질적인 의미는 될 수 없다는 것이다. 교육적 관계는 우리가 살아가는 공동세계, 즉 교과를 중심으로 맺어진다는 점에서 일차적으로 공적인 차원을 획득한다. 특히 교사가 세계를 책임진다는 사실로부터 교사에게는 권위가 부여되며, 이 때문에 세계를 중심으로 맺어지는 교육적 관계는 어른세대와 어린 세대의 구분이 존재하는 세대 간의 비대칭적 관계를 이룬다.

그러나 공동의 세계를 배우는 곳이라고 하여, 혹은 세계의 전달이 이루어진다고 하여 그것이 교육적 관계를 본질적으로 공적인 것으로 보증해줄 수는 없다. 그것이 진정한 교육적 관계가 되려면, 공공성의 두 번째 차원인 '관계'의 차원으로 확장되어야 한다. 이 차원은, 교육이 공동의 세계에 대해 집에서 혼자 배워서 내용 지식을 얻는 일이 아니라는 것을 드러내어 준다. 그것은 무엇보다 교사와 학생, 학생과 학생들이 모여서 맺는 관계의 그물망으로, 여기에는 다른 사람들에게 자유롭게 자신의 견해를 발언할 수 있는 개인과 그것을 경청하고 반박할 수 있는 타인들이 함께 존재한다. 개인이 이 관계의 그물망 속에 있을 때라야 그 교육적 관계는 행위가 이루어질 수 있는 공공성의 두 번째 차원을 가지게 된다는 것이다. 이와 같은 관계의 차원에서 교사와 학생의 사이에서 인간 대 인간으로 자신을 드러내고 표현할 수 있는 관계, 말하자면 자유로운 소통을 중심으로 하는 인격적 관계가 중요하게 등장한다. 이 때문에 아렌트는 인간들 사이에서 개인의 고유한 인격이 출현하는 행위가 이루어지기 위해서는 평등한 성인들 간의 '함께 함'(with)의 관계가 전제된다고 하였다. 이렇게 볼 때, 교사와 아이들 간에 이루어지는 비대칭적 관계에 행위의 개념을 적용하는 것의 한계를 직면하게 된다. 과연 교사와 학생들 간에 이루어지는 교육적 관계 속에서 자신의 고유한 인격을 자유롭게 드러내고 발언하는 평등하고 대칭적인 관계를 전제하는 일이 가능한가?

　나는 하나의 가상적 공적영역으로서 학교에서 이루어지는 교육적 관계를 이중적 차원에서 생각할 필요가 있다고 본다. 즉 탄생성과 세계성을 매개하는 가르침에서는 세계를 소개하고 안내할 때 탄생성이 억압받지 않는 방식으로 가르침이 이루어질 것이 요청된다면, 사적영역과 공적영역을 매개하는 가르침에서는 그와 같은 세계 소개가 이루어지기 위한 전제조건으로서 관계의 차원이 중요하게 작용한다는 점을 지적하는 것으로 해석할 필요가 있다. 즉 이것은 세계를 소개하고 안내하는 가르침이 이루어지기 위한 조건으로서의 교사·학생 관계의 성격이 어떠해야 하냐는 중요한 질문을 우리에게 던져 주는 것이다.

　이에 대해 아렌트의 제안을 귀를 기울여 들을 필요가 있다고 본다. 아렌트는 교육적 관계 속에서 성장 중인 아이들에게 요청되는 사적영역의 안전한 보호망을 경험할 수 있도록 하면서 서서히 공적영역으로 인도하는 관계를 제안하고 있다. 이것이 처음으로 타인들 앞에 자신을 표현하고 드러내는 일에 아이들이 위축되거나 부담되지 않도록 할 교사의 책임이라 할 수 있다. 아이들은 언제 자신의 목소리로 두려움 없이 자기 자신을 표현할 수 있는가? 또한 어떻게 그 속에서 타인의 목소리에 매몰되거나 귀를 닫는 일 없이 자기 자신을 표현하는 법을 배우고 전체 속에서 자신을 조율해나갈 수 있는가? 이것은 교사와의 관계가 인격적으로 신뢰할만하고 안전함을 느낄 수 있을 때 가능하다. 그 교사에게 자신을 내놓아도 되겠다는 믿음과 신뢰가 생길 때, 비로소 아이는 안심하고 자신의 내면의 목소리를 꺼낼 수 있게 된다. 그와 같은 경험이 쌓이면서 아이는 서서히 타인 앞에서 보일만하고 들릴만한 형태로 자신의 색깔을 드러내는 방법을 배우게 된다. 행위가 다른 무엇보다 인간들 사이에서 이루어지는 활동, 즉 타인 앞에 자기 자신은 누구인가 하는 인격을 계시하는 활동이라는 점에서, 한 인간으로서 자신이 존중받고 있다는 느낌, 교사의 온전한 인정, 내가 무엇을 말해도 이해해줄 것이라는 믿음과 같은 관계의 요소들이 교육적 관계 안에서 새롭게 조명될 필요가 있다. 아렌트는 이를 사적영역과 공적영역을 매개하는 교사의 역할로 설명하고 있다. 이 일이 성공적으로 이루어질 때 아이들은 자신의 고유하고 순수한 본래의 목소리를 잃지 않으면서도 그것을 공적인 관계망 안에서 타인 앞에서 표현하고 소통할 수 있는 존재로 자라갈 수 있을 것이다. 그렇다면 아이들은 언제 교사에게 신뢰를 느끼고 자신이 기꺼이 교사를 따르고 싶다고 생각할까? 아이들은 언제 안심하고 자신의 새로움을 시작할 수 있을까?

2) 새로운 시작을 증대하는 교육적 관계의 힘 : 권위

필자는 각 개인을 사적 차원에 방치하지 않고 타인과 연결된 공적 차원을 갖춘 인간으로 자라가도록 하는 일이 교육의 중요한 과업이라고 생각한다. 그러나 이와 같은 공적 차원을 갖춘 인간은 사적 차원이 없는 사람이 아니다. 오히려 공적영역에서 작동하는 타인들의 현존이라는 날카로운 광채를 견디는 힘은 오직 그 누구와도 다른 자신만의 탄생성을 실현함으로써만 가능하다. 이를 위해서는 타인의 시선에 매몰되지 않고, 혹은 타인의 목소리를 무조건 따르는 것이 아니라 자신만의 내적인 고유함을 지니고 있어야 한다. 이를 위해서 각 개인을 이 세계를 기반으로 한 자신만의 새롭고 독창적인 의미탐색을 향한 사유의 힘을 갖추는 일이 필요하다는 것을 위에서 살펴보았다. 아렌트의 공적영역은 무엇보다 탄생성을 실현하는 공간으로 이해되어야 한다. 이것은 타인과 함께하는 공간을 자신에게 의미 있는 공간으로 삼기 위해서는 그곳이 단일한 코드를 따라 획일적인 행동을 하는 사회 같은 곳이 아니라 무엇보다 그 사람이 누구인지, 각 개인의 존재를 드러내는 행위가 이루어지는 곳이 되어야 한다는 것으로 이해할 수 있다. 그럼에도 불구하고 이것을 성장 중인 아이들이 있는 교육의 장으로 가지고 올 때의 우려는, 아직도 성장을 위해 사적영역의 안전한 보호를 필요로 하는 아이들을 타인의 시선 속으로 노출하는 것에 대한 것이라 할 수 있다. 아이들이 타인 앞에서 자신을 드러내고 소통할 수 있기 위해서 교사와 맺는 인격적 관계의 신뢰가 형성되어야 할 필요성을 위에서 설명한 바 있다. 무엇보다 한 인간으로서 맺는 신뢰와 인격적인 관계가 뒷받침될 때 그 교사가 소개하는 세계로의 도약이 더 수월하게 이루어질 수 있다. 이러한 맥락에서 교사와 학생이 맺는 교육적 관계의 차원에서 우리가 새롭게 살펴보아야 할 개념이 '권위'의 개념이다.

권위는 교육적 관계로 특징되는 학교라는 공적영역을, 성인들의 정치적 공간으로서의 공적영역과 가장 구별 짓는 요소가 되기도 한다. 아렌트는 「권위란 무엇인가?(What is Authority?; WA)」라는 논문에서 다른 어떤 분야보다도 육아와 교육에서 '권위'에 대한 필요가 더 그럴듯하고 분명하게 보인다고 한다.(WA: 164) 정치영역과 달리 교육영역에서 교사의 권위가 필요하고도 불가피한 이유는, 교육적 권위가 교사의 인품이나 그 사람의 개인적 카리스마 때문에 주어지는 것이 아니라, 교사가 책임진 '세계'로부터 주어지는 것이기 때문이다. 따라서 교육적 관계는 공동세계를 안내하는 책임과 권위 때문에 완전히 평등한 관계라기보다는 교사와 아이라는 선의 구분이 존재하는 비대칭적 관계를 이룬다.

그러나 아이들의 탄생성을 교육의 본질로 보는 아렌트의 시각에서 권위는 매우 낯선 용어인 것처럼 보인다. 권위는 아이들이 새로이 시작할 수 있는 자유를 억압하는 것 아닌가? 교육에서 권위를 말하는 순간 그 교육은 다시 보수적이고 억압적인 전통적 교육으로 회귀하는 것 아닌가? 그러나 전통적인 권위의 해체를 역사발전의 긍정적인 결과로 평가하는 동시대인들의 진단과 달리 아렌트는 권위상실을 세계위기의 본질이라고 본다.[147] 아렌트는 권위에 대한 우리의 오해를 언급하면서, 보통 권위는 복종을 요구하기 때문에 특정 형태의 권력이나 폭력으로 오해하는 경향이 있다고 지적한다.(WA: 129) 아닌 게 아니라 전제주의나 독재정치를 가르켜 우리는 '권위주의적'이라고 비판한다. 사람을 복종시키는 힘이라는 점에서는 같기 때문이다. 그러나 이들을 동일시하는 것은 논제를 흐리는 일이며 양자는 동일하지 않다. 아렌트에 의하면 권위는 "인간이 자신의 자유를 보유한 채 자발적으로 하는 복종"을 함의한다.(WA: 146) 이 점에서 이들은 복종을 끌어낸다는 기능 면에서는 유사할지 모르지만, 자발적이냐 아니냐에 따라 전혀 다른 지점에 서 있는 것이다.

여기에서 권위에 대한 아렌트의 독특한 시각을 참조할 필요가 있다. 지금까지 '권위'를 강조하였던 전통적, 보수적 교육관에서의 문제는 무엇이었을까? 세계의 일방적 전수를 강조하고 원하는 결과물도 얻었을지 모르지만, 제작으로서의 교육에 내재한 난점은 원재료에 가해지는 폭력으로만 원하는 결과를 성취했다는 사실일 것이다. 이와 같은 가르침은 무엇보다 학생의 시작하는 힘을 억압하기 때문에 비판받을 수밖에 없다. 아렌트에 의하면, 세계를 있는 그대로 수용하고, 기존의 체제를 보전하기 위해 애쓰는 보수주의적 태도는 오직 몰락을 초래할 뿐이다. 왜냐하면, "만약 인간이 끼어들려는, 바꾸려는, 새로운 것을 창조하려는 결심을 하지 않는다면, 세계는 전체적 혹은 개별적 사안들에서 어쩔 수 없이 시간의 파멸성에 맡겨지기 때문이다."[148]

　　보수적인 전통적 교육에 대한 반발로 일어났던 진보주의 교육의 가장
큰 특징은 위계적이고 권위적인 관계를 제거하고자 하였다는 점이다. 따
라서 기존의 전통적 교육관의 위계적 관계가 학생을 억압한 것에 대한
반발로 진보주의 교육은 교사와의 평등하고 민주적인 관계, 학생의 자발
성과 자유를 근간으로 하여 형성된 교육관이라 할 수 있다. 이들은 권위
와 자유를 반대의 개념으로 생각했다고 볼 수 있다. 그러나 어른의 권위
를 제거한 결과 아이들이 더 많은 자유를 누리게 되었는지는 의문이다.
아렌트는 당시의 아동중심교육을 비판하면서 "아이는 어른들의 권위로
부터 해방되면서 자유로워진 것이 아니라 한층 공포를 자아내며 사실상
전제적인 권위인 다수의 전제에 종속되었다"(CE: 246)라고 일갈한다. 즉
아이들은 아직 이성적 판단에 따라 행하지도 않고, 어른들의 세계도 막
혀있고, 집단의 수적 우월성 때문에 반항하지도 못하고 자기 집단의 전
제 아래로 넘겨진 아이들은 순응주의나 청소년비행으로 연결되기 쉬웠
다는 것이다.(CE: 246)

　　이렇게 볼 때 권위는 그것을 강하게 강조한 입장에서도, 혹은 그것을
제거한 입장에서도 온전한 것으로 이해되기가 어렵다. 아렌트가 지적한
것처럼 근대 이후로 세계가 해체의 과정을 밟으면서 권위도 함께 상실되
었기 때문에 근대 이후의 인간은 권위가 무엇인지 제대로 알기 어렵게
되었다. 우리는 이미 오래전부터 증가하는 권위의 상실에, 증가하는 자
유의 상실이 상응하는 그런 세계에 살고 있는 것이다.[149] 아렌트에 의하
면 자유가 자의나 주권과 같지 않듯이, 권위는 폭력이나 지배와 같지 않
다. 따라서 교육적 관계 안에 교사와 학생의 관계를 지배-피지배의 관계
라든지 폭력에 의한 강압과 같은 구도를 가지고 오는 것은 적절하지 않

을 것이다. 그렇다면 교사와 학생의 구분이 존재하지만 지배나 폭력의 요소가 아닌 관계양식으로서의 교육적 관계가 무엇인지를 이해하기 위해서 권위의 올바른 이해는 필수적이다. 여기에 오늘날 교육적 관계의 회복을 위해 권위의 개념이 다시 재조명되어야 하는 이유가 있다.

아렌트는 진정한 권위가 무엇인지를 탐색하기 위해 권위는 무엇이었는지를 역사적 사례를 통해 먼저 고찰할 필요가 있다고 제안한다. 권위라는 용어의 원천은 로마의 역사적 경험으로 거슬러 올라간다. 로마의 경험에서 권위가 교육적 성격을 획득할 수 있는 경우는 어떤 상황에서도 선조들을 뒤따르는 세대에게 위대함을 보여주는 사례이자 위대한 자들, 즉 마이오레스(maiores, 선조)라고 생각할 때뿐이라고 한다. 이때에만 서로 다른 세대가 지배·피지배의 관계로서가 아니라, 다음 세대가 앞 세대에 대한 존경의 마음으로 그들에 대한 자발적 복종에 이르게 되기 때문이다. 왜 그런가? 로마의 권위 개념이 출현한 것은 로마의 건국이라는 새로운 시작과 관련되어 있다. 도시 로마를 시작한 건국의 신성한 토대를 유지하고 증대시키는 것이 원로원의 핵심 기능이었고, 원로들이 권위의 중심에 있었던 데서 권위의 기원을 찾을 수 있다. 권위를 뜻하는 라틴어 아우토크리타스(autocritas; 권위, 존경, 명망, 영향력)라는 말은 '증가시키다, 확대시키다, 성장시키다, 촉진시키다'를 의미하는 동사 augere로부터 파생되었다. 따라서 권위를 부여받은 원로원의 구성원들은 시작의 토대를 놓았던 선조들, 즉 마이오레스(maiores)로부터 전통을 전해 받는 방식으로 권위를 부여받았으며, 이들은 그 토대를 물려받아 그 토대를 더 증대(성장)시키는 자들이었다. 권위는 한 공동체를 시작한 자들로부터 전수된 것으로서, 그 권위를 부여받은 사람들은 지속해서 공동체의 유지와 새로운 창설을 통해 공동체적 토대를 증대시켜 가는 자들인 것이다.[150] 이 증대에서 창설, 즉 새로운 시작과 보존은 긴밀하게 관련되어 있다. 새로운 시작을 지속시킴으로써 공동세계의 토대를 증대시키는 자들에게 부여된 힘이 권위였던 것이다. 여기서 "원로나 연장자들의 '증대'가 갖는 권위적인 성격은 명령의 형식도 외부의 강제도 필요 없이 자신의 주장을 들려줄 수 있는 단순한 권고 그 자체"(WA: 169)에 있다고 아렌트는 설명한다. 다수의 의지와 행위는 아이들처럼 언제나 실수와 낭패에 노출되기 쉽기에 원로원의 증대와 인준이 필요했고, 이 인준 속에 다음 세대는 세계의 안전함 속에 새로운 시작을 할 수 있는 자유를 누릴 수 있었다. 권위는 폭력이나 지배에 의하지 않고, 권력과도 다른 구속력을 지니는데 권위를 부여받은 자가 갖는 이 힘을 그라비타스(gravitas, 무거움, 중대함)라고 불렀다. 이 힘은 권위의 담지자가 지닌 개별적 특징이나 자질과는 다르며, 모든 개별적인 순간에 과거의 무게 전체를 더하는 것으로, 이 무게를 견디는 능력이 그라비타스라고 한다.(WA: 170) 여기서 그라비타스는 배의 바닥짐처럼 사물이 항상 평형을 이루게 하는 중심력으로 작용했다고 한다. 큰 배가 중심을 잡고 있을 때 그 속에서 안전하게 새로운 시작이 출현할 수 있는 것이다. 이것이 공동체의 시작과 보존을 위해서는 새로움을 수용할 수 있고, 그것을 기존 공동체에 더하여지도록 돕는 힘, 즉 평형을 이룰 수 있도록 중심력을 발휘하는 '권위'가 필요한 이유이다.[151]

이상의 권위의 개념은 학생들이 무엇인가를 배울 때, 어떻게 진정한 배움이 가능한지를 생각해보게 한다. 내가 배우고 싶고 닮고 싶은 교사는, 그 교사가 인기가 있다거나 개인적인 카리스마가 강렬해서가 아니다. 또한 친구 같이 편한 관계여서도 아니다. 그 교사에게 내가 닮고 싶고 배우고 싶은 무엇인가가 있다고 느껴질 때, 그 교사처럼 되고 싶고 그 교사처럼 살고 싶다는 마음이 생길 때, 전인격적인 배움이 일어나게 된다. 그때 그 교사가 가르치는 내용에 대해 마음에서 우러나는 자발적인 복종과 지지가 일어난다. 이때의 권위는 교사 개인의 자질이라기보다 그 교사가 가지고 있는 세계, 그 교사가 맺고 있는 세계와의 관계 속에 나도 동참하고 싶다는 마음을 일으키는 힘이 된다. 그때 교사로부터 인정받고 싶고, 승인받고 싶고 순종하고 싶고 헌신하고 싶은 자발적 마음이 생긴다. 이렇게 볼 때 권위는 교사가 담당한 세계의 책임에서부터 우러나오는 힘이라 할 수 있다. 이러한 권위가 제거된다면 이는 "교사가 학생들보다 더 많이 알고 더 많은 일을 할 수 있는 사람으로서 갖는 권위의 가장 정당한 원천이 이제는 효과적이지 않다는 의미"이다(CE: 246). 또한, 세계로부터 부여받는 자연스러운 권위에 의지할 수 있기에 다른 강제적인 방식의 동원을 원하지 않는 비권위주의적인 교사는 이제 더는 존재할 수 없게 된다는 의미이기도 하다.

교사의 권위가 붕괴했다는 것은 우리가 살아가는 세계가 더는 신뢰할 수 없다는 것의 반증이다. 세계가 붕괴했고 더는 안전하지 않다는 것은 그 안정과 균형을 잡아주는 힘 속에서만 출현할 수 있는 새로움도 기대할 수 없다는 의미이다. 이 공동세계 속에 더는 새로움이 출현하지 않는다는 것은 이 세계가 이제는 그 새로움에 의해 성장하고 증대할 수 없다는 것을 다시 확인시켜 주는 것일 뿐이다. 아마도 이것이 증가하는 권위 상실의 시대에, 아이러니하게도 자유의 상실도 함께 증가하는 이유일 지도 모른다. 아렌트의 권위 개념에 대한 고찰은 교사와 아이들의 교육적 관계에서 세계를 책임진 교사의 권위가 배의 바닥짐처럼 중심을 잡아줄 때, 아이의 새로움이 교사가 소개하는 낯선 세계로, 또 교사와 아이들로 이루어진 교육적 관계 속으로 연결되고 증대할 수 있다는 것을 보여준다.

3) 공적영역의 소통 가능성: '판단'

교육적 관계를 하나의 가상적 공적영역의 차원에서 이해할 때, 교육적 관계 속에서 교사에게 주어지는 중요한 임무 중의 하나는 사적영역에 속한 학생을 공적영역 가운데로 인도하는 일이 될 것이다. 이것은 나 혼자 존재하는 것이 아니라. 나와 타인들이 그물망처럼 연결된 존재라는 것을 깨닫는 것과 관련된다. 타인들과 함께 존재함을 깨닫는 것은 내가 혼자 있을 때처럼 존재하는 방식과는 다른 방식의 존재함을 깨닫는 것이다. 행동하지 않고 타인들과 연결된 존재라는 것을 염두에 둘 때, 중요하게 작동하는 활동은 무엇일까? 이 질문에 답하기 위해서는 우리가 연결된 그물망으로 존재하는 영역, 즉 공적영역의 특성을 고찰할 필요가 있다.

나와 타인들이 연결되어 상호소통하는 공적영역에서는 무엇보다 소통 가능성이 중요하게 부각된다. 소통 가능성은 어째서 공적영역의 중요한 특징이 되는가? 소통 가능성의 측면에서 볼 때, 사적영역과 공적영역이 가장 뚜렷하게 구분되는 점은 사적영역은 개인이 혼자 있거나, 친밀한 가족, 혹은 친구처럼 나와 동질적인 소수의 사람으로 구성된다는 점을 들 수 있다. 그에 반해 공적영역은 나와 관련이 없는 타자들과 함께 있는 공간으로 구성된다. 타자와 함께 있는 공간은 차이와 다양성을 기반으로 한다. 이와 같은 차이와 다양성에 기반으로 하는 공적영역에서 타인과 함께 존재하기 위해서는 무엇이 필요할까?

나와 전혀 다른 타인들과 함께 살아가기 위해서 '말'이 필요하다. 사실, 무인도에서 혼자 살아가는 사람에게는 말이 필요 없다. 말은 기본적으로 타인과의 소통을 위한 것이다. 따라서 말과 타인은 소통의 두 가지 계기를 이루며, 이 소통 가능성(communicability)은 공적영역의 중요한 특징이 된다. 먼저, 언어의 차원을 살펴보자. 내가 아닌 다른 사람과 함께 있는 공간에서 타인에게 내 생각을 표현하기 위해 나는 말이나 글, 행위 등의 다양한 수단을 통해 의사 표현을 한다. 사실 말과 행위는 타인이 없다면 필요가 없어진다. 타인과 함께 존재함으로써 나를 드러내고 알릴 필요가 생기는데, 그때 나는 '말'을 통해 나를 전달한다. 이 점에서 말은 개인의 탄생성을 드러내는 데 가장 가까운 도구가 된다. 아렌트는 공적영역에서 내가 누구인지를 드러내는 도구로『인간의 조건』에서 '말'과 '행위'를 한 쌍처럼 중요하게 다루고 있고,『칸트 정치철학 강의』에서는 '말'과 '글'을 중요하게 다룬다. 말과 글, 행위 등 무엇이든, 이것은 타인들에게 나의 관점을 표현하고 드러냄으로써 내가 누구인지를 알리고 타인과 소통할 수 있게 된다는 점에서 의미가 있다.

공적영역에서 나를 드러내는 도구로서의 말의 성격에 관해, 아렌트는 '설명하기'(Logon didonai)로 표현한다. 아렌트에 의하면 설명하기는 증명하기와는 다르다. 진리를 입증하는 것이 아니라 "어떻게 그 의견에 도달하게 되었는가와, 어떤 이유로 그런 의견을 형성했는가를 말할 수 있는 것"(LK: 91)이라고 한다. 이것은 공적영역에서 타인에게 나를 드러내는 방식이 진리를 입증하는 것과는 다른 방식으로 이루어진다는 것을 의미한다. 즉 보편적이고 이견이 없는 단지 하나의 관점만이 선포되는 곳이 공적영역이 아니라, 내가 가진 하나의 관점, 하나의 의견에 대해 어떻게 그것을 가지게 되었는지를 말해봄으로써 서로 다른 다양한 의견들이 자유롭게 소통될 수 있는 곳이 공적영역이라는 것이다. 이 점에서 공적영역에서의 말, 혹은 글과 행위는 내가 누구인지 나의 탄생성을 드러내는 중요한 기제가 된다.

그러나 말과 글, 행위를 통해 나의 정체성을 드러낼 때 나는 내가 혼자 있을 때처럼 말하지는 않는다. 공적영역에서 나를 드러낼 때, 나는 항상 함께 있는 다른 사람들이 누구인지를 알고 그 사람들이 듣고 이해할 수 있도록 나를 전달한다. 여기에서 공적영역에서 소통가능성의 두 번째 계기인 '타인들'이 중요하게 등장한다. 이 '타인들'이라는 계기는 공적영역에 나를 드러낼 때 그 말, 글, 행위는 항상 "타자에 의해 드러날 만하고 들려질 만한 것"(HC: 111)이라는 공적영역의 여과기를 통과하게 된다는 것을 의미한다. 이 '타인들의 관점'이라는 여과기를 통과함으로써 나의 주관적이고 특이한 관점은 비로소 타인들 앞에 보일 만하고 들려질 만한 것으로 드러날 수 있다. 아렌트는 이 타인들의 관점을 가지는 것이 사적영역에서 이루어진 개인의 사유가 공적인 차원으로 변모하는 데에 매우 중요한 계기가 된다고 본다.

이렇게 볼 때, 공적영역에서 소통 가능성의 두 가지 계기, 즉 '말'과 '타인들의 관점'이 나의 관점을 타인들과 소통 가능한 '공적 차원'을 가지도록 하는 데에 중요하게 작용한다는 것을 알 수 있다. 그러나 아렌트는 이 두 가지 계기를 보다 적극적으로 개인의 사유 안으로 끌어들임으로써 우리의 세계이해 자체가 공적 차원을 가지도록 요구한다. 즉, 우리 안에서 이루어지는 개인의 세계이해 자체를 공적 차원으로까지 나아가도록 요청하는 것이다.

　　　정신이 모든 각도에서 대상을 새롭게 볼 수 있도록, 그래서 자신의 관점을
　　미시적인 데에서 모든 가능한 관점들을 차례로 획득할 수 있는 일반적 시각
　　을 갖는 데까지 확장해, 상상할 수 있는 모든 관점을 채택하고 각자의 관찰들

을 모든 다른 사람들의 관찰을 통해 검증할 수 있도록 기동력을 유지하기 위

해 정신은 상당한 정도의 느긋함과 융통성을 필요로 한다.(LK: 93)

위의 내용은 아렌트가 타인들의 관점을 수용하는 것의 의미를 설명하면서 예로 든 칸트의 인용문이다. 위의 인용에서 칸트는 개인의 사유가 어떻게 타인들의 관점을 수용함으로써 타인과 소통 가능한 공적 차원을 갖추게 되는지를 설명하고 있다. 세계에 대한 개인의 관점은 한 가지 관점에 불과하다. 이 말은 하나의 관점으로 보이는 세계의 한 측면에 대한 이해를 나타낸다는 것이다. 그것은 개인의 자유로운 사유에 의한 것이기 때문에 그 누구와도 다른 그 사람의 탄생성과 가장 긴밀하게 관련되어 있지만, 순전히 세계에 대한 자신의 사유이기 때문에 편향되어 있을 수도 있고 개인의 특이성으로 가득 차 있을 수도 있으며, 따라서 타인과 소통 가능하지 않을 수 있다. 이 점에서 한 개인의 관점은 그 사람의 사적영역에 속한다. 그렇다면 개인의 사적이고 특이한 관점이 타인과 소통 가능하게 되려면 어떻게 해야 하는가? 위의 인용에서 칸트는 세계에 대한 자신만의 관점으로부터 다른 사람들의 관점과 소통 가능한 지점으로까지 확장해갈 것을 제안한다. 즉, 칸트는 실제의 눈앞에 보이는 타인들의 관점을 우리의 정신 속으로 가지고 와서 자기 자신의 관점에서 타인들의 관점으로까지 확장할 때 하나의 대상을 모든 각도에서 새롭게 볼 수 있다고 설명한다. 이때 나의 관점은 개인의 특이성에서 벗어나 불편부당한 것으로 되어 타인과 소통 가능하게 된다는 것이다.

이상의 칸트 논의를 바탕으로 아렌트는 타인들의 관점을 수용함으로써 소통하는 능력인 '판단'(judging)개념에 주목하고, 이를 공적영역에서 소통 가능성을 위한 중요한 정신 능력으로 제안한다. 아렌트는 판단개념을 칸트의 『판단력비판』의 취미판단에서 재발견한 것으로 알려져 있다.

취미판단은 어떤 대상을 보고 아름답다거나 추하다는 것을 판단하는 우리 안의 쾌·불쾌의 감정과 관련되어 있다. 취미판단의 취미는 '취향'으로도 알려져 있다. 그런데 사물의 미추를 구별하는 것과 관련된 개인의 취향을 어떻게 공적영역의 소통 가능성을 위한 중요한 정신 능력으로 재해석하게 되었을까?

아렌트의 판단개념은 현상세계의 개별자에 대해 "이것은 아름답고 이것은 추하다, 혹은 이것은 옳고 이것은 그르다"를 구별하는 정신능력으로 제안된다.(LK: 47) 아렌트의 판단개념은 공적영역에서 소통을 위해 가장 요청되는 정신 활동으로 모색되었으나, 애초에 '취미'(taste)라는 감각을 그 출발점으로 한다는 특이성이 있다. 즉 취향이라는 개인의 극히 특이하고 사적인 감각을 "결코 사적이거나 주관적이지 않은 간주관적, 그리고 한 시대와 장소에서 통용되는 공공의 감각"으로 재해석하는 것이다.[152] 여기서 아렌트의 판단개념은 개인의 주관적이고 특이함을 가지고 있으나 전적으로 주관적이지는 않고, 개인의 사적인 감각에 기반하고 있으나 타인과 소통 가능한 공통감각으로 제안된다.

그렇다면 개인의 독특한 취향은 어떤 과정을 거쳐 타인과 소통 가능한 판단으로 되는가? 이를 위해서는 판단의 과정을 살펴보는 것이 도움이 된다. 먼저, 나의 사적인 관점이나 사적 이해로부터 '거리두기'가 필요하다. 여기서 '거리두기'는 나의 관점이 타인과 소통 가능한 것이 되기 위해서 순전한 자신만의 관점에서 벗어나야 한다는 것을 주요 내용으로 한다. 즉, "우리 자신의 판단에 우연히 부과된 제한적 요소들에 대해 추상적으로 됨으로써"(LK: 94), 혹은, "수많은 이들이 제약을 받는 주관적이고 사적인 요소들을 배제함으로써"(LK: 94) 우리는 자신에게 매몰된 관점에서 벗어나 보다 공정한 관점을 얻을 수 있다는 것이다. 아렌트는 이를 '무관심성'(disinterestedness)이라고도 부른다. 즉 어떤 사태나 사건에 대해 자신의 이해관계를 결부시키지 않고 공정하게 바라보는 자세로서의 무관심성이 전제되어야 그 관점은 불편부당한 것이 되어 타인과 소통할 수 있는 기반이 된다는 것이다[153].

그런데 거리두기를 통해 우리 자신의 사적인 관점에서 벗어난다고 해도, 그 판단이 함께 대화하는 공동체에 받아들여질 만한 것인지를 고려하지 않을 수 없다. 이것은 자신의 사적 이해에서 벗어나는 것이 필수적이지만, 그것에 머물러서는 안 되고 타인들의 관점으로까지 확장되어야 한다는 것을 의미한다. 이 과정에서 상상력에 기반한 반성 작용이 작동하는데, 이것이 판단의 두 번째 단계로서 '정신의 확장'(enlargement of the mind)이다. 아렌트는 이 정신의 확장을 판단(judging)의 핵심개념이라고 해석한 바 있다. 아렌트에 의하면 '정신의 확장'은 우리의 판단을 타인의 실제적 판단이 아닌 가상적 판단과 비교함으로써, 그리고 우리 자신을 타인의 입장에 놓음으로써 이루어진다.(LK: 93)

판단의 과정에서 작동하는 판단의 구성요소는 상상력과 반성이라 할 수 있다. 판단의 거리두기 단계, 그리고 정신의 확장 단계 전반에서 상상력은 중요한 기능을 한다. 예를 들어 우리가 어떤 경험을 할 때, 우리의 지각을 통해 경험된 내용은 우리의 정신 속에서 이미지화된다. 우리의 경험이 이미지로 재현되는 과정에서 상상력이 수반되며, 상상력에 의해 내적으로 재현된 이미지는 내적 감각인 '취미'(taste)의 대상으로 나타난다[154]. 그런데 우리의 경험이 내적 감각의 이미지 형태로 재현되는 가운데, 상상력은 외부의 사물의 영향력으로부터 거리를 확보하는 기능을 한다는 것이다. 또한 정신의 확장 단계에서도 우리는 상상력의 힘으로 [우리 내면에] 타자들을 등장시킴으로써 잠재적으로 공적이며 모든 입장에 공개된 공간, 즉 공적영역으로 들어가게 된다.(LK: 93) 아렌트에 의하면, "확장된 정신으로 생각한다는 것은 곧 자신의 상상력을 통해 다른 곳을 방문하러 가도록 스스로 훈련하는 것"을 의미한다.(LK: 93) 그러나 판단이 일종의 정신 활동인 한 그것은 반성의 능력이 필요하다. 즉, 상상력으로서의 판단이 우리가 경험한 바를 이미지로 내면화시키고 이것을 타인의 관점에까지 확장함으로써 이루어진다면, 반성으로서의 판단은 대상의 현존에서 얻은 직관과 더불어 대상 자체에 대한 반성 (reflection)이 이루어질 때 작동하는 쾌/불쾌와 관련된다.[155]

여기서 판단이 반성을 구성요소로 가진다는 것은 아렌트의 판단개념이 보편자를 개별자에 적용하는 규정적 판단이 아니라, 개별자들 (particulars) 각각을 그 자체로 다루는 반성적 판단이라는 것을 의미한다.(LK: 155) 아렌트에 의하면 규정적 판단은 개별자를 일반적 규칙에 종속시키는 반면, 반성적 판단은 개별자로부터 일반적 규칙을 도출한다. 이 과정에서 개별적 대상에 대한 감각적 쾌/불쾌로서의 취미판단은, 하나의 '미각'이 아니라 '반성'으로서의 정신 능력인 '판단'이 된다. 왜냐하면, 나의 주관적 관점이나 사적 이해와 거리두기를 하고, 타인의 관점에까지 방문해서 그 입장에서 사유해봄으로써 이제 판단은 나의 개인적인 특이성에 매몰되어 소통 불가능한 감각이 아니라, 타인의 관점에까지 확장된 '불편부당성'(impartiality)을 갖게 되기 때문이다. 여기서 불편부당성이 중요한 것은, 아렌트가 인용하고 있는 칸트의 표현대로, "나의 판단들을 타인의 관점에서 불편부당하게 바라봄으로써 나의 과거의 통찰을 개선할 수 있는 제3의 견해가 획득될 수 있기" 때문이다.(LK: 92) 이와 같은 상상력과 반성의 작용으로서의 판단은 더는 감각의 쾌/불쾌에 머무르는 것이 아니라 개인의 특이성을 가지면서도 공적세계에서 소통 가능한 공동체 감각으로 된다.

　이상의 논의로부터, 세계의 의미에 관하여 나의 사유를 통하여 도달한 나만의 고유하고 특이한 관점이 어떻게 타인과 소통할 수 있게 되는지를 대략 이해할 수 있다. 이것은 곧 사유의 관점을 타인의 관점에까지 확장함으로써 판단에 이르는 것이라 할 수 있다. 이 점에서 사유와 판단, 행위는 매우 긴밀하게 관련되어 있다. 이것은 사유가 말과 행위로 드러날 때, 그것이 어떠한 모습으로 드러날지를 결정하는 데에 판단이 작용한다는 것으로 이해할 수 있다.

　여기에서 사유와 판단이 더 긴밀하게 관련되어 있음을 짚고 넘어갈 필요가 있다. 아렌트는 판단이 사유의 부산물이라고 한다. 이것은 무슨 의미인가? 아렌트에 의하면 칸트에게서 사유는 "자신의 이성을 모든 면에서 공적으로 만드는 것"을 의미한다.(LK: 87) 자신과의 내밀한 대화인 사유도 어떤 점에서는 자기 안의 또 다른 자아로부터의 검토를 받는 것을 핵심으로 한다. 이 점에서 사유도, 어느 정도의 순전한 주관성을 극복한 관점이라고 할 수 있다. 그러나 이것은 나 자신과의 합의에 이른, 세계를 보는 한 가지 관점이라는 것을 기억해야 한다. 아렌트는 이 검토에 더 많은 사람을 초대함으로써 이 검토 자체를 공적인 것으로 만드는 데 관심이 있다. 말하자면 판단은, 자신과의 검토인 사유를 타인들과의 검토 속으로 확장하는 것이라 할 수 있다. 아렌트에 따르면, "사유의 힘은 자신을 자유롭고 공개된 검토를 받게 하는 것에 있으며, 이는 결국 더 많은 사람이 이 검토에 참여할수록 더 낫다는 것을 의미한다."(LK: 86) 이것은 더 많은 사람의 검토를 통과함으로써, 개인의 내밀한 사유가 공적 차원을 획득하게 된다는 것을 의미한다. 그렇다면 아렌트는 왜 한 개인의 사유가 단지 특이하고 고유한 차원에 머무는 것으로 만족하지 않고, 이와 같은 공적 차원을 갖추어야 할 것을 역설하는가? 왜 우리는 학생들을 사유로부터 판단의 정신 능력으로까지 안내해야 하는가?

> 요컨대 [문화와 정치는 각기] 공적 삶의 영역과 공통의 세계에 관한 분별
> 있는 의견교환, 그리고 그 영역과 세계 속에서 어떤 행위 예절을 갖추어야 하
> 는지, 그 영역과 세계가 장차 어떤 모습으로 보여야 하는지, 그 속에 어떤 유
> 형의 사물들(예컨대 사사롭지 않은 관심사와 의견들)이 나타나야 하는지 등
> 에 관해 결정을 내리는 문제와 관련되어 있다는 것이다.(CC: 297)

위의 인용은 공적영역에서 판단의 역할을 진술하고 있다. 위의 인용에 따르면 판단은 공적영역과 세계 속에서 내가 "어떤 행위 예절을 갖추어야 하는지", "세계가 어떤 모습으로 보여야 하는지", "그 속에 어떤 유형의 사물들이 나타나야 하는지" 등에 관해 결정하는 문제와 관련되어 있다. 이것은 공적영역에서 판단의 역할을 두 가지 방향에서 기술하는 것으로 이해할 수 있다. 첫째로, 공적영역에서 내가 어떠한 모습으로 드러나야 할지를 결정하는 데에 판단이 개입한다는 것이다. 예를 들어, 아렌트에 의하면 '내가 느끼는 분노'와 '분노를 완전히 드러내는 것'은 다른데, 후자에는 이미 분노에 대한 성찰이 포함되어 있다는 것이다.(LM: 56) 분노를 어떻게 표출하는가를 보면 그 사람이 어떠한 사람인지가 드러난다. 여기에서 알 수 있는 것은 타인들과 함께 있는 공간에서 나의 말과 행위, 예절이 어떻게 드러나야 할지를 결정하는 데 그 사람의 판단능력이 중요하게 작용한다는 것이다. 따라서 아렌트가 지적하듯이 개인의 사유를 더 많은 사람의 검토를 받도록 확장하는 것은 공적영역에서 우리 자신이 드러나는 양식으로서의 행위를 더 좋은 방향으로 이끌 수 있다.

둘째로, 이와 같은 공동체의 판단능력은 궁극적으로 이 세계를 보존하는 능력과 직결된다. 위의 인용에 따르면, 판단은 개인의 자기표현 양식에만 개입할 뿐만 아니라 궁극적으로 "세계가 어떤 모습으로 보여야 하는지", "그 속에 어떤 유형의 사물들이 나타나야 하는지"를 결정하는 데 관여한다. 판단은 이성적 사유능력이 아니라 공동체의 감각, 즉 공통감(common sense)에 기반한 사유능력으로서 그 근원은 옳고 그름, 아름다움과 추함을 구별하는 개인의 취향(taste)에 뿌리내리고 있다. 이 말은 판단이 육체와 감각을 가진 모든 보통사람의 정신 능력으로써 우리의 공동세계가 아름다운 곳으로 되기 위해서 그 속에 무엇이 포함되어야 할지를 결정하는 데 직접 관련된다는 것이다. 우리의 취향이 저속한 것에서 기쁨과 만족을 얻는다면 우리의 문화는 저속한 사물로 채워질 것이고, 반대로 우리의 취향이 고상한 것에서 기쁨과 만족을 얻는다면 우리의 문화는 고상하고 아름다운 사물로 채워질 것이다. 이것은 개별 사물에 대하여 아름다움과 추함, 옳고 그름을 구별하는 나의 판단능력이 곧 우리가 살아가는 세계 속에 무엇이 있어야 할지를 결정짓는 잣대가 되며, 그와 같은 공동체의 판단능력이 그들의 문화를 아름다운 것으로 드러나게 하는 데 관여한다는 것을 의미한다.

Ⅶ. 가르치기 힘든 시대,
가르침의 회복을 열망하며

1. 가르침 : 교육적 관계의 회복

교육은 반드시 가르침과 동시에 일어난다. 그러나 배움이 없는 교육은 공
허하기에 도덕적-감성적 연설로 쉽게 변질한다. 그러나 교육하지 않으면서도
제법 쉽게 가르칠 수는 있다. 그런 까닭에 교육받지 않으면서 죽는 날까지 계
속 배울 수도 있다.(CE: 262)

교육은 가르침과 배움으로 이루어진다. 가르침과 배움이 함께 일어날
때 그것을 교육이라고 한다. 교육에서 배움이 없이 가르침만으로 이루어
질 때는 가르치기는 해도 학생의 배움으로 연결되지 않는다. 이때의 가르
침은 공허하며, 교사의 연설이나 설교조로 되기 쉽다. 이와 반대로 가르
침 없는 배움만으로 이루어지는 형태의 교육도 가능하다. 교육받지 않으
면서도 죽는 날까지 계속 배울 수 있다. 그러나 이 모든 것을 다 교육이
라고 하지는 않는다.

아렌트는 교육은 반드시 가르침과 동시에 일어난다고 주장한다. 왜 그
럴까? 아마도 가르침과 배움을 가장 뚜렷하게 구분하는 특징은 교육적
관계에서 찾을 수 있을 것이다. 배움은 혼자서 이룰 수 있지만, 가르침은
교사와 학생이라는 관계 안에서만 이루어진다. 가르침은 언제나 배우는
사람을 전제로 하고 있다. 이 세계에 태어난 아이들, 배움이 필요한 학생
들이 있기에 가르침이 있다. 아렌트는 교육의 본질을 "세계 속에 태어난
다"(CE: 237)는 탄생성, 즉 그 누구와도 다른 아이들의 새로움과 창발성
을 보호하는 것에 있다고 본다. 이 세상 속으로 태어날 때 고유한 자신만
의 시작을 알려온 아이들은 진 삶을 통해 그와 같은 새로운 시작으로서
의 자신의 삶을 살아갈 고유한 권리가 있다. 교육은 이 아이들이 한 인간

으로서 새로운 시작의 삶을 살도록 돕기 위해 있는 것이다. 그런데 아렌트는 이와 같은 아이들의 탄생성을 위한 교육은 "반드시 가르침과 동시에 이루어진다"(CE: 262)라고 함으로써, 아이들의 새로움과 창발성이 교사의 가르침을 통해 가능하다는 일견 납득하기 어려운 주장을 하는 것처럼 보인다.

이와 같은 아렌트의 주장은 가르침에 대한 우리의 통념과 사뭇 다른 것 같다. 포스트모더니즘 시대에 접어들면서 세계가 해체되고 기존의 가치에 대한 비판과 재구성이 가속화되면서 학교에서 가르치는 교과에 대한 해체와 비판 작업도 함께 진행되었다. 그동안 신비화되었던 교과지식은 권력과 이데올로기의 충실한 시녀역할을 한 것이 드러났고, 이 과정에서 교사가 가진 권력과 권위도 폭로되었다. 게다가 그동안의 교사중심의 지식전달식 수업은 재미없고 지루한 수업의 대명사처럼 되었고, 그것의 상징적인 이미지가 혼자 떠드는 선생님과 엎드려 자는 학생들로 묘사되기 일쑤였다. 그것이 교사의 가르침에 대해 우리가 가지고 있는 그림이다. 그런데 가르침 안에서 학생들의 탄생성이 자라갈 수 있다니 우리로서는 참으로 당혹스러운 주장이다.

그러나 이와는 다른 방향에서 다시 한번 생각해 볼 필요가 있다. 교권이 무너지고 학교에서 가르치는 내용을 신뢰하지 않으며, 교사가 더는 가르칠 것이 없는 지금의 상황에서 아이들은 자유롭고 자율적으로 되었는가? 가르침이 강하면 학생이 수동적으로 되고, 가르침이 없으면 학생들이 해방되는가? 어쩌면 우리는 가르침과 배움에 관하여 너무나 도식적이고 틀에 갇힌 사고를 하고 있는지 모른다. 가르침과 배움, 교사와 학생, 보수와 진보, 이와 같은 이분법적 틀을 벗어나 지금은 교육의 본질이 무엇인지 다시 질문해야 할 때인지도 모른다.

가르침은 언제나 배움을 그 목적으로 하고 있고, 배우는 학생을 전제하고 있다. 가르침의 본질은 무엇보다 이와 같은 교육적 관계 안에서만 이해될 수 있다. 아렌트의 '매개자로서의 교사'라는 아이디어는 행위의 관점에서 교사와 학생이 맺는 교육적 관계를 이원적으로 재구성해 볼 수 있는 실마리가 된다. 행위의 관점에서 교육적 관계를 이해한다는 것은, 교사와 학생들이 맺는 관계 안에서 학생들의 탄생성이 보호되고 자라갈 수 있도록 하는 교육을 탐색하는 것과 같다.

행위가 이루어지는 공적영역의 관점에서 볼 때, 교사와 학생이 맺는 교육적 관계는 공동의 세계를 둘러싼 인간들의 관계로 생각할 수 있다. 이 관계로부터 우선 도출되는 특징은, 교사와 학생이 맺는 교육적 관계는 세계를 중심으로 맺어지는 관계라는 점이다. 이로 인해 교육적 관계는 친구 관계나 부모 자식 관계, 혹은 공급자와 소비자로 특징되는 경제적 관계와는 다르다는 것이 부각된다. 이것은 교사가 학생들 앞에 설 때 언제나 세계를 책임지는 자로 서게 된다는 것을 의미한다. 이것은 교사가 학생들을 마주할 때, 무엇인가 학생들에게 '줄 것'이 있어야 한다는 것을 말해준다. 교사가 소중히 여기고 아끼는 무엇인가가 그 손에 들려 있어야 한다는 것이다. 아렌트는 이것을 '세계사랑'이라고 한다. 그것이 학생들 앞에 선 교사이며, 다른 직업과 교직을 구분 짓는 가장 큰 특징이기도 하다. 아렌트는 세계를 책임진 교사의 태도로 인해 권위가 생긴다고 한다. 다르게 말해 세계로부터 부여되는 교사의 권위는, 교사 자신이 아끼고 소중히 여기는 세계를 열정적으로 소개하고 안내할 때, 그것이 학생들 마음을 움직여서 학생들 스스로 중요하고 가치 있는 것으로 우선순위를 부여하는 힘이라 할 수 있다. 이 때문에 세계를 매개로 한 교육적 관계는 평등한 성인들 간의 정치적 관계와는 구분되는, 어른세대와 자라나는 학생세대의 선이 분명히 존재하는 비대칭적 세대 간의 관계로 이해될 수 있다. 그러나 세계를 소개하는 교사의 가르침은 세계성과 탄생성을 매개하는 방식이 되어야 한다. 이 말은 교사의 세계 소개가 일방적 전달이나 전수의 방식이 아니라 세계를 기반으로 하여 탄생성이 자라갈 수 있도록 하는 방식이어야 한다는 것으로 이해할 수 있다. 아렌트는 이에 대하여 세계를 소개하되 기존의 낡은 틀과 잣대로 새것을 규정하는 방식이 아니라 학생들 자신의 힘으로 해석하고 재구성할 수 있는 자유와 기회를 허용할 것을 요청한다. 이를 위해 특히 이 세계에 대하여 스스로 묻고 따지고 검토할 수 있는 능력으로서의 사유하는 힘을 키울 것을 제안한다. 이를 통하여 고정된 결과치를 생산해내는 '인식'과는 달리 자신만의 의미를 도출해낼 수 있는 의미탐색으로서의 사유를 제안하는 것이다. 물론 내 안의 또 다른 자아와의 내적 대화로서의 사유가 가능하기 위해서는 교사가 이 세계에 대하여 사유하고 해석하며 그것에 근거해서 삶을 이해하고 살아가는 태도를 하나의 본보기로 보여줄 것이 요청된다. 아렌트는 이와 같은 교사의 세계사랑의 태도를 통해서만 일체의 준거가 무너진 근대 이후의 세계에서도 가치 있는 것의 전수가 여전히 이루어질 수 있다고 보는 것 같다.

그러나 교사가 아무리 자신이 소중히 여기는 세계에 대하여 열정적으로 소개하고, 교사 자신이 그 세계와 관계 맺은 방식을 보여주더라도 그것이 학생 자신 안에서도 그처럼 중요한 것으로 곧바로 연결되지는 않는다. 즉 가르침이 곧바로 학습으로 연결되지는 않는 것이다. 그렇다면 교사의 가르침이 언제 학습자의 학습으로 연결되는가? 다시 말해 교사가 가르치는 진리는 언제 학생 자신 안에 '실존적인 진리'로 변화되는가?

나는 이것이 행위의 관점에서 바라본 교육적 관계의 두 번째 차원과 관계된다고 생각한다. 즉, 교육적 관계가 세계를 중심에 두고 이루어지기는 하지만, 그것을 둘러싸고 맺어지는 '인간들의 관계망'으로 확장되지 않으면 그것은 교사의 일방적인 외침으로 끝나거나, 혹은 학생 자신의 고립된 사유로 끝날 수 있다는 것이다. 가르침과 관련하여 이것이 의미하는 바는 무엇일까? 이것은 교사에 의해 세계가 소개될 때, 그 세계를 학생 자신의 실존적 진리로 받아들일 수 있는, 가르침의 또 다른 차원이 요청된다는 것을 알려 준다. 행위는 다른 것을 매개로 하지 않고 순수하게 인간들 사이에서 이루어지는 자유롭고 인격적인 활동 양식이다. 즉 성적이나 배경, 결과물과 같은 다른 부가적인 특성에 의존하지 않고 순전히 나 자신의 정체성을 드러내고 소통하는 인간적인 활동 양식이 행위인 것이다. 여기서 나 자신을 타인들 앞에 드러내고 대화하는 행위가 자유롭게 이루어지기 위한 전제조건은 그 관계가 적대적이거나 혹은 종속적인 관계가 아니라 순전한 '함께 함'(with)의 관계일 때 가능하다는 아렌트의 지적은 중요하게 주목해야 할 대목이라고 생각된다. 학생은 언제 교사의 가르침을 자신의 마음으로 받아들이게 될까? 학생이 시험을 위하여, 또 자신의 성적을 위하여, 혹은 자신의 필요로 인하여 교사가 말하는 내용을 받아 적고 암기하기도 한다. 그러나 그것을 마음으로 수긍하고 동의하지는 않는다. 그것이 학생의 삶을 결정적으로 전환하게 되는 실존적 진리로 연결되지는 않는 것이다. 그러나 학생이 교사를 한 인간으로 존경하고 신뢰할 수 있을 때, 교사가 하는 말은 믿을 만하고, 신뢰할만한 것이라는 신뢰가 형성된다. 그 기반 위에서 주어지는 말, 즉 내가 신뢰하는 '그 교사'가 하는 말은 학생의 마음에 어떤 작용을 일으킨다. 교사가 세계에 대해 발언하는 내용과 행위들이 학생들 안에 거부감 없이 받아들여질 수 있는 것은 교사가 소개하는 세계에 학생 스스로 권위를 부여할 때이다. 뿐만 아니라, 교사가 자신을 한 인간으로 인정하고 신뢰한다는 믿음이 내 안에 확인될 때, 학생은 비로소 자신이 보호받고 있다는 생각, 내가 말해도 괜찮을 것 같다는 안전함을 느끼게 된다. 이와 같은 한 인간 대 인간으로서 맺게 되는 신뢰와 인격의 관계는 교사의 가르침이 학생 안에 실존적인 가르침으로 받아들여질 수 있는 근본 조건이 된다. 교사와 학생 간의 인격적이고 신뢰의 관계가 형성될 때, 학생들은 비로소 그 선생님이 소개하는 세계에 권위를 부여하고 자신 안에 기꺼이 받아들일 수 있고, 또 그 선생님과 친구들 앞에서 자기 자신을 비로소 드러내 보이고 자기 생각을 말과 행위로 시작할 수 있는 용기를 가지게 된다. 이같이 교사와 학생이 한 인간 대 인간으로 맺는 인격적 관계는, 세계를 매개로 한 비대칭적 관계와는 또 다른 차원의, 동등한 관계를 형성한다. 이것은 우리가 모두 다 독특하고 고유한 존재라는 사실로만 동등하다는 복수성으로 맺어지는 동등한 관계를 드러내어 준다. 아렌트는 교사가 학생과 맺는 이러한 인격적인 관계를 '탄생성에 대한 사랑'으로 표현한다. 이 관계에서 교사는 다른 누구와도 다른 고유한 존재로 태어난 이 아이들이 각자의 탄생성을 실현할 수 있는 자유를 누리도록 일종의 탄생성의 보호자로 서게 된다. 아이들이 다른 사람의 목소리를 외면하지도 않으면서, 그렇다고 다른 사람의 목소리에 매몰되지 않도록, 자신만의 목소리를 다른 사람들 앞에 드러낼 수 있도록 하는 것은 교사에 대한 신뢰와 인격적인 관계의 바탕 위에서만 가능하다. 그와 같은 탄생성의 존재가 출현하는 것은 교사로부터 인정받고 있다는 믿음, 내가 무슨 말을 해도 받아줄 것이라는 신뢰가 바탕이 되는, 순전히 '함께 함'(with)의 관계가 바탕이 될 때만 가능한 것이다.

이렇게 볼 때, 행위의 관점에서 해석된 교육적 관계는 한편으로 세계를 중심으로 맺어지는 비대칭적 관계의 차원과, 다른 한편으로 서로 다른 탄생적 존재들을 중심으로 맺어지는 동등한 대칭적 관계의 차원이라는 이중적 차원을 신비롭게 조명해준다. 이 교육적 관계의 이중적 차원이 분리될 때, 가르침이 없이 혼자 평생토록 학습하는 것이나 혹은 학습이 없는 일방적 가르침과 같은 교육의 비정상적인 형태로 귀결될 수밖에 없다. 그동안 가르침을 강조하는 견해가 학생들과 맺는 인격적이고 동등한 함께 함의 관계를 간과한 것이나, 혹은 이에 대한 반작용으로 학생과의 민주적이고 인격적인 관계를 강조하면서 학습중심을 주장했던 입장이 세계를 소개하는 교사의 가르침의 차원을 부당하게 왜곡하였던 것은 교육적 관계의 이중적 차원의 균형을 벗어난 것에서 비롯된 것이라 할 수 있다. 지금 학습중심의 시대에 가르침의 회복을 말하는 것은 이와 같은 잃어버린 교육적 관계의 차원을 다시 회복하자는 것과 다르지 않다.

2. 학습의 '내재성', 가르침의 '초월성'

학습중심의 시대에 가르침의 회복을 논하는 이 글을 마무리하면서, 꼭 짚고 넘어가야 할 것은 학습과 구분되는 가르침의 특징은 무엇일까 하는 것이다. 왜 아렌트는 교육이 반드시 가르침과 동시에 시작된다고 하는가? 왜 교사는 학생들 앞에 학습을 돕는 자가 아니라, 세계를 사랑하는 자로 서게 되는가? 학습으로 대체될 수 없는 가르침의 본질적 특징은 무엇인가?

먼저 가르침을 통해 어떤 일이 일어나는지를 생생하게 보여주는 사례로, 스위스의 교육철학자인 라이헨바흐(R. Reichenbach) 교수의 자전적 경험을 살펴보자.[156) 라이헨바흐는 고등교육을 받지 못한 가난한 노동자 가정에서 태어났다. 그의 삶에 큰 영향을 주었던 선생님들의 가르침을 통해, 그는 자신이 어떻게 선생님들이 누리던 문화적 세계로 연결될 수 있었는지를 들려준다. 당시 소외계층 아이들을 위한 무료수업에서 만났던 첫 번째 선생님은 기타 선생님이었다. 비록 기타를 그리 잘 가르치는 선생님은 아니었지만, 그와의 수업은 어린 라이헨바흐의 눈을 뜨게 했고 이후 세상을 보는 하나의 창이 되었다고 고백한다. 기타 선생님은 상당히 반정부적이고 진보적인 교사로 반권위적인 성품을 지녔고 전통적인 장신구를 착용하는 패션 스타일도 특이했다. 다양한 나라의 음악들과 차차차 댄스를 추는 법 등을 가르쳐 준 선생님의 교육 방식은 기존 교육 방식과는 다소 달랐지만, 선생님은 기타 수업을 통해 자신이 가치 있게 여기는 세계를 보여주려고 하셨다. 그 선생님의 수업과 기타 치는 모습과 세계를 대하는 태도 모든 것이 어린 라이헨바흐의 눈에는 매력적으로 보였다고 한다. 그래서 지금도 선생님이 가르쳐 주신 밥 딜런과 레오나르드 코헨의 노래 가사를 하루도 흥얼거리지 않은 적이 없을 정도로 그 선생님이 음악을 통해 열어 보여준 세계는 그의 삶의 중요한 한 부분이 되었다고 고백한다.

두 번째 만난 허니(Hurni) 선생님은 정반대로, 나이가 든 매우 보수적인 피아노 선생님이셨다. 그 선생님은 매우 엄격하셔서 많은 학생이 선생님을 무서워하였다고 한다. 그 선생님의 관점에서 피아노를 배운다는 것은 조화 이론에 대해 배우는 것을 의미하였기 때문에 라이헨바흐는 퀸트섹스트 코드를 13세에 배울 정도로 수업뿐만 아니라 집에서도 상당한 연습을 해야 했다. 매주 선생님의 수업을 받으면서 열심히 노력할 때마다 선생님은 상으로 라이헨바흐를 위해 아름다운 클래식 피아노곡을 연주

해주셨다고 한다. 선생님의 가르침은 엄격하고 연습도 고되었지만, 라이헨바흐는 선생님의 멋진 연주를 들으면 무언가 대단하고 의미 있는 것과 교류하고 온 것처럼 특별한 기분이 되어 집으로 돌아왔다고 한다. 이 두 선생님의 수업이 라이헨바흐에게 특별한 기억으로 남아있는 것은 무엇 때문일까?

저는 두 선생님의 덕을 많이 입었습니다. 두 분은 문화적 자극이 없고 무지와 신뢰할 수 없는 것들로 가득 찬 늪에 빠져 있던 저를 밖으로 꺼내주셨습니다. 라틴어에서 'education'이라는 단어는 educere에서 유래되었고, ex-와 ducere는 각각 "밖으로", "이끌다"라는 의미가 있습니다. 모든 사람은 각자의 삶 속에서 빠져나와야 할 여러 가지 늪이 있습니다. 두 분의 음악 선생님은 모두 제가 빠져 있던 그 늪에서 나올 방법을 찾을 수 있도록 도와주셨습니다(아마 제가 그런 늪에 빠져 있었다는 사실도 두 분은 모르셨을 수 있습니다). 한 분은 젊고 자유로우며 진보적이고 꽤 정신이 나간 듯한 분이셨고, 다른 한 분은 성실하시고 권위주의적인 나이 드신 분이셨습니다. 교육철학자로서 지금 그때를 돌이켜보면 피아노 선생님은 오래된 교수법, 지시적인 교육, 행동주의적 방법을 사용하셨고, 교사와 학생이 나란히 앉아 클래식 음악의 비타협적인 위대함 앞에 마주하여 가르치셨습니다. 반면 기타 선생님은 음악 세계의 주관적인 풍성함과 표현력에 집중했고, 교사와 학생이 서로 면대면 마주하는 소통과 개인의 의견을 매우 중요시하는 등의 교수법을 중심으로 가르치셨습니다. 두 선생님 모두 각기 다른 방식으로 훌륭하게 지도하셨습니다. 현재 제가 중요하게 생각하는 문화적 세계와 연결될 수 있도록 도와주셨습니다. **두 분은 음악 세계를 모두 사랑했고, 이는 좋은 교사의 가장 중요하고도 기본적인 자질입**

니다. 자신들이 매우 가치 있게 생각하는 것들을 제게 보여주고 싶어 하셨고 이를 통해 저는 저들의 세계에 대한 사랑의 마음도 볼 수 있었습니다. 제 삶의 중요한 시기에 세계를 사랑하는 방법이 매우 달랐던 두 모델을 모두 경험해볼 수 있었던 것은 참으로 행복한 우연과 같은 일이라 생각합니다[157].

라이헨바흐는 자신의 삶에 일어났던 변화를 감동적으로 기술하고 있다. 흥미로운 점은 두 선생님이 가르치는 스타일이나 이념적 색채가 매우 달랐다는 것이다. 한 분은 진보적이고 자유로운 분이셨고, 다른 한 분은 매우 엄격하고 보수적인 분이셨다. 이것은 가르침이 교사가 지향하는 이념이나 이데올로기의 문제를 벗어나 있다는 것을 보여준다. 각자의 지향점은 달랐지만, 중요한 것은 각 선생님이 관계 맺고 있는 세계를 통해 그분들이 소중하게 여기는 음악 세계의 가치를 보여주려고 노력했다는 점, 무엇보다 그들에게는 무엇인가 전해줄 만한 것이 있었다는 것이다. 그분들이 자신들이 소중히 여기는 것을 가르침을 통해 소개해주었을 때 그로 인해 라이헨바흐는 자신의 늪에서 빠져나와 선생님이 소개해주는 새로운 문화적 세계로 연결될 수 있었다고 한다. 교사가 학생에게 무엇인가 줄 만한 것, 가르칠만한 것이 있을 때, 학생은 그로 인해 자신에게서 빠져나와(ex-), 또 다른 세계로 연결(ducere)될 수 있다는 것, 이것이 교육(education)의 가장 중요한 의미라는 것을 라이헨바흐는 밝히고 있다. 세계에 대한 사랑, 이것이 좋은 교사의 가장 중요하고도 기본적인 자질인 이유는, 교사 자신이 세계를 소중히 여기고 사랑할 때, 아이들은 교사의 그 세계사랑의 태도와 말, 가르침을 통해 교사가 가치 있게 생각하는 세계를 엿보게 되고, 그것에 관심을 기울이게 되기 때문이다. 교사가 보여주는 세계에 무엇인가 중요한 것이 있는 것 같고, 무엇인가 매력적으로 보일 때, 학생들 안에서 그 세계를 향한 도약이 이루어질 수 있는 지향점이 생긴다. 이로 인해 학생은 자기 자신의 내면의 세계에서 빠져나와 자기가 전혀 알지 못했던 새로운 세계로 연결되는 것이다. 이것이 가르침의 본질적 사명이며, 아렌트는 이것을 교사의 세계사랑의 태도를 통해 이루어질 수 있다고 밝히고 있다.

이상에서 살펴본 가르침에 대한 아이디어는 오늘날 교육에 관한 지배적인 견해가 된 학습중심의 아이디어와는 대비된다. 오늘날 전 세계를 강타하고 있는 학습중심 사조는 아동중심을 외쳤던 진보주의 교육관에서 명시적인 형태로 시작되었다고 볼 수 있다. 진보주의는 그 당시의 일방적 내용전달식의 수업이 아이들의 공부에 대한 흥미를 잃게 할 뿐만 아니라 아이들의 개성과 고유함을 억압하는 것에 대한 문제의식을 품고 교육을 아동중심으로 재편할 것을 주장하였다. 아동중심이라 함은 교육내용의 결정 준거가 아동의 흥미와 관심을 중심축으로 삼아야 한다는 것으로서, 이 아이디어에 의해 교육은 'learning by doing'을 모토로 아이들이 직접적인 경험과 체험을 통해 재미있게 공부를 할 수 있는 것으로 전환된다. 이는 교육내용을 아이들의 흥미와 관심을 출발점으로 하여 점차로 그 내용과 수준을 확장해 간다는 것을 염두에 두고 있다. 진보주의 교육은 전통적 교육의 일방적인 전달식 가르침으로 인하여 학생들이 배움에 흥미를 잃고 점차 수동적으로 되어 가던 교육의 어려운 상황에서 하나의 탈출구를 선사한 측면이 있다. 특히 진보주의 교육이 주창하였던 아동중심사상은 아동을 한 명의 인간으로 존중하는 평등한 관계방식을 소개함으로써 경직되고 위계적인 학교 분위기를 매우 활력이 넘치고 민주적으로 운영되도록 바꾸는 데 기여한 측면이 있다. 그러나 진보주의 교육의 난점은 아동존중이라는 관계적 측면을 교수 전반으로 확장하면서, 가르침의 원리로까지 확장한 데 있다고 볼 수 있다. 즉, 아이들의 흥미와 관심사에 기반하여 교과를 조직함으로써 아이들은 자신이 좋아하는 활동에 머물 뿐 더 이상의 세계로 진입이 이루어지지 않았고, 교사는 수업의 보조자 혹은 촉진자로서 아이들 옆에 서 있을 뿐이었다.

이상과 같은 진보주의의 아동중심사상에 드러났던 난점은 오늘날의 학습중심 경향의 인식론적, 심리학적 토대를 제공한 구성주의(constructivism) 학습관에 가장 명시적이고 적극적인 형태로 드러나 있다. 포스트모던 시대의 학습중심 사조를 이끄는 데 가장 크게 기여한 것으로 평가받는 구성주의는 지식이 이미 형성되어 있는 것으로 보는 객관주의적 인식론에 대한 반발로 형성되었다. 구성주의에 따르면 지식은 객관적, 보편적 성격을 지니는 바깥의 것이 아니라 개인 안에서 구성되는 것이다.[158] 같은 교사, 같은 내용으로 가르치더라도 각 학생 마다 이해도가 다른 것은 각 사람 안에서 구성되는 의미가 다르기 때문이다. 따라서 현실도 객관적으로 묘사될 수 있는 것이 아니라 지식을 인지하는 주체가 자신의 경험의 장을 통해 내리는 주관적 해석과 의미의 구성으로 이해될 수 있다. 이렇게 복잡하고 불확실한 현실에서 필요한 것은 "계속 외부상황에 적응할 수 있는 내적 기능의 형성"[159]이 중요하게 된다. 이와 같은 세계와 지식에 대한 관점은 좀 더 적극적이고 자율적으로 자신의 학습을 관리하고 책임질 수 있는 학습자의 역할과 중요성을 강조하는 경향으로 이어진다. 구성주의적 시각에 의하면 교사가 외부에서 무엇을 가르치는 것보다는 학습자들이 자신의 힘에 의해서 자신만의 앎을 구성해 가도록 하는 학습활동이 교육과정의 핵심적 관건으로 부상하게 된다.

이상과 같은 구성주의적 인식론은 바깥의 절대적이고 보편적 진리관을 부정하는 포스트모더니즘의 인식론과 부응하면서 교수학습의 과정을 학습중심으로 전환하는 기폭제의 역할을 담당하였다. 구성주의는 학생들이 그들 자신만의 이해와 지식을 구성해야 한다는 가정에 기반해 있기에, 수업이 주로 학생들의 활동과 경험 중심으로 이루어진다. 이 과정에서 교사는 학습을 도와주는 촉진자로 존재한다. 이와 같은 구성주의 관점은 아동중심을 주장했던 진보주의의 관점과 여러 가지로 일맥상통한 측면이 있다. 학습자중심을 주장하면서 전통적인 수동적 학습형태로부터 탈피하고자 한 것이나, 학습을 교육의 본질로 회복시키고자 한 것 등을 보아도 알 수 있다. 교육의 목적이 학습자의 자율적이고 의미 있는 학습에 이르도록 하는 데에 있기에 학습중심이라는 아이디어는 언제나 존중받아야 할 중요한 교수원리이기도 하다. 교육의 성패는 언제나 학습자의 학습이 이루어졌는가 아닌가에 달려 있기 때문이다.

그러나 진보주의와 그것의 확장된 형태라고 할 수 있는 구성주의의 난점은 가르침과 배움으로 이루어지는 자연스러운 교육적 관계에서 학습을 별도로 떼어내어 그것을 하나의 독립된 교수원리로 내세웠다는 데에 있다. 여기에서 구성주의는 학습이론(a theory of learning)이지 교수이론 (a theory of teaching)은 아니라는 평가[160]를 곰곰이 생각해 볼 필요가 있다. 이것은 무슨 의미인가?

구성주의 이론은 학습을 설명하는 이론이다. 어쩌면, 모든 학습은 구성주의라고까지 말할 수 있을지 모르겠다. 자율적이고 능동적인 학습은 모든 가르침의 최종 목적이다. 아무리 바깥에서 교사가 열심히, 그리고 적극적으로 설명을 하고 가르치더라도 그것이 학생 자신의 힘에 의한 자발적인 학습으로 이어지지 않는다면 배움은 일어나지 않는 것이다. 모든 학습은 학생 안에서 학생 자신의 능동적인 참여와 재구성의 작용으로 이루어지는 내면적 과정인 것이다.

그러나 구성주의 이론은 학습의 이론이지 가르침의 이론이 아니다. 그것이 학습을 설명하는 이론일 때는 문제가 없지만, 그것을 가르침으로까지 확장한다면 교육의 개념에 왜곡이 불가피하다. 구성주의 학습이론을 가르침의 이론으로 확장할 때 교사의 역할은 학생 옆에서 학습을 돕는 소극적인 차원으로 축소되고 만다. 즉, 교사의 역할은 단지 학습의 촉진자로서 학생의 학습을 촉진하고 지지해주고, 필요한 학습 환경을 만드는 것에 그치는 것이다. 거의 모든 '적극적인' 구성주의 주장이 학습을 강조하고, 확대하는 방향으로 제시되지만 동시에 가르침을 보조적인 것, 혹은 불필요한 것으로 축소하거나 제거하는 방향으로 나아간 것은 학습과 가르침 간의 명확한 차이를 직시하지 못했기 때문이라고 할 수 있다. 그야말로 구성주의는 학습을 설명하는 이론이지 가르침을 설명하는 이론은 아니라는 사실을 간과한 것이다. 다시 말해 구성주의는 학습의 현상만 충실히 설명했을 뿐, 학습이 일어나기 위한 근원적인 조건을 간과했다는 것이다. 이 때문에 학습이론을 교육의 이론으로 확장한 데서 심각한 오류가 생긴 것이다. 그렇다면 학습과 가르침의 본질적인 차이는 무엇인가?

비에스타[161]는 구성주의의 학습관을 비판하는 과정에서 학습과 가르침의 차이를 '내재'(immanence)와 '초월'(transendence)로 개념화할 수 있다고 설명한다. 구성주의는 학습의 과정을 내재적인 것으로 본다. 학습은 본질적으로 학습자의 안에서 일어나는 내재적인 현상이다. 그것은 학습자가 자기 안에서 배운 내용을 이해하고, 재구성하고, 그것의 의미를 발견하는 과정으로 이루어지는 것이다. 그와 같은 학습이 이루어지기 위한 조건은 무엇인가? 무엇인가 새로운 것이 주어질 때 가능하다. 그 새로운 것은 어디에서 오는가? 학습자의 바깥에서 온다. 그것은 학습자가 이전에 알지 못했던 것, 학습자 안에 없었던 것으로서, 엄밀히 말하면 학습자를 초월해있는 어떤 것이다. 그것이 가르침과 학습의 결정적 차이이다. 비에스타는 단지 내 안에서 이루어지는 학습의 과정을 돕는 것으로 가르침을 이해하는 것은 가르침의 초월적 측면을 배제하는 것이며, 더 나아가 나의 바깥에 있는 낯설고 새로운 것, 즉 타자성의 존재를 배제하는 것이라고 주장한다[162]. 여기에서 타자는 나의 동일성의 범주 바깥에 있는 존재이다. 나를 넘어서 있고, 나와 근원적으로 다른 존재이다. 교육에서 타자는 나의 옆에 있는 동료일 수도 있고, 내가 배워야 할 세계일 수도 있으며, 무엇인가 전혀 다른 새로운 것을 알려주기 위해 내 앞에 서 있는 교사일 수도 있다. 가르침은 나의 바깥에 있는 이 세계, 나를 넘어서 있는 타자를 만나 도약함으로써 나의 고립에서부터 벗어나 세계로 연결될 수 있도록 돕는 초월적 활동인 것이다.

이 때문에 '학습하는 것'(learning from)과 '가르침을 받는 것'(being taught by)은 전혀 다른 경험이라고 할 수 있다[163]. 이 두 가지는 어떻게 구분되는가? 비에스타에 의하면, 학생이 '교사로부터 학습한다'고 할 때, 교사는 인터넷이나 책으로부터 배운다고 할 때와 유사하게 하나의 자원처럼 간주된다. 이때 교사로부터 학습한다는 것은 교사가 말하거나 행위한 것을 가져와서 학생 자신의 이해 범주 안에서 그들 자신이 구성하는 것으로 여겨지며, 기본적으로 이와 같은 생각에는 교사로부터 학습한 것을 학습자 자신이 통제할 수 있다는 생각이 가정되어 있다. 이에 비하여 '가르침을 받는다'라는 것은 누군가가 나의 바깥에서 나의 존재 안으로 개입해 들어온 무엇인가를 보여주거나 깨닫도록 만들어준 경험을 말한다. 그러한 가르침은 기본적으로 나의 범주 너머에 있는 것으로서,

내가 이전에는 전혀 알지도 못하고 알기를 기대하지도 않았던 새로운 통찰, 즉 자신에 대해서나 우리가 행위하고 존재하는 방식에 대해서 전혀 새롭게 생각해보게 하는 근본적인 새로운 통찰을 제시해준다.

　이러한 가르침은 학생 혼자서 이룰 수 있는 것이 아니며, 언제나 교사와의 '관계 속'에서만 발생하는 것이다. 그렇지만 이것은 학생을 초월해 있는 것이며, 어떤 의미에서는 교사의 범주도 초월해있다고 할 수 있다. 왜냐하면 교사가 학습이 이루어지는 조건을 만들어낼 수도 혹은 통제할 수도 없기 때문이다. 교사는 학생이 가르침을 받는 경험을 생산해낼 수 없다.[164] 교사가 가르치지만, 자신이 열심히 가르친다고 하여 그것이 항상 학생에게도 열정적인 깨달음으로 열매를 맺는다는 보장은 없으며, 또 교사가 전혀 생각지도 못한 지점에서 학생이 눈을 반짝이며 감동을 받기도 한다. 그래서 가르침은 항상 교사와 학생의 관계 속에서 발생하지만, 교사나 학생도 어느 한 사람의 주도권을 벗어나 있는 것이기 때문에 어떤 의미에서 이는 매우 우연적이며, 신비스러워서, 마치 무엇이 일어날지 모르고 진행하는 모험과도 같다. 교사와 학생의 가르치고 배우는 관계 속에서 발생하는 이러한 예측 불가능한 측면 때문에 비에스타는 가르침을 '예기치 않은 선물'이라고도 하고, 또 '아름다운 위험'이라고도 한다.[165] 이러한 의미에서 보면, '가르침을 받는다'는 것은 가르침의 선물을 받는 데 열려있는 것이며, 자신의 존재와 이해에 누군가가 개입할 자리를 내어주는 것이다.[166]

　이와 같은 '가르침을 받는 경험'은 구성주의에서 말하는 내재로서의 학습관과는 대비된다.[167] 구성주의적 학습관에서 교사는 학습자 안에 이미 있는 것을 끌어내는 사람으로서, 또 학습자의 학습을 촉진하는 자로 학생 옆에 서 있다. 교사의 중요한 역할은 학습의 과정을 부드럽고 즐

겁게 만드는 것으로서, 학습자가 만족스러운 소비자로 그 자리를 떠날 수 있도록 더는 어려운 질문을 하지 않고, 어려운 지식을 소개하지 않는다.[168] 어떤 면에서는 이것이 필요할 수도 있다. 즉 학생의 학습을 촉진하는 면에서는 맞을 수도 있다. 그러나 이것을 가르침의 의미로까지 확장하여 교사의 역할을 규정하는 순간, 여기에는 학습자가 새로운 무엇인가를 만나서 성장하고 희열을 느끼고 감동할 수 있는 진짜 학습이 일어날 수 있는 결정적 계기를 제거할 위험이 발생한다.

가르침을 받는다는 것은 이와는 전혀 다르다. 교사는 학생에게 보여줄 만하고 들려줄 만한 무엇인가를 가지고 있다. 그것이 학생에게 다소 낯설고 생소할 수 있지만, 그럴만한 가치가 있는 일이기에 어려운 질문과 불편한 진실을 회피하지 않는다. 그것은 학생을 자신이 원하는 대로 살도록 내버려 두지 않고 추구할만한 것이 무엇인가를 탐색하는 지점이다. 다르게 말해, 이는 우리 삶에서 권위를 줄 만한 것이 무엇인지를 탐색해가는 여정으로서, '욕구하는 것'과 '욕구할만한 것', '원하는 것'과 '원해도 좋은 것' 사이를 구분하기 위해 끊임없이 노력하는 지점이기도 하다.[169] 이것은 학생들의 욕구 수준의 질문에 머무는 것이 아니라 그들의 욕구를 끌어내 이 세계 속에 위치 지을 수 있도록 하는 교사의 공적인 역할과도 관련된다. 또한 개인들의 욕망을 집합적으로 동의된 욕구로 변환시키는 과정이기도 하다.[170] 그러나 이것은 교사가 위치를 지시하고 답을 주는 문제가 아니라 그들 스스로 그 자리를 찾아갈 수 있도록 스스로 질문할 수 있는 힘을 길러주는 일이라 할 수 있다. 다시 말해 객관적 진리를 전달하는 문제가 아니라, 학생 자신이 기꺼이 권위를 주고 싶은 진리가 무엇인지를 분별해가는 '주관적 진리'를 탐색해가는 문제이기도 하다.[171] 여기서 말하는 주관적 진리는 모든 사람에게 획일적으로 적용되는 하나의 잣대나 준거가 아니라, 학습자에게 때로는 그 자신의 욕구와 상충되고 불편할 수도 있지만, 학생 안에 전율을 불러일으키고, 자신의 삶에 그것을 위한 자리를 기꺼이 마련하고 싶고, 내가 스스로 그것에 조율되고 싶은 진리이다. 비에스타는 이 진리를 실존적 진리(existential truth)라고 부른바 있다.[172]

가르침을 이같이 이해할 때, 세계를 열어 보임으로써 학생이 세계와 연결될 수 있도록 도와주는 교사의 권위가 중요하게 작동한다. 만약 가르침이 학생에게 "이미 알고 있는 것에서 도출된 것도, 타당화된 것도 아닌 새로운 무엇을 제시하는 것과 관련된다면 이것은 세계를 책임진 교사의 권위로 취할 수밖에 없기 때문이다.[173] 그러나 이때의 권위는 권위주의적 태도를 의미하지는 않는다. 이것은 옳은 것, 진리, 정설이 무엇인지 정답을 가르치는 것이 아니라 나에게 "욕구된 것"과 "욕구할만 한 것"의 차이를 깨닫도록 도와주는 것으로, 무엇이 중요한지, 무엇이 추구할만한 것인지, 다시 말해 우리 삶에서 어디에 권위를 부여하고 살 것인지를 자신에게 중요한 실존적 진리를 찾도록 도와주는 힘이다. 이 경우에만 교육에서 권위가 용납된다. 이것은 언제나 교육적 권위를 권위주의적으로 만들 위험을 수반하지만, 그럼에도 불구하고 가르침은 교사의 통제 아래 있지 않으며 학생의 학습 또한 그러하다. 이 때문에 가르침은 "학습하는 경험"이 아닌, "가르침을 받는 경험"에서부터 조심스럽게 이해되어야 한다.[174] 이 점에서 학교는 학습의 공간이 아니라 가르침의 공간이며, 이것이 가르침을 교육의 원래 자리에 다시 되돌려 놓아야 하는 이유이기도 한 것이다.[175]

3. '고립된 자아'에서 '연결된 존재'를 향하여

아렌트는 교육을 "아이들이 세계 속에 태어난다"(CE: 237)는 탄생성의 선언으로부터 출발한다. 교육은 이 세계 속에 새로 온 아이들의 탄생성을 어떻게 보호하고 성장하도록 안내할 것인가의 문제이다. 이에 대하여 아렌트는 노동과 제작, 행위라는 세 가지 자아와 세계의 관련 방식을 통하여 이 세계 속에 진정한 한 사람의 존재로 탄생하는 것이 어떻게 가능한지를 섬세하게 기술하고 있다. 우리는 노동과 제작, 행위라는 세 가지 관점을 통하여 아렌트가 교육을 통하여 그리고자 하였던 인간존재론이 어떠한 것인지를 대략 가늠해볼 수 있다. 노동은 하나의 생명으로 태어난 아이들을 타인의 시선이나 잣대로부터, 혹은 먹고사는 생존의 문제로부터 걱정 없이 건강하게 자라갈 수 있도록 보호해주는 사적영역의 활동이다. 아이들은 사적영역 안에서 바깥의 위협이나 타인의 시선에 노출되는 것에 대한 염려 없이 안전하고 편안하게 자라갈 수 있다. 특히 아직 어린아이들에게 사적영역은 두려움과 위협, 경쟁과 평가가 없는 상태에서 안전하게 성장이 이루어지는 데에 절대적으로 중요한 요건이 된다. 그러나 아이들을 노동의 차원에 계속 머물러두는 것은 세계와 상관없이 자신의 욕구 차원에만 머물도록 버려두는 것과 같다. 이것은 마치 노동의 관점에서 타인도 없이 세계도 없이 자신의 먹고사는 문제, 자신의 개인적 삶의 욕구 차원에 매여서 살아가면서 자연이 주는 기쁨과 행복을 누리지만 이는 무세계성의 조건 속에 있는 것과 유사하다. 이 세계 속에 진정한 인간존재로 출현하기 위해서 아이는 "세계 속에" 탄생할 필요가 있는 것이다. 이것은 진정한 인간존재가 되기 위하여 아이들을 세계 속으로 안내해야 할 어른 세대의 책임을 말해준다.

제작은 사물 세계와 관계를 맺는 삶이라 할 수 있다. 자연 세계의 물질에 변형을 가하여 인공적인 성취물을 가시적으로 남김으로써 사물을 만들고 사용하는 법을 배우게 된다. 제작 활동은 이 세계 속에 가시적인 결과물을 남기는 활동으로서 인간에게 자연이 주는 기쁨과 또 다른 성취감을 맛보게 해주고 우리 삶에 편리함과 안정감을 가져다준다. 그러나 사물을 만들고 사용하는 활동 자체는 그것의 '유용성', '쓸모'의 관점에서 세계를 바라보게 만든다. 제작 활동 자체는 원하는 결과물을 얻기 위해 원재료의 파괴를 정당화하게 되고, 그 결과물을 유용성의 차원에서 평가하는 기제로 작동한다. 교육을 제작의 관점에서 파악하게 될 때 초래하는 위험성은 제작 활동 자체에 내재하는 이 난점에 기인한다. 즉, 도달하고자 하는 외부의 고정된 목표를 설정해놓고 그것에 맞추어 아이를 '만들어내는' 교육은 명확한 결과치에 비추어 아이를 평가하고 비교함으로써, 아이의 고유한 탄생성을 억압하고 파괴하는 측면을 수반할 수밖에 없다. 아렌트가 제작에 대한 비판적 고찰을 통해 이 세계를 사용하는 자에 머물지 않고 이 세계와 대화하고 그것에 관해 사유하는 자로 나아가야 한다는 데는 이와 같은 문제의식이 작동한 것으로 볼 수 있다.

행위는 사물을 단지 나의 욕구의 차원이나 유용성의 차원에서 대하지 않고 그것의 의미에 대해 사유함으로써 자신에게 의미 있는 세계를 형성하고, 그것을 타인들 앞에 나의 목소리로 드러내고 함께 대화함으로써 이 세계를 타인들과 함께 새롭게 변화시켜가는 활동이다. 교육을 행위의 관점에서 파악하는 것은 우리가 공유하고 살아가는 인공세계에 대한 사유 활동을 통해 자신에게 의미 있는 세계를 형성하는 것, 그리고 그것이 타인들과의 대화 속에서 어떠한 모습으로 드러나야 할지에 대한 판단능력을 갖추는 것과 관련된다. 이와 같은 가르침은 아이를 세계와 상관없이 자신의 욕구 차원에 머물러두는 것이 아니며, 또한 이 세계에 대한 자유로운 해석과 발언을 할 기회를 빼앗는 것도 아니다. 오히려 나와 다른 타인들 앞에서 이 세계에 대해 나만의 고유한 생각과 시도를, 타인들이 들을 만하고 볼만한 형태와 모습으로 드러낼 수 있도록 격려하고 지원하는 것과 관련된다. 이것은 교사가 안전하게 지켜주고 지원해주는 관계 안에서 이 세계를 향한 아이들의 새로움이 지속해서 증대되어 갈 수 있도록 돕는 것과 같다고 할 수 있다. 이와 같은 교육적 관계망의 연결을 위해서는 교사의 세계사랑의 태도와 탄생성을 사랑하는 태도로부터 비롯되는 교육적 권위가 뒷받침되어야만 가능하다고 한다. 즉 교사의 말과 행위, 태도를 통해 매개된 세계가 아이들에게 도약의 힘을 부여하려면, 그것을 소개하는 교사와의 인간적이고 인격적 관계가 수반이 될 때 학생들의 세계를 향한 자발적인 탄생성의 증대가 이루어질 수 있다는 것이다.

이상과 같은 교육에 관한 아렌트의 존재론은 바로 개인의 고립된 내면에서 빠져나와서 공동세계와 타인들의 세계에 연결된 존재로 자라가는 과정을 그리고 있다고 볼 수 있다. 나만의 욕구의 차원에서 벗어나 타인들과 함께 공유하는 이 세계 속에서 그것이 내가 욕구할 만한 가치 있는 것인가를 판단할 수 있는 감각을 가진 개인, 또한 홀로 있을 때 오늘 내가 경험하였던 일들에 관해 묻고 따지고 검토할 수 있는 내적 대화 친구를 가진 개인, 이와 같은 인간존재를 아렌트는 "행위를 할 수 있는 존재", 또는 "인간실존의 깊이"(WA: 131)를 갖춘 존재라고 부른다. 인간실존의 깊이를 갖춘 존재는 달리 말해 하나의 생명으로 태어난 노동의 차원에서 제작의 차원, 더 나아가 행위의 차원으로 연결된 존재라고 할 수 있다. 이 차원을 갖춘다는 것은, 한 개인이 자신 안에 감추어져야 할 것과 타인들 앞에 드러나야 할 것을 구분할 수 있는 감각을 지녔다는 것을 의미한다. 그뿐만 아니라 그 개인은 이 세계에 대하여 나만의 내적 대화를 할 수 있는 친구를 가졌기에 나 혼자 있어도 외롭지 않고(LM: 5), 또 타인들 앞에서도 자신의 목소리를 잃어버린 채 매몰되지 않을 수 있다. 즉, 이 세계에 대하여 나눈 나의 내적 대화를, 공적으로 드러날 만하고, 보일만한 방식으로 말할 수 있는 자신만의 목소리를 지닌 사람인 것이다. 다시 말해, 자신이 내는 목소리가 타인들 앞에서 어떻게 조율되어야 할지에 대한 감각을 가진 사람인 것이다. 이것이 타인들과 연결되기 위해서 세계에 대해 나만의 사유를 할 수 있어야 하고 또한 타인들과의 관계 속에서 드러나고 감출 것에 대한 판단능력을 지니는 것이 중요한 이유이다. 이것이 자신과 내적 대화할 수 있는 친구가 없는 사람, 그것을 타인들 앞에 드러내고 대화할 수 있는 공적 차원을 가지 못한 사람이 순전한 자신의 사적 차원에 갇힘으로써 천박함(shallowness)을 보이는 이유이기도 하다. 이것은 학생들을 욕구의 차원에 머물러두지 않고 이 세계 속에서 가치 있는 것이 무엇인지, 혹은 타인들과 함께 공유할만한 것이 무엇인지를 질문하고 판단할 수 있는 공적 감각을 갖추는 것, 즉 연결된 존재로서 세계 속으로 인도하는 것과 다르지 않다.

행위가 이루어지는 공적영역의 관점에서 교육적 관계를 이해할 때, 그 것은 교과를 통해 각자가 형성한 다양한 의미들이 그 사람의 말과 행위를 통해 소통되는 연결망처럼 이해될 수 있다. 이 관계를 아렌트는 일종의 그물망처럼 연결된 존재로 제시한다. 이 연결된 관계는 물론 각 사람의 탄생성이 계시가 되고 드러나는 것에 의해 존속되지만, 이 연결망에 참여함으로써 각 개인은 분명 자신이 혼자 있을 때와는 다른 차원의 저항을 경험하기도 한다. 아렌트는 "이미 존재하는 그리고 상충하는 수많은 의지와 의도들을 가진 이러한 인간관계의 그물망 때문에 행위는 결코 자기의 목적을 달성할 수 없다"(HC: 245)라고 한다. 이것이 무엇을 의미하는가? 이 연결망은 수많은 의지와 의도를 가진 다양한 인간들의 말과 행위가 오가면서 이루어진다. 따라서 연결망 안에서의 나는 나의 목적을 제작자처럼 시작과 끝이 분명한 형태로 이룰 수 없다. 때로는 내가 의도한 것과 전혀 다른 결과가 나타나는 것을 경험하기도 하고, 또 때로는 내가 전혀 의도하지 않았던 결과가 드러나는 것을 목격하기도 한다. 이 연결망 안에서 나의 말과 행위를 통해 드러나는 방식이 제작의 생산물을 생산하듯이 명확한 결과물을 산출할 수 없다는 것은, 어떤 의미에서 연결된 관계 속에서는 나의 의지로 통제할 수 있는 범위를 넘어서 있다는 것이다. 따라서 모든 사람이 행위와 말을 통해 세계에 참여한다고 해도 누구도 이 연결망을 주도하거나 통제하는 저자이거나 연출자일 수는 없다. 이것은 연결된 존재로서의 우리는 어느 한 사람의 통제나 주도로 이루어질 수 없는, 공동의 존재라는 것을 보여준다. 우리는 수많은 이야기가 오가는 연결된 관계망 안에서 빚어지는 공통의 이야기의 주체일수는 있으나 주인, 혹은 저자일 수는 없다는 것이다.(HC: 245)

여기서 노동, 제작과 구분되는 행위의 뚜렷한 특징을 알 수 있다. 노동은 자기 자신과만 관계한다면, 제작은 세계에 둘러싸여 세상과 끊임없이 접촉하며 이루어진다. 그러나 둘 다 개인의 고립된 활동이라는 점에서는 공통된다. 이에 비하여, 행위와 말은 인간들 사이에서 이루어진다. 이것은 다른 것을 매개로 하지 않고 그 사람이 누구인가 하는 그 사람의 탄생성이 말과 행위를 통하여 오롯이 드러나는 공간이 행위가 이루어지는 곳이라는 것을 의미한다. 인간과 인간이 만나 자신이 누구인가를 드러내며 소통하는 인간적인 관계를 맺는 곳이기 때문에 이 공간은 무엇보다 가장 자유롭고 인간적이며 진정성이 중요하게 작용하는 곳이다. 동시에, 이 공간은 타인의 행위 및 각 사람이 드러내는 말의 그물망에 둘러싸여 그것과 끊임없이 접촉하며 이루어진다.(HC: 249) 여기서는 다른 재료를 다루듯이 사람도 그렇게 나의 원하는 대로 만들고 조작할 수는 없다. 행위에서 강조되는 것은 내가 스스로 행위를 할 기회를 얻기 위해서 타인들에게 의존해야 한다는 그 한 가지 사실이다.(HC: 251) 따라서 행위자는 언제나 행위를 하는 다른 존재들 사이에서 그리고 그들과의 관계 속에서 움직이기 때문에 엄밀히 말해 행위자는 스스로 실행하고, 행하는 자일뿐만 아니라 동시에 고통을 받는 자이기도 하다.(HC: 251) 이 그물망 안에서 우리는 모두 연결되어 있다. 모든 반작용이 연쇄작용이 되고 모든 과정이 새로운 과정의 원인이 되는 끝없는 그물망의 매개체에 영향을 미친다. 나의 작은 행위는 다른 행위에 영향을 미치고, 다른 사람들의 행위는 또한 나에게 영향을 미친다. 이 때문에 행위의 결과는 아무도 알 수 없는 예측 불가능성의 성격을 지닌다.(HC: 253) 나의 규정과 예측을 넘어서 있는 예측 불가능한 사건들이 드러나는 곳이 연결된 그물망으로서의 공적영역인 것이다.

이와 같은 연결된 존재로서의 인간으로 기르는 것은 어떻게 가능한가? 행위가 공적영역에서 이루어지는 활동이듯이, 연결된 존재로서의 인간으로 기르는 교육은 가상적 공적영역인 교육적 관계 안에서 이루어진다. 즉 교사가 소중히 여기는 세계를 열어 보일 때 학생은 자신의 세계에서 나아와 조금씩 세계를 배우게 된다. 그 교사에게 내가 기꺼이 권위를 부여하고 싶은 신뢰가 있을 때 그 교사가 가르치는 그 내용을 자발적으로 받아들이고 싶은 마음이 생긴다. 그 교사와 학생들 앞에서 어떤 말을 해도 받아들여질 것이라는 믿음이 생길 때 학생은 비로소 자신의 목소리로 자기의 말을 시작할 수 있다. 이 때문에 교육적 관계는 학생의 사적 영역을 존중하면서 서서히 공적영역으로 매개하는 과정이 필요하다. 이 말은 무조건 세계를 전달한다고 가르침이 이루어지는 것이 아니라 학생과의 인격적인 관계의 기반 이 가르침이 받아들여질 수 있는 조건이 된다는 것이다. 한 사람의 인격으로 존중받고 신뢰할 수 있는 관계 위에서 세계가 소개되고 그것에 대한 자신의 목소리를 드러내는 과정을 통하여 한 사람의 존재는 생명의 차원에서 다른 사람과 구분되는 그 사람만의 고유함을 지닌 탄생성의 존재가 되는 것이다. 이 모든 것은 무엇인가 가르칠 것을 가지고 있는 교사와 학생들 간의 인간적이고 인격적인 교육적 관계가 형성될 때만 가능하다.

전통과 과거의 권위가 상실되고 가르침이 약화되는 학습중심 사회에서는 이마저도 설 자리가 없는 듯하다. 하지만 아렌트는 학생들을 자신이 원하는 것 안에 머물러두는 것은 세계와 상관없이 고립된 개인으로 버려두는 것이며, 이것은 그들을 세계로 안내해야 할 어른세대의 책임을 유기하는 것이라고 비판한다. 세계가 해체되어 가는 포스트모던 사회 속에서도 힘들기는 하지만 여전히 가르침은 지속할 수 있고, 또 지속하여야 한다. 그렇다면 이 일은 어떻게 가능한가? 그것은 바로 세계를 소중히 여기고 사랑하는 교사의 태도, 그리고 탄생성을 소중히 여기는 교사의 태도에 의해 가능하다. 매개자로서의 교사란, 내용지식을 전달하는 교사가 아니라, 교사 자신이 가치 있게 여기고 소중히 여기는 세계, 자신과 실존적으로 관계를 맺은 그 세계를 학생들과 맺은 인격적인 관계 안에서 보여주는 교사라고 할 수 있다. 교사가 자신에게 소중하고 가치 있는 것을 열정적으로 열어 보일 때 무슨 일이 일어나는가? 학생이 인간적으로 신뢰하고 존경하는 교사가 소중하게 열어 보이는 그 세계 속에, 무엇인가 중요해 보이는 것이 얼핏얼핏 보이고, 무엇인가 좋아 보이는 것이 언뜻언뜻 스쳐 지나갈 때, 그것이 학생들 안에 바람을 일으킨다고 한다. 그 바람은 교사도 학생도 전혀 기대치 않았던 선물처럼 학생에게 불어와서 학생 안에 전율을 일으키고, 그 마음 한편에 스스로 그것에 권위를 부여하고 싶은 마음을 불러일으킨다. 아무도 바람이 지나갔는지 모르지만 학생 자신은 알고 있다. 그것이 아름다운 위험으로서의 **가르침의 선물**이다.

·주·

1 폴김, 2017: 60

2 폴김, 2017: 58

3 Biesta, 2006: 15

4 김신일·박부권, 2005

5 박현숙, 2013

6 Hargreaves, 2003/곽덕주 외 역, 2011: 47

7 한숭희, 2005: 74

8 Oakeshott, 1989/차미란 역, 1992: 2

9 Peters, 1966/이홍우·조영태 역, 2004 : 46

10 Oakeshott, 1989/차미란 역, 1992: 2

11 조상식, 2008: 175

12 Biesta, 2006: 14

13 Mollenhauer, 1985/정창호 역, 2005: 21

14 위의 책: 10

15 위의 책: 31

16 Henzel, 1993: 27; 조상식, 2012: 101 재인용

17 엄기호, 2013: 85

18 조상식, 2012: 101

19 위의 글: 103

20 Taylor, 1998/송영배 역, 2001: 11

21 위의 책: 11

22 Taylor, 1989/권기돈·하주영 역, 2015: 270

23 위의 책: 268

24 Taylor, 1989/권기돈·하주영 역, 2015: 273

25 Descartes, 1637/김진욱 역, 2002: 59

26 위의 책: 60

27 Taylor, 1989/권기돈·하주영 역, 2015: 295

28 Descartes,『성찰』, 1641: 173; Taylor, 2015: 298 재인용

29 김영천·주재홍, 2011: 164

30 한명희, 2007: 393

31 Rorty, 1989/김동식·이유선 역, 1996: 35

32 김동식, 2002: 21

33 Lyotard, 1992: 62

34 위의 책: 64

35 이 절의 내용은 박은주(2018), "포스트모던 시대, '세계'의 의미탐색: Hannah Arendt의

'세계' 개념을 중심으로"에 수록되었음을 밝혀둔다.

36 2018년 6월 11일자 SBS funE 기사
  (http://sbsfune.sbs.co.kr/news/news_content.jsp?article_id=E10009094116)

37 국가, 510b

38 Hirst, 1965: 119

39 곽덕주, 2006: 116

40 칸트, 1996, 44-45

41 곽덕주, 2006: 121

42 Pring, 2000/곽덕주 외 역, 2015: 213

43 위의 책: 214

44 신승환, 2003: 32

45 김영천·주재홍, 2011: 34

46 Lyotard, 1979/유정완 외 역, 1992: 129

47 위의 책: 132

48 Baudrillard, 1981/하태완 역, 2001: 9

49 김영천·주재홍, 2011: 132

50 4차 산업혁명에 주로 사용되는 기반 기술로는 환경측정을 위한 센서, 센서가 만든 데이터
  와 제어명령을 주고받을 수 있도록 하는 사물인터넷 기술, 그리고 대량의 데이터를 저장,
  관리하는 클라우드와 이를 통해 판단 및 명령을 내리는 인공지능 등을 들 수 있다.(강명
  구, 2018: 40)

51 강명구, 2018: 40

52 신승환, 2003: 73

53 위의 책: 34

54 Mollenhauer, 1985/정창호 역, 2005: 10

55 Dewey, 1916/이홍우 역, 2007: 165

56 Rorty, 1989/김동식·이유선 역, 1996: 35

57 위의 책: 69

58 이유선, 2016: 9

59 Mollenhauer, 1985/정창호, 2005: 112

60 위의 책: 115

61 위의 책: 116

62 소경희, 2017: 232

63 Rorty, 1989/김동식·이유선 역, 1996: 20

64 위의 책: 20

65 인간본성 논의에 관한 아렌트의 비판은 아렌트가 야스퍼스에게 보낸 편지에도 잘 나타나
  있다. 아렌트는 이 편지에서 기존의 철학적 인간학이 정치의 조건이자 의미인 인간의 '복
  수성'의 문제를 간과하고 '인간본성'에 대한 논의에만 천착했다고 다음과 같이 비판했다.

"그러나 서구 철학은 필연적으로 한 인간에 관해서만 이야기했고, 그래서 복수성의 사실을 부수적으로 다루었기 때문에 정치에 대한 진정한 하나의 개념을 가질 수 없었던 것입니다." (Arendt, 1985: 203; 박혁, 2013: 6 재인용)

66 박혁, 2013: 10

67 박병준, 2014: 11

68 홍원표, 1995: 160

69 위의 글: 161

70 홍원표(1995: 161)는 인간의 본성만을 주장해 온 근대성 논의나 인간의 조건만을 주장하는 포스트모더니즘의 논의 모두 양자 간에 존재하는 긴장을 의도적으로 은폐함으로써 동일한 오류를 범하고 있다고 주장한다.

71 Bowen-Moore, 1989: 1

72 우정길, 2013b: 56

73 홍원표 외, 2009: 57

74 우정길, 2013b: 57

75 김선욱, 2001: 23; 2002: 48

76 곽덕주 외, 2015: 26

77 김홍중, 2014: 54

78 Taylor, 1989/권기돈·하주영 역, 2015: 299

79 Masschelein, 1996b: 121; 우정길, 2013a: 151 재인용

80 우정길, 2007: 104

81 Biesta, 2006: 1

82 위의 글: 9

83 '탄생적 상호주관성(Intersubjectivity of Natality)'이라는 용어는 마스켈라인과 비에스타의 아렌트 관련 연구를 소개하면서 우정길(2007; 2013; 2014)이 처음 사용한 용어이다. 우정길(2014)에 의하면 마스켈라인은 탄생성과 상호주관성을 관련지어 교육개념화하는 작업을 선구적으로 주도했다가 점차 그 관심사가 하버마스와 레비나스로 옮겨갔다는 점, 비에스타는 근래까지 충실하게 아렌트 사상의 계승자로 남아있다는 점이 차이가 있다. 그러나 두 사람 모두 탄생성과 관련지어 상호주관성을 개념화하고 있다는 점에 착안해 우정길은 이것을 '탄생적 상호주관성'이라고 부른다.

84 Biesta, 1999: 215

85 김비환, 2001: 123

86 여기서 '제작'으로 번역된 영어는 'work'이며, 독일어는 'Herstellen'이다. 이 단어의 한국어 번역은 '작업'(이진우 외, 2002), '생산'(우정길, 2013a), '제작'(박혁, 2009b) 등으로 혼용되고 있다. 조나영(2015: 44)은 우리말의 용례에 비추어 '생산'은 출산의 의미와 자연물에 인력을 가해 재화를 만들어 내거나 증가시키는 일이며, '제작'은 재료로 물건을 만듦이고, '작업'은 일정한 계획과 목표를 세워 일함을 의미한다고 밝히고 있다. 세 용어의 의미가 크게 다르지는 않으나 이 연구에서는 한국어 번역본을 직접 인용할 때를 제외하고는, 문맥에 비추어 '제작'으로 번역하는 것이 더 적절하다고 판단해 '제작'으로 사용했음을 밝혀

둔다.

87 Canovan, 1992: 106

88 이기상, 2006: 178

89 Canovan, 1974: 81

90 Canovan, 1992: 107

91 임성훈, 2007: 554

92 위의 책: 554

93 Canovan, 1992: 111

94 위의 책: 112

95 김비환, 2001: 128

96 Cannovan, 1992: 111

97 Benhabib, 2000: 104

98 Peters,1966/이홍우·조영태 역, 2004: 69

99 Lyotard, 1979/유정완 외 역, 1992: 64

100 Rorty, 1989/김동식·이유선 역, 1996: 35

101 아렌트는 『인간의 조건』에서 인간이 세계와 관계를 맺는 활동적 삶의 양상을 노동, 제작, 행위라는 세 가지 활동양식으로 제시하고 있다. 이 연구에서는 이 세 가지 활동양식을 활동적 삶 자체에 국한시키지 않고, 인간의 자아가 세계와 관계를 맺는 세 가지 관점으로 해석하고자 한다. 이와 같이 노동, 제작, 행위를 삶을 이해하는 하나의 관점으로 해석하는 시도는 다른 연구에서도 발견된다. 예를 들어 박혁(2014: 15)은 아렌트의 저서에서 노동사회는 노동자사회를 지칭하는 것이 아니라, 노동의 특성과 척도들이 지배하는 사회라고 한다. 마찬가지로 이 연구에서 탐색하는 노동, 제작, 행위라는 개념도 각 활동의 특성과 척도, 양태를 고찰함으로써 그것을 통해 자아와 세계의 관련 방식을 이해하는 하나의 '관점'의 차원에서 접근하고자 한다. 가르침의 본분이 학생의 자아와 세계를 관련짓도록 도와주는 것에 있다면 이것은 곧 가르침의 세 가지 관점으로 해석해도 무리는 아닐 것이다.

102 박혁, 2014: 16

103 위의 책: 19

104 위의 책: 22

105 위의 책: 20

106 Mollenauer, 1985/정창호, 2005: 29.

107 Mollenhauer, 1985/정창호 역, 2005: 31

108 Masschelein, 2001: 2

109 박혁, 2014: 23

110 Mollenhauer, 1985/정창호 역, 2005: 29

111 김비환, 2001: 102

112 Arendt, 『혁명론』 : 207; 김비환, 2001: 103 재인용

113 김비환, 2001: 103

114 임성훈, 2007: 554

115 Arendt, 1999: 193; 박혁, 2014: 30 재인용

116 Mollenhauer, 1985/정창호, 2005: 162

117 Higgins, 2011; Masschelein, 2010

118 Dewey, 1902

119 아렌트는 「교육의 위기」에서 가르치는 자를 교사로 지칭하면서도 배우는 자를 학생으로
따로 지칭하지는 않는다. 대신에 아렌트는 '아이'라는 용어를 사용하는데, 김홍중(2014:
78)은 여기서 '아이'는 탄생성의 존재로서 희망을 담지하는 행위자의 이념형으로 제시되
었다고 해석한다. 김홍중(2014: 78)에 의하면 아이는 '과거 세대의 모든 꿈을 육화한 존
재이며 더 나아가 미래에 더 나은 세계를 만들어갈 것으로 기대되는 존재'이다.

120 Biesta, 2019: 27

121 위의 글: 24

122 소경희, 2010

123 위의 책: 108

124 위의 책: 109

125 김재춘, 2012: 138

126 소경희, 2017: 370

127 김영천·주재홍, 2011: 156

128 위의 책: 156

129 위의 책: 158

130 Gordon, 2001: 59

131 위의 책: 57

132 여기서 아렌트가 소크라테스를 철학자가 아닌 실제로 사유하기의 사례를 보여주는 사
상가로 소개하고 있다는 점도 흥미롭다. 소크라테스를 해석한 아렌트의 관점이 무엇이었
는지는 "그(소크라테스)는 항상 [소수가 아닌] 다수 가운데 한 사람으로 존재했고, 시장
을 피하지 않았으며, 자신의 관점에서 모든 시민이 갖추어야 할 것과 권리를 제외하고는
아무것도 주장하지 않는 시민들 가운데 한 사람이었던 사상가이다"(LM: 259)라는 진술
로부터 대략 짐작할 수 있다. 이 진술에는 소수와 다수, 철학자와 시민, 형이상학적 세계
와 시장(현상세계), 진리와 의견 등이 대비를 이루고 있다.

133 Arendt, 1984: 8

134 위의 책, 13

135 Arendt, 1983/홍원표, 2010: 281

136 『어두운 시대의 사람들』에서 '진주조개잡이 비유'는 다음과 같은 시를 인용하며 시작된
다.(Arendt, 2010: 281) "다섯 길 물 속에 그대의 아버님이 누워 계셨다네/ 당신의 뼈들
은 산호가 되고/ 당신의 눈은 진주가 되었다네/ 당신의 육신은 사라지지 않고/ 귀중하고
신비한 것으로/ 완전히 변했다네." (『템페스트』제 1막 2장)

137 Gordon, 2001: 50

138 이은선, 2003b: 147

139 Arendt, 1983/홍원표 역, 2010: 292

140 위의 책, 292

141 위의 책, 298

142 Gordon, 2001: 49

143 위의 책, 49

144 Arendt, 1983/홍원표 역, 2010: 292

145 이은선, 2003b: 147

146 임성훈, 2007: 554

147 박혁, 2009: 77

148 Arendt, 2000a, 273; 박혁, 2009: 78 재인용

149 Arendt, 2000a; 박혁, 2009: 85 재인용

150 박혁, 2009: 81

151 조나영, 2017: 172

152 이은선, 2009: 270

153 김선욱, 2002: 95

154 위의 책: 91

155 이은선, 2009: 271

156 Reichenbach, 2018/곽덕주 외 역, 2015 : 34

157 위의 책, 25

158 강인애, 1995: 1

159 Allen, 1992/강인애, 1995: 재인용

160 Richardson, 2003/Biesta, 2013: 450 재인용

161 Biesta, 2013: 452

162 위의 책: 453

163 위의 책: 456

164 위의 책: 459

165 위의 책: 457

166 위의 책: 459

167 위의 책: 459

168 위의 책: 459

169 위의 책: 459

170 위의 책: 459

171 위의 책: 459

172 위의 책: 457

173 위의 책: 455

174 위의 책: 459

175 위의 책: 460

· 참고문헌 ·

1. 한나 아렌트의 저작

Arendt, H.(1958). The Human Condition. 이진우, 태정호 역(1996). 『인간의 조건』. 서울: 한길사.

_____(1968). Between Past and Future. 서유경 역(2005). 『과거와 미래 사이』. 서울: 푸른숲.

_____(1978). The Life of the Mind. 홍원표 역(2004). 『정신의 삶』. 서울: 푸른숲.

_____(1982). Lectures on Kant's Political Philosophy. 김선욱 역(2000). 『칸트의 정치철학 강의』. 서울: 푸른숲.

_____(1983). Men in Dark Times. 홍원표 역(2010). 『어두운 시대의 사람들』. 서울: 인간사랑.

_____(1984). "Thinking and Moral Considerations: A Lecture". Social Research: Spring, 51, 37.

2. 기타 참고문헌

강인애(1995). 인지적 구성주의와 사회적 구성주의에 대한 간략한 고찰. 교육공학연구 11(2). 48.

곽덕주(2001). 로티의 포스트모던적 교육이상인 자유주의적 아이러니스트(the liberal ironist) 개념에 대한 재고찰. 교육철학. 25. 1-15.

_____(2006). 근대적 마음관, 내면적 근대성, 그리고 교육: 근대인식론에 대한 Rorty의 비판적 고찰을 중심으로. 교육철학. 37. 111-133.

_____(2013). 근대교육에서의 교육적 역설과 그 교육적 의의. 교육철학연구. 35. 1-27.

곽덕주 외(2015). 미래교육, 교사가 디자인하다. 파주: 교육과학사.

김동식(2002). 로티. 철학과 자연의 거울. 울산: 울산대학교 출판부.

김비환(2001). 축복과 저주의 정치사상: 20세기와 한나 아렌트. 서울: 한길사.

김선욱(2001). 정치와 진리. 서울: 책세상.

_____(2002). 한나아렌트 정치 판단 이론. 서울: 푸른숲.

_____(2009). 한나 아렌트의 일관된 주제로서의 말과 정체성, 그리고 "실천적 보편성". 홍원표 외. 한나 아렌트와 세계사랑. 고양: 여국동.

김신일·박부권(2005). 학습사회의 교육학. 서울: 학지사.

김영천·주재홍(2011). 포스트모던 패러다임과 교육학/교육과정연구. 서울:

아카데미프레스.

김홍중외(2014). 정치의 임계, 공공성의 모험. 서울: 혜안.

박병준(2014). 한나 아렌트의 인간관-『인간의 조건』에 대한 철학적 인간학적 탐구. 철학논집, 38(0). 9-38.

박은주·곽덕주(2015). 가르침의 의미 회복을 위한 일고찰: 몰렌하우어(K. Mollenhauer)의 교육 개념을 중심으로. 교육의 이론과 실천. 20(2). 47-76.

박정호 외(1996). 현대철학의 흐름. 파주: 동녘.

박찬국(2014). 하이데거의 『존재와 시간』 강독. 서울: 그린비.

박철홍(2016). '성장으로서 교육'의 의미와 교육사적 의의. 2016 한국교육사상연구회 여름학술대회 자료집.

박혁(2009). 정치에서의 권위 문제: 한나 아렌트의 권위개념에 관한 고찰. 21세기 정치학회보 19(3). 73-96.

_____(2013). 철학적 인간학에 대한 비판. 글로벌정치연구, 6(2). 5-29.

_____(2014). 활동적 삶과 정치: 한나 아렌트에게서 다원성과 인간활동양식의 관계에 대한 연구. 글로벌정치연구, 7(1). 5-43.

박현숙(2013). 희망의 학교를 꿈꾸다. 서울: 해냄.

서유경(2002). 아렌트 정치적 실존주의의 이론적 연원을 찾아서: 성 어거스틴, 마틴 하이데거, 그리고 칼 야스퍼스. 한국정치학회보. 36(3). 71-90.

소경희(2010). 학문과 학교교과의 차이: 교육과정개발에의 함의. 교육과정연구, 28(3). 107-125.

_____(2015).2015 개정 교육과정 총론 개정안이 남긴 과제: 각론 개발의 쟁점 탐색. 교육과정연구, 33(1). 195-214.

_____(2017). 교육과정의 이해. 서울: 교육과학사.

신승환2003). 포스트모더니즘에 대한 성찰. 파주 살림.

양은주(2007). 교사를 일깨우는 사유. 서울: 문음사.

엄기호(2013). 교사도 학교가 두렵다. 서울: 따비.

우정길(2007). '부자유를 통한 자유'와 교육행위의 지향성: 탈주체성 또는 상호주관성의 교육론을 위한 일고찰. 교육철학. 38. 139-164.

_____(2013a). 아렌트(H. Arendt) '탄생성'의 교육학적 수용-마스켈라인(J. Masschelein)의 논의를 중심으로. 교육철학연구. 35(3), 139-159.

_____(2013b). Hannah Arendt의 '탄생성'의 교육학적 의미. 교육의 이론과 실천. 18(3), 47-71.

_____(2014). 탄생적 상호주관성과 교육-비에스타(G. Biesta)의 아렌트(H. Arendt) 수용을 중심으로. 교육철학연구. 36(1), 53-72.

_____(2015). 교실-탄생성의 공간. 교육철학연구. 37(3), 131-153.

이기상(2006). 존재와 시간: 인간은 죽음을 향한 존재. 파주: 살림.

이유선(2006). 듀이&로티. 서울: 김영사.

_____(2009). 실용주의. 서울: 살림.

_____(2016). 리처드 로티, 우연성·아이러니·연대성. 서울: 커뮤니케이션 북스.

이은선(2003a). 한나 아렌트의 '인간의 조건'과 '공공성'에로의 교육. 교육철학, 29. 45-73.

_____(2003b). 한나 아렌트 사상에서 본 교육에서의 전통과 현대. 교육철학, 30. 139-159.

_____(2009). 한나 아렌트의 '탄생성'의 교육학과 왕양명의 '치량지'(致良知). 홍원표 외. 한나 아렌트와 세계사랑. 고양: 여국동.

임성훈(2007). 미학과 정치-아렌트가 읽어낸 칸트 미학의 정치적 함축성에 관한 소고. 미학대계 2권. 서울대학교 출판부.

임정아(2016). "교육의 위기"에 나타난 아렌트의 '탄생성' 교육관에 대한 연구. 동서철학연구, 81. 505-526.

임태평(2015). 한나 아렌트에 있어서 탄생성, 사랑과 교육. 교육철학, 55(0). 127-163.

정윤석(2006). 아렌트의 하이데거 비판-"세계" 개념을 중심으로. 철학, 88(0). 207-230)

조나영(2013). 한나 아렌트의 "교육의 위기"를 통해서 본 '탄생성' 교육의 의미, 인문과학연구논총. 34(1), 331-364.

_____(2015). 한나 아렌트 '탄생성'의 교육적 함의. 박사학위논문. 고려대학교.

_____(2017). 아렌트(H. Arendt)의 '탄생성'(natality) 개념과 교육적 사유의 실제를 위한 제안: The Freedom Writers Diary의 교육실천 분석. 교육철학연구. 39(1). 75-99.

조상식(2006). 포스트모던 교육론은 가능한가?: 교육 철학적 단상. 한국교육문제연구, 17. 87-103.

_____(2008). "학습주의 교육" 패러다임 논의에서 Bildung 개념의 흔적 혹은 부재(不在). 교육철학. 43. 173-190.

_____(2012). 가르치기 어려운 시대의 교육: 대륙 교육철학적 관점에서. 교육철학. 46. 99-121.

폴김·함돈균(2017). 교육의 미래 티칭이 아니라 코칭이다. 서울: 세종서적.

한명희(2007)."20세기 후반기의 교육철학: 분석철학·실존철학과 현상학·포스트모더니즘". 양은주(편). 교사를 일깨우는 사유. 서울: 문음사.

한승희(2005). 포스트모던 시대의 평생교육학. 서울: 집문당.

한혜정·박은주(2015). '이론적 지식'의 성격과 위상에 대한 재고찰: M. Young과 R. Pring의 논의를 중심으로. 교육과정연구. 33(3). 29-49.

홍원표 외(2009). 한나 아렌트와 세계사랑. 고양: 인간사랑.

홍원표(1995). 한나 아렌트 정치철학의 아이러니-전근대성, 근대성 그리고 탈근대성. 한국정치학회보, 29(4). 4153-4179.

_____(2015). 시간적 존재의 탄생과 죽음 사이에서: 생물적 삶, 정치적 삶, 그리고 정신의 삶. 글로벌정치연구, 8(1). 37-61.

Assiter, A.(2013). "Love, Socrates, and Pedagogy". Educational Theory, 63(3).

Baudrillard, J.(1981). Simulacres et Simulation. 하태환 역(2001). 시뮬라시옹. 서울: 문음사.

Benhabib, S.(2000). The Reluctant Modernism of Hannah Arendt. Maryland: Rowman & Littlefield.

Biesta, G.(1999). "Radical Intersubjectivity: Reflections on the "Different" Foundation of Education". Studies in Philosophy and Education. 18: 203-220.

_____(2006). Beyond Learning: democratic education for a human future. Colorado: Paradigm Publishers.

_____(2010). Good Education in an Age of Measurement. London: Paradigm Publishers.

_____(2013). Receiving the Gift of Teaching: From 'Learning From' to 'Being Taught By'. Studies in Philosophy and Education. 32(5). 449-461.

_____(2019). Democracy, Citizenship and Education: From Agenda to Principle. 2019 학교민주시민교육 국제포럼. 한겨레신문사.

Bowen-Moore, P.(1989). Hannah Arendt's Philosophy of Natality. NY: St. Martin's Press.

Canovan, M.(1974). The political thought of Hannah Arendt. New York: Harcourt Brace Jovanovich.

_____(1992). Hannah Arendt: A Reinterpretation of Her political Thought. New York: Cambridge Univ Press.

Descartes(1637). Discours de la M thodes. 김진욱 역(2002). 방법서설. 파주: 범우사.

Dewey, J.(1902). The Child and the Curriculum. 박철홍 역(1995). 아동과 교육과정 경험과 교육. 서울: 문음사.

_____(1916). Democracy and Education. 이홍우 역(2007). 민주주의와 교육. 서울: 교육과학사.

Dunne, J.(1993). Back to the Rough Ground. University of Notre Dame Press.

Gillies, D.(2017). Developing the Thoughtful Practitioner. Peters, M.&Cowie,B.(edited)(2017). A companion to Research in Teacher Education. Singapore: Springer.

Gordon, M.(edited)(2001). Hannah Arendt and education: renewing our common world. Colorado: Westview Press.

Hargreaves, A.(2003). Teaching in the Knowledge Society. 곽덕주·양성관·이지현·이현숙·장경윤·조덕주·황종배 역(2011). 지식사회와 학교교육. 서울: 학지사.

Higgins, C.(2011). The Good Life of Teaching. West Sussex: Wiley-Blackwell.

Hirst, P. H.(1965). "Liberal Education and the Nature of Knowledge". In Philosophical Analysis and education. Edited by R. D. Archambault. RKP. 김안중 역. 지식의 성격과 자유교육(미간행).

Kant, I.(1803). Pedagogik. 조관성 역주(2007). 칸트의 교육학 강의. 서울: 철학과 현실사.

Levinas, E.(1947). Le Temps et L'autre. 강영안 역(1996). 시간과 타자. 서울: 문예출판사.

_____(1981). Ethique et Infini. 양명수 역(2000). 윤리와 무한. 서울: 다산.

Lyotard, J. F.(1979). La Condition postmoderne: rapport sur le savoir. 유정완 외 역(1992). 포스트모던의 조건. 서울: 민음사.

Masschelein, J.(2001). "The Discourse of the Learning Society and the Loss of Childhood", Journal of Philosophy of Education. 35(1). 1-20.

Masschelein, J·Simons, M.(2010). "Schools as Architecture for Newcomers and Strangers: The Perfect School as Public School?". Teachers College Record. 112(2), 533-555.

Mollenhauer, K.(1985). Vergessene Zusammenhaenge. 정창호 역(2005). 가르치기 힘든 시대의 교육. 서울: 삼우반.

Oakeshott, M.(1989). "Learning and Teaching". T. Fuller(Ed.). The Voice of Liberal learning: Michael Oakeshott on Education. New Haven and London: Yale University Press. 43-62. 차미란 역(1992). "학습과 교수"(상·하). 『교육진흥』 봄-여름. 126-143, 155-169.

Palmer, P. J. (1997). The Courage to teach.. 이종인· 이은정 역(2014). 가르칠 수 있는 용기. 서울: 한문화멀티미디어.

Peters, R. S.(1966). Ethics and Education. 이홍우·조영태 역(2004). 윤리학과 교육. 서울: 교육과학사.

Plato. Politeia(Platonis Respublica). 박종현 역(2005). 국가. 서울: 서광사

Plato, The Dialogues. 최명관 역(2004). 플라톤의 대화편. 서울: 창

Pring, R.(2000). Philosophy of Educational Research. 곽덕주 외 역(2015). 교육연구의 철학: 진단과 전망. 서울: 학지사.

Reichenbach, R.(2018). Teachers, Culture, and Teaching Culture. 2018

서울국제교육포럼 자료집. 서울특별시 교육청교육연구정보원.

Rorty, R. (1989). Contingency, irony, and solidarity. 김동식·이유선 역 (1996). 우연성, 아이러니, 연대성. 서울: 민음사.

Taylor, C. (1998). The Malaise of modernity. 송영배 역(2001). 불안한 현대사회. 서울: 이학사.

_____(1989). Sources of the Self. 권기돈·하주영 역(2015). 자아의 원천. 서울: 새물결.

Wagenschein, M.(2000). "Teaching to Understand: On the Concept of the Exemplary in Teaching", Westbury, I.(edit.) Teaching as a Reflective Practice: The German Didaktik Tradition. NY&London: Loutledge.

• 내용색인 •

• 인명색인 •

한나 아렌트, 교육의 위기를 말하다
학습중심의 시대, 가르침의 의미는 무엇인가?

초판 1쇄 발행 2021년 2월 8일
    4쇄 발행 2023년 3월 16일

지은이 박은주
펴낸이 박유상
펴낸곳 (주)빈빈책방
편 집 배혜진
디자인 박주란

등 록 제2021-000186호
주 소 경기도 고양시 덕양구 중앙로 439 서정프라자 401호
전 화 031-8073-9773
팩 스 031-8073-9774
이메일 binbinbooks@daum.net
페이스북 /binbinbooks
네이버블로그 /binbinbooks
인스타그램 @binbinbooks

ISBN 979-11-90105-14-9